教育部2011年度人文社科研究青年基金项目资助
（批准文号：11YJC720020）

贾未舟——著

天儒原同

——明末清初儒家天主教徒新道统思想研究——

暨南大學出版社
JINAN UNIVERSITY PRESS

中国·广州

图书在版编目（CIP）数据

天儒原同：明末清初儒家天主教徒新道统思想研究/贾未舟著．—广州：暨南大学出版社，2017.6
ISBN 978－7－5668－1729－7

Ⅰ.①天…　Ⅱ.①贾…　Ⅲ.①西方哲学—影响—儒家—道统—思想史—研究—中国—明清时代　Ⅳ.①B504②B222.05

中国版本图书馆 CIP 数据核字(2015)第 320414 号

天儒原同：明末清初儒家天主教徒新道统思想研究
TIANRU YUANTONG：MINGMOQINGCHU RUJIA TIANZHUJIAOTU XINDAOTONG SIXIANG YANJIU
著　者：贾未舟

出 版 人：徐义雄
责任编辑：曾鑫华　柳　煦
责任校对：黄志波
责任印制：汤慧君　周一丹

出版发行：暨南大学出版社（510630）
电　　话：总编室（8620）85221601
营销部（8620）85225284　85228291　85228292（邮购）
传　　真：（8620）85221583（办公室）　85223774（营销部）
网　　址：http://www.jnupress.com　http://press.jnu.edu.cn
排　　版：广州市天河星辰文化发展部照排中心
印　　刷：广州天虹彩色印刷有限公司
开　　本：787mm×1092mm　1/16
印　　张：17.75
字　　数：241 千
版　　次：2017 年 6 月第 1 版
印　　次：2017 年 6 月第 1 次
定　　价：48.00 元

自　序

近二十年来，明末清初耶儒对话的研究发生着研究范式的转化，即从西方中心、西文资料向中国中心以及中文资料的转化；研究方法上从传教学、传教史、文化史的研究方法转向汉学、思想史和哲学的研究方法，尤其是对于那些接受了天主教的儒家知识分子的著述的研究，为中国思想史揭櫫了新的思想统绪。近年来，研究主体也逐渐从国外研究者向华人尤其是中国大陆华人转变。上述诸种转变增加了明末清初耶儒对话这段思想史研究的广度与深度。本书正是这种研究趋势的具体体现。

明末清初耶儒对话可以说是中国现代思想的真正开端，对明末清初儒家天主教徒新道统思想的研究，有助于更好地厘清中国思想在明末清初由于天主教来华所导致的变异。

道统思想在明末清初语境中呈现“打破道统，重建学统”的特征，儒家天主教徒写下大量耶儒融合的著作，他们在特定语境中对新道统思想的探索和建构坚持了其儒家本位性。对儒家天主教徒新道统思想的研究有助于厘清明末清初儒家天主教徒的身份认同问题，也有助于理解儒家天主教徒的思想性质。

本书对明末清初儒家天主教徒的历史、存在和思想做了比较全面的分析。不同于西方中心主义“冲击—反应”的文化交流模式，本书在文化对话和互动模式下考察儒家天主教徒在明末清初的产生、发展过程和特质，并且分析了儒家天主教徒“天主教化儒学”这一明末清初新的思想体系的内容和建构过程。本书认为，明末清初儒家天主教徒的“天主教化儒学”实质上是一种新道统思想。

在梳理了明末清初思想大势以及天主教来华的思想、文化背景后，本书认为，明末清初社会宗教化、经世之学兴起、明末清初儒学重建的思想氛围有利于天主教思想在华的传播；接着对儒家天主教徒作了概念分析，儒家天主教徒实际上是一种文化现象，坚持儒家思想本位，代表了耶儒两种文化融合的结果，和那些受儒家思想影响的传教士有所不同。本书对明末清初儒家天主教徒的范围、历史和社会构成做了说明，并对儒家天主教徒在儒家传统和天主教教义“双重文化强制”生存背景下的“两难”境遇做了分析。另外，对于儒家天主教徒群体的社会史分析，是基于文本对其思想的哲学和思想史分析的有益补充。本书从跨文化解释学的角度，通过文本分析，对儒家天主教徒同构耶儒而创造的“天主教化儒学”的出发点、方法、过程、结果做了说明；对儒家天主教徒的儒学观和天主教观做了梳理，指出二者相和相通的前提性因素，特别指出儒家天主教徒思想的心学渊源。

本书是在明末清初儒学重建以及天主教来华的思想背景下来考察儒家天主教徒的“天主教化儒学”思想。主要观点：其一，“天主教化儒学”实际上是儒家天主教徒援耶入儒而产生的一种以“耶儒融合”为特征的新的儒学形态。其二，“天主教化儒学”建构中由于译名之争产生了语言学问题。其三，“天主教化儒学”中包含跨文化解释学，书中详细分析了儒家天主教徒在儒家文本和天主教文本之间的“诠释和理解”问题。其四，儒家天主教徒“以耶释儒”，主要包括“宇宙生成观”“万物一体论”等儒家命题以及“天”“太极”“理”“性”等本体性概念，还有“仁爱”“孝”等伦理性概念，儒家天主教徒实际上是用天主教教理对儒家的这些基本命题和概念进行了观念重构。其五，儒家天主教徒“合儒”“补儒”的方法使得天主教为儒学带来了新的论域，包括对魂魄观的改造、自由意志的引入以及生死观上的变异，以及“天主教化儒学”对古希腊德性伦理的暗摄，还有宽恕意识、罪性意识和悔改方式等方面的改造。其六，对明末清初儒家天主教徒“天主教化儒学”的思想史分析。首先谈到反教人士从理学正统的角度对“天主教化儒学”的反向批驳，接着分析了“天主教化儒学”的儒学思想本位，继而指出“天主教化儒学”的思想实质——儒学一神论，然后对“天主教化儒学”的思想的矛盾和局限做了分析。最后，论及明末清初儒家天主教徒的“天主教化儒学”思想在中国思想史上的影响与意义，它所构成的中国思想史上的新的统绪、新的道统，以及其在中国思想史上应该具有的位置。

是为序。

贾未舟

2017 年 1 月于广州

目　录

绪 论

一、明末清初的道统思想特点

“道统”一词，最早由南宋理学家朱熹提出，和这个词相近的有“政统”“治统”“文统”“学统”等。大致而言，“道统”指的是儒家传道的脉络和系统。先秦时代的孟子实际上已经有了道统的想法，他是子思的再传弟子，在《孟子》中，他高度评价孔子，认为孔子的思想承上启下，从尧、舜、禹、汤、周文王等先代圣王而来，接着他自命孔子思想的正统地位。儒门冷落，始有唐代韩愈《原道》出，宣扬“尧、舜、禹、汤、文、武、周公、孔、孟”是一以贯之的道统，而他的使命就是承继这个道统。在唐代的思想语境里，这个宣言石破天惊，可以说北宋儒学复兴上溯自韩愈始。“北宋五子”之一的程颐在为其兄程颢所作的《墓表》中赞扬其兄接继了这个道统，程颐认为，自从孟子以后，儒家的道统就由于种种原因断线了，直到程颢出，这个断线的传统才连上。后来，朱熹明确提出“道统”一词。他是宋代儒学的集大成者，他提出的道统论是理学道统论。朱熹同意程颐的看法，认为儒家的道统体系自孟子开始，后由周敦颐和程氏兄弟承续，他自己则是儒家道统思想的殿军。程朱理学的道统论有着作为经典依据的典籍系统，特别强调儒家之道的谱系，但是也具有排外性和独断性。

道统论的出现在两个方面具有一定的价值。其一，就儒学内部而言，儒家思想及其地位在宋代以前就已经是“儒门冷落，收拾不住”，原因之一就是汉代以来，政治儒学比较突出，在儒家失去和政治的紧密关联后，儒家面临着衰落的命运。我们知道，佛教讲明心见性，道教讲修心养性，而儒家却缺乏这方面的论述。这样，基于释、道二家的思想压力，儒家就爬梳经典，以《大学》《中庸》作为自身心性之学的纲领，尤其是《中庸》中所引《尚书》中“人心惟危，道心惟微，惟精惟一，允执厥中”这十六字心诀，被大加阐扬，将重视先秦儒家心性论作为与释、道二家对抗的基础。同时，道统论也在一定程度上确立了儒家的思想特质，使得自身的思想凝聚力加强。其二，从道统与治统、政统的关系看，道统论有与二者分庭抗礼之势。理学家好言“正君心”，正好体现着这一点。不过随着儒家和政治的再度合流，程朱理学上升为正统意识形态，政统、治统和道统再次混淆不分，道统的思想本位色彩逐渐变淡，而明代杨维桢开始主张以道统配合治统，这也在一个方面成为明末清初的儒家天主教徒重建儒家道统的思想契机。

关于理学道统的合法性和必要性，也有不同的理解。钱穆就不接受理学家的道统观，并且指明其说其实是韩愈模袭禅宗。他质问道，此道既为天地宇宙之大道，为何如此脆弱，只是这样单线传递，有点荒谬，再者道统不可能在孟子之后中断千年。钱穆言：

> 关于宋、明两代所争持之道统，我们此刻则只可称之为是一种主观的道统，或说是一种一线单传的道统。此种道统是截断众流，甚为孤立的，又是甚为脆弱，极易中断的；我们又可说它是一种易断的道统。此种主观的、单传孤立的、易断的道统观，其实纰缪甚多。若真道统则须从历史文化大传统言，当知此一整个文化大传统即是道统。如此说来，则比较客观，而且亦决不能只是一线单传，亦不能说它老有中断之虞。①

钱穆讲的“道统”，实质上是从文化大传统角度立意的，文化

① 钱穆：《中国学术通义》，台北：台湾学生书局1975年版，第95页。

大传统不可能时常有中断的现象，因为它既然自成系统，也必然可以自己不断革命、自我不断更新，于是这个文化大传统就能够始终存在，对社会历史诸存在呈发散趋势，却又相互统摄，自成一体，正如月映万川。本书所指的道统，并不是程朱理学意义上的道统，而是整体性的文化传统意义上的道统。在明朝中叶以后，道统论逐渐失去说服力，除了道统依附于政统和治统，最根本的原因就是考据学的兴起。以前道统论所依据的经典系统，比如《古文尚书》《大学》《太极图》经考据都可能是伪书，这便使得程朱理学的道统论逐步走向崩溃。明末清初最突出的现象就是中西文化交流，最需要解决的就是儒学的僵化或者空疏问题，儒家天主教徒揭竿而起，开始寻求一种新的文化理路，这就是中西文化结合，也就是天儒融合。只有这样，才可以理解为什么明末清初儒家天主教徒要用天主教教义和教理来重新诠释儒学，他们的“天主教化儒学”是一种新道统思想，目的是为中国文化寻求新的出路。

二、明末清初中西文化交流的“对话”特征

二十世纪后期以降，明末清初以来的基督宗教在华传教研究发生了重大的范式转化。① 整体而言，研究重心实现了从“西方中心论”向“中国中心论”的转变，② 包括研究对象从外国传教士转向中国本土入教人士，研究资料从西文转向中文，研究模式从文化交流史、传教史向汉学、思想史转变，文本分析也开始逐渐取代史料的考证和历史性叙述，上述诸种转变对于明末清初中西文化交流的研究意义重大。同时，学界也越来越突破西方中心论主导的“冲击—反应”模式，尝试从“文化对话”的角度去深入揭示四百年前那场大规模的中西文化交流所带给彼此的文化影响。本书通过对明

---

① Nicolas Standaert, New Trends in the Historiography of Christianity in China, *Catholic Historical Review*, 1997, Vol. 83, No. 4, pp. 573 – 613.

② ［美］柯文著，林同奇译：《在中国发现历史——中国中心观在美国的兴起》，北京：中华书局2002年版，第166页。

末清初儒家天主教徒的思想文本进行学理分析，以揭示其思想性质、特点及独特价值。这一研究，是梁启超所谓的“三百年来思想研究一大公案”① 的研究趋势的新体现。

文化交流研究中的“冲击—反应”模式一般适用于文化交流中不平等的双方，一种文化处于强势的传播者地位，另一种文化完全处于被动的接受者地位。由于国运转换，晚清的中西文化交流研究特别适用“冲击—反应”模式。但是明末清初的中西文化交流实则更具有“文化对话”的特征。“文化对话”是一个现代学术词汇，比较强调对话双方的平等地位和理性意识，一般来说，构成“文化对话”需要具备如下条件：一是对话双方地位上的平等，二是放弃绝对的进步/落后、正确/错误、文明/野蛮等二元对立的价值框架，三是交流中的理性论辩逻辑，四是交流中的“我—你”关联，② 五是“他性”和“自性”的互融互通、相得益彰。明末清初的中西文化交流包含三个层次：传教士与儒家天主教徒之间，传教士与佛教徒之间，传教士、儒家天主教徒与反教人士之间。无论如何，后二者都很难算作文化对话，更多的是文化冲突。但是前者在一定程度上具有文化对话特征，主要理由有两点：其一，传教士和儒家天主教徒之间心态上的平等、地位上的平等，方式上是和平的，影响上是相互的。③ 其二，文化交流中最深的学理层面发生了“以儒释耶”和“以耶释儒”的双向转化，并且造成了“儒化天主教”和“天主教化儒学”的理论创造。承认明末清初中西文化交流的“文化对话”性质，在研究作为明末清初中西文化交流中重要一方的儒家天

① 梁启超：《中国近三百年学术史》，天津：天津古籍出版社 2003 年版，第 1 页。

② “我和你”是一种内在的关契，“我与他”则不是。“我和你”在对话情境中是共生共进的，而不是压制和取代。参见［德］布伯著，陈维纲译，曾庆豹校：《我与你》，台北：桂冠图书股份有限公司 1991 年版。

③ 由于传教士将中国文化反向传至欧洲，中国文化在十六七世纪的欧洲风靡一时，并且深深影响了那个时代的思想和思维方式，这种影响在莱布尼兹、沃尔夫、伏尔泰等人的作品里可以看出。可参见朱谦之：《中国哲学对欧洲的影响》，石家庄：河北人民出版社 1999 年版。另参见［加］秦家懿编译：《德国哲学家论中国》，台北：联经出版事业公司 1999 年版，第 9 – 36 页。

主教徒的思想时，就要承认其创作的“理性自觉”，能够使研究者把自己重新设定为理性的一方，理解那些四百年前发生在儒家天主教徒和天主教文本间的“诠释和理解”问题。① 这样，明末清初中西文化交流的研究，就不能像“后殖民研究”视角所认为的那样，把中国儒家知识分子的作用弱化到被动和边缘的角色，而应该还之一个主动性的、积极性的角色。② 事实上，明末清初儒家知识分子，包括奉教儒士和友教儒士，都是带着强烈的历史意识和问题意识去主动理解和接纳天主教的，没有这一点，就不会留下那么浩瀚的文献资料以及极具历史文化眼光的思想创造。明末清初中西文化交流的“对话”特征，使得耶儒互动和儒学重建成为可能。

---

① 事实上，明末清初的中西文化对话，佛教也可算作一方，不同于中国反教人士生硬的道统心态，尽管耶稣会士制定的“排佛易儒”的传教路线注定要将佛教当作自己的敌人，但是明末清初天主教和佛教之间的论战也具有对话的特征。具体参见陈永革：《以儒辨天与以佛辨天：晚明佛教丛林对天主教义的论难》，《宗教学研究》2001 年第 4 期，第 52－59 页。另见［韩］郑安德：《明末清初天主教和佛教的护教辩论》，台北：佛光山文教基金会 2001 年版。

② ［比］钟鸣旦著，李天纲译：《晚明基督徒的经学研究》，《中华文史论丛》2000 年第 64 期，第 23－50 页。

第一章　明末清初思想大势与天主教来华

第一节　耶稣会来华的欧洲文化和神学背景

一、欧洲文化背景与天主教来华

天主教修会中最早来华的是1578年到达广东肇庆的耶稣会士罗明坚，之前则有沙勿略、范礼安等人的预备性先行之功，但是真正产生重大影响的是1582年来华的利玛窦。十六世纪中后期的欧洲正处于地理大发现和资本主义兴起所带来的巨大历史变革的影响之中。其时，掀开欧洲近代帷幕的文艺复兴已近尾声，宗教改革风起云涌，传统的天主教及其理论受到巨大的冲击。为了回应这种冲击，1545—1563年，罗马教会召开了特兰托宗教会议，再次确认了托马斯主义神学在天主教的正统地位。

明末清初的中西文化交流很大程度上是儒学和天主教的交流。首先到达中国的天主教修会是耶稣会，耶稣会的传教路线在中国取得极大的成功。至少在明末清初，整个中国社会包括儒家天主教徒所接触的天主教几乎等同于耶稣会。① 耶稣会是一个很奇特的修会，1534年罗耀拉在巴黎建立耶稣会，其目的就是对抗宗教改革及其影

---

① 其他修会如多明我会、方济各会、奥斯陆会、巴黎外方传教会等修会，至少在有明一代并没有产生重大的影响。不仅仅是时间上耶稣会进入中国最早，主要还是其他修会的传教路线不同于耶稣会的文化会通路线，不太适合中国国情。可参见赵殿红：《明末清初在华天主教各修会的传教策略述论》，《韩山师范学院学报》2002年第1期，第48－59页。

响。它以忠诚于罗马天主教教皇著称，罗耀拉甚至把耶稣会军事化，叫作耶稣连队。而入会修士也被要求“神贫”，发三愿（绝财、绝色、绝意），并被要求绝对服从上级领导，绝对效忠于教宗。但这个貌似最保守的天主教修会却也是天主教最具现代意识的组织。① 耶稣会的会规和神学是一种宗教和人文主义的奇特混合体，或可称之为“宗教人文主义”。② 明末清初的中国儒家士大夫初次接触天主教时，就直觉感到天主教和古老的儒学有亲和之处，或许可以说，“宗教人文主义”构成二者相亲相和的纽带。③

耶稣会能在明末清初的中国取得巨大成功，主要得益于其明智的会通式的传教路线。耶稣会也是十六七世纪天主教海外天主教本土化路线最大的实践者。耶稣会在成立之初，就确定了意义深远的“学术传教”路线，并且主要以知识阶层和社会上层人士为传教对象。耶稣会除了以纪律严格著称外，还办有大量的教会学校，学校非常重视除神学以外的天文学、法律、语言教育，耶稣会士本身也都是具有深厚学术素养的饱学之士。由于欧洲日炽的宗教改革运动，耶稣会就把目光投向海外，尤其是远东。耶稣会在来到中国前，已经在日本和印度取得了极大的成功。十六世纪的中国是一个巨大的且具有悠久历史文化传统的国度，利玛窦来到中国，先以西僧形象示人，后改儒服，最终在对中国社会和文化有了透彻了解的基础上，决定以在中国社会广受尊敬的儒家知识分子为主要传教对象（而中国官员主要由这些儒家知识分子构成），通过学术传教方式（即合儒、补儒、超儒的耶儒融合方式）来归化中国人。耶稣教会的“宗教人文主义”立场和文化融合传教路线在十六七世纪的欧

---

① 关于耶稣会在历史、组织、信仰、实践方面的详细介绍，可参见［德］哈特曼著，谷裕译：《耶稣会简史》，北京：宗教文化出版社 2003 年版，第 12 – 21 页。

② 刘耘华：《诠释的圆环——明末清初传教士对儒家经典的解释及其本土回应》，北京：北京大学出版社 2005 年版，第 32 – 36 页。

③ 李天纲：《跨文化语境中的人文主义》，收于氏著《跨文化的诠释：经学与神学的相遇》，北京：新星出版社 2007 年版，第 395 – 411 页。另见李天纲：《人文主义还是殖民主义》，收于氏著《跨文化的诠释：经学与神学的相遇》，北京：新星出版社 2007 年版，第 412 – 436 页。

洲及欧洲以外产生了巨大的影响，后来康熙皇帝将之形象地称为“利玛窦规矩”①。耶稣会的做法也是符合基督宗教的历史发展传统的。发源于巴勒斯坦地区的基督教②后来能够上升为一个世界性的宗教，是和希伯来文化、希腊文化、罗马文化以及后来的欧洲各国民族文化相融合且同步的。这种宗教本土化（神学理论和宗教礼仪两方面）的实践也在明末清初的中国成功复制，直到清初由于罗马教廷、耶稣会以外其他修会、保教权国家以及大清帝国之间错综复杂的利害关系引发中国皇帝的禁教，耶稣会也于 1747 年被迫解散，传教实践中止，但是其思想层面的历史回响仍然余音缭绕。

二、托马斯主义、耶稣会神学及其思想

托马斯主义是整个天主教理论的基础，当然也是奉托马斯主义为正统的耶稣会神学的根本内容。托马斯主义是天主教神学最为完备的形态，不同于早期的奥古斯丁以及其他神学家将神学建立在柏拉图主义和新柏拉图主义之上，托马斯主义是以古希腊哲学中的理性形态——亚里士多德思想和方法来为神学做论证的。托马斯主义神学主要包括以下三个方面的内容：

① “利玛窦规矩”主要有三个方面：其一，结交上层士绅，进行学术传教；其二，补儒易佛；其三，宽容对待中国习俗。详见孙尚扬：《基督教与明末儒学》，北京：东方出版社 1994 年版，第 19－22 页。不过对于第一点也不尽然，稍晚于利玛窦来华但是同样取得巨大传教效果的同会修士艾儒略，在福建的传教路线就与“利玛窦规矩”有所不同，主要就是其传教的民间转向。参见罗群：《传播学视角中的艾儒略与〈口铎日抄〉研究》，上海：上海古籍出版社 2012 年版，第 11－25 页。

② 基督教有广义、狭义之分。广义基督教包括天主教、东正教和新教。狭义基督教仅仅指称新教。也可以用基督宗教来指称基督教分裂后的所有教派。本书所谓的天主教，很大意义上和耶稣会意义同等。虽然耶稣会只是天主教修会之一，但是明末清初天主教在华传教大业几乎由耶稣会一己承担，其他修会大多是在明亡后才逐步来华。考虑到天主教修会内部往往分歧极大，明末清初的中西文化交流由耶稣会肇始并蔚为大观，但其最终中止很大原因也是天主教内部斗争的结果。所以在明末清初语境下，天主教和耶稣会意义关联几乎等同。可参见梁丽萍：《天主教耶稣会与基督宗教在中国社会的扎根》，《宗教学研究》2004 年第 1 期，第 92－112 页。另可参见崔维孝：《明清之际西班牙方济会在华传教研究（1579—1732）》，北京：中华书局 2006 年版，第 30 页。

首先，哲学和神学的关系一直是天主教神学内部争论的焦点，因为这涉及理性和信仰的关系问题。德尔图良是极端的信仰主义者，他的名言“正因为荒谬，所以我才信仰”说明他把信仰绝对置于理性之上。后来的奥古斯丁在这个问题上要温和点，他认为哲学和神学没有绝对的矛盾，好的哲学可以为神学所用，在促进人的幸福方面，基督教和希腊哲学的目标是一致的，他的名言“信仰，然后理解”表明他力图将理性与信仰调和起来，但是仍然强调信仰的优先地位。托马斯主义则认为哲学和神学既有区别又有联系。哲学中的自然神学部分和基督教神学是有联系的，但是哲学中的自然神学要靠理性，而基督教神学则诉诸天启。不同于以往的神学家，托马斯认为理性是和天启不同的认识方式，神的知识可以通过天启和理性思考两种方式得到，理性也是神的恩典，在这个意义上，哲学是神学的婢女。但是，婢女只是服务于主人，其人身还是独立的，所以哲学既有自己独特的认识方式和学科特征，也可以为神学服务。

其次，关于上帝及其属性存在的证明，在安瑟伦神学的本体论论证里已经开始，这是一种借助于理性证明而不是信仰来证明上帝存在的方式。但是，托马斯主义认为，安瑟伦的论证是一种先天演绎，先天演绎从本身就需要证明的先天实在开始，也就混淆了理念和现实的不同。托马斯主义认为，应该从亚里士多德哲学出发，用后天演绎的方式来论证上帝及其属性的存在。五种后天经验论证的方法包括事物的运动、事物的动力因、可能性和必然性的关系、事物完善性的等级、自然的目的性。托马斯的五种后天论证方式几乎完全是亚里士多德式的，他把哲学的证明改造为神学的证明。

托马斯主义神学的第三个方面是灵魂学说。灵魂学说也有很明显的亚里士多德痕迹，也认为灵魂有三个层次（生魂、觉魂、理智灵魂），并且认为三者分别对应着植物、动物和人，具有等级关系。在灵魂和肉体关系上，他不同意灵魂和肉体是两个实体，而认为是实体的两个方面，二者共同起作用，构成人的活动，人在死亡时二者分裂，复活时又统一在一起。人和动物、植物的根本区别就在于理智灵魂，理智灵魂和生魂、觉魂一起构成人的活动，但是人的理智灵魂也具有独立性，并且以超自然的存在为理解对象。

耶稣会并没有自己完整的神学系统，但是他们来华后，除了装备有完整的托马斯主义神学系统外①，也有一些自己独特的、温和的神学观点。

耶稣会虽然“以护教为中心，崇教为念”，但是在传教问题上非常宽容，尊重不同地方的文化特色，力争与之融合，也就是所谓的文化适应路线。耶稣会士也都是受过良好教育的有高度科学、神学、哲学修养的人文主义者②，这体现了耶稣会创始人依纳爵·罗耀拉的要求：提高耶稣会士在人文主义知识分子中的竞争力，并且通过人文主义的文化传播基督信仰。在神学上有两点能体现耶稣会士的人文主义立场：一是救赎观，认为神恩与有理性的人的自由意志是可以统一的；二是或然论，属于道德神学范畴，特别强调个人良心中的主观行为动机。耶稣会的神学和教育都体现出人文主义色彩，强调人在原则上有选择善的能力，对于人抱有乐观主义的态度，这和新教以及冉森教派或者基督宗教的大多时候关于人的悲观主义论调都大不相同。这使得儒家知识分子对耶稣会初来华土表示亲和。

耶稣会士还有一套和天主教神学相匹配的科学、教育、道德观，以及时空、天体、世界观，这些都是耶稣会士必要的知识性训练。当时欧洲的科学发展处于以实验室和数学为基础的现代科学革

---

① 对于欧洲如火如荼的宗教改革及其宣扬的神学思想，耶稣会士固然是排斥的，耶稣会创立的动机恰恰是对抗宗教改革、捍卫托马斯主义，所以他们带到中国的完全是天主教的官方神学——托马斯主义，但是传教士带到中国的是经过他们选择的托马斯主义。可参阅刘耘华：《诠释的圆环——明末清初传教士对儒家经典的解释及其本土回应》，北京：北京大学出版社 2005 年版，第 42－49 页。

② 关于耶稣会的教育状况，艾儒略来华后写了《西学凡》一书，详细记载了耶稣会士所必需的教育素质，这种素质之高，甚至连罗素都表示：“耶稣会所施教育在不夹缠神学的时候，总是无可他求的良好教育。”见罗素：《西方哲学史》（下卷），北京：商务印书馆 1989 年版，第 43 页。《西学凡》一书中记载耶稣会教育情况见（明）李之藻辑：《天学初函》（第一册），台北：台湾学生书局 1964 年版，第 48－49 页。

命的开始阶段①，传教士所带来的科技知识虽然也能使明末清初的儒家知识分子感到惊奇，甚至许多人入教的动机也是受传教士新异科技的影响，但是实际上，传教士们并没有摆脱古代科学的模式和水平，尽管他们带来的一些物什如自鸣钟、地球仪等令士大夫们啧啧称道。令儒家知识分子大开眼界的是耶稣会士的时间观、空间观以及世界观。

耶稣会带来的历史时间观和中国历史时间观大不相同。前者的历史时间观本质上是基督宗教史观。按照天主教的说法，真正的时间是从人类始祖被从伊甸园逐出开始的。十七世纪初来华的耶稣会士艾儒略在《万物真原》中明确说：

> 造物主之圣经，详载天地之初年，人类之元祖，又详记自有天地以来世世之事，代代相传。自今崇祯元年，直溯始有天地，共不满七千年。②

按照此说，从天主创造世界之日算起，人类不过七千年。艾儒略又据此来删改中国上古史：

> 今吾据经载：自帝尧迨今，未满四千年。顾说尧前又有二三千年，似亦多矣。……③

如果此种史观成立，则完全颠覆了中国人的时间观念。也就是说，中国人也是亚当、夏娃的后代，这使得中国传统的夷夏之防顿

① ［英］沃尔夫著，周昌忠译：《十六、十七世纪科学技术和哲学史》，北京：商务印书馆1985年版，第1页。

② ［意］艾儒略：《万物真原》，收于［比］钟鸣旦、［荷］杜鼎克、黄一农、祝平一等编：《徐家汇藏书楼明清天主教文献》（第一册），台北：方济出版社1996年版，第168页。

③ ［意］艾儒略：《万物真原》，收于［比］钟鸣旦、［荷］杜鼎克、黄一农、祝平一等编：《徐家汇藏书楼明清天主教文献》（第一册），台北：方济出版社1996年版，第169页。

失合理性。人类历史就是赎罪史，而不信上帝的，则不被神拯救。既然如此，中国古代的圣人在宗教史观下便无处安放。这一问题事关国体学统，不容怠慢。明末清初的反教运动，此一问题是一个巨大的争讼点，这当然在文化心理上是对中国“华夏中心论”的巨大冲击。

再者就是耶稣会士带来的崭新的世界观对地理上的中国“华夏中心论”造成冲击。十五世纪开启的大航海时代给欧洲带来全新的世界观念，而古老的中华帝国此刻仍然沉浸在中央帝国的迷梦里。利玛窦来到中国后曾展示给中国士人一幅《山海舆地全图》，震惊士林。据说一开始利玛窦为照顾中国人自大的心态，还特意把中国画在地图中央。① 后明末清初极具科学头脑的儒家天主教徒李之藻于万历三十年（1602）刊印《坤舆万国全图》，风靡一时。艾儒略于天启三年（1623）在华出版的《职方外纪》对此图有非常详细的说明。书中除了有一幅和当今大致相同的世界地图外，还对五大洲的位置做了详细标注，并对每个国家做了非常详细的介绍。耶稣会士的世界视野除了破除中国人根深蒂固的天圆地方的世界观念外，也对地理上的“华夏中心论”产生极大冲击。后来清初的“历法之争”，以汤若望为代表的传教士的“西历”大胜，逐步移除中国人的文化优越感，使中国人在历史上第一次震撼于现代西方文明。

至于传教士们带来的宇宙天体观，仍然是古代的托勒密体系，认为宇宙是一个以地球为中心，由九重天所构成的旋转不息的球体组合。这种托勒密的宇宙观并不能反映当时以哥白尼—伽利略为代表的新的宇宙观念，但还是足以对中国古老的宇宙观念产生重大影响。固然，耶稣会士带来的时间、空间、世界观念打上了深深的天主教的痕迹，比如传教士们就竭力把这种天文地理观念和《圣经》史观、天堂地狱观联系在一起，但是对于已经沿革了几千年的古老不变的中国观念而言，仍然具有历史价值。纵观明末清初长达近两

① ［法］裴化行著，萧睿华译：《天主教十六世纪在华传教志》（下编），上海：商务印书馆 1936 年版。

个世纪的天主教来华传教史，传教士们以他们的宗教热诚拉开了中西文化交流的序幕，并在传教事务上取得进展，使得文化间的交流和新的创造成为可能。最重要的是，在进入现代之前，这是中国人第一次平等地和外域文化实现政治意义上的对话和互动，虽然由于宗教、政治、思想间的复杂因素，这种对话和互动未能持续下去，但为古老中国留下了巨大的历史文化遗产。

第二节　明末清初思想大势

这里所谓的"明末清初"，始于隆庆、万历年间，① 直至崇祯末年明清鼎革，约莫相当于十六世纪下半期到十七世纪上半期（1573—1643）。无论社会层面还是思想层面，在中国历史上，明末清初都是一个很特殊的时段。在社会层面，隆、万以后，尤其是万历中叶，大明王朝日益腐败，由盛转衰，但是社会上出现一些新的现象，是古老中国前所未有的。首先就是由于海外贸易，在世界上仍然维持着最大经济体国家的明王朝，保有大量的白银输入，并逐步使得白银实现货币化，这对于社会财富的增长是有推动作用的。② 其次，明末清初社会有一个突出的现象，即财富积累和士商阶层的互动和易位使得社会民间活动的范围和程度得到极大提升。③ 这直

① 嵇文甫：《晚明思想史论》，北京：东方出版社 1996 年版，第 1 页。也有观点说明末清初是指嘉靖后至明末这近百年的历史时期，无论是隆庆还是嘉靖以后，无关宏旨，史家称："明之亡，实亡于神宗"，万历中期已出现"崩解之势"是符合历史实际的。樊树志《晚明史》就是从万历元年（1573）开始。《剑桥中国明代史》中"明末清初思想中的儒学"一章就是从嘉靖年算起。可参见［英］崔瑞德、［美］牟复礼编，杨品泉等译：《剑桥中国明代史》（下卷），北京：中国社会科学出版社 2006 年版，第 67 页。

② 傅衣凌：《明清时代商人及商业资本》，北京：人民出版社 1956 年版，第 5 页。另见［德］贡德·弗兰克著，刘北成译：《白银资本》，北京：中央编译出版社 2011 年版，第 104 页。

③ 余英时：《中国近世宗教伦理与商人精神》，台北：联经出版事业股份有限公司 2004 年版，第 63 页。

接促使商业文化兴起，城市生活日益丰富，个体个性张扬，享乐风气盛行，启蒙思潮风起。明末清初社会变迁所引发的思想大变动，对晚清和近代中国的历史映照，① 直到今天仍被思想史研究者深深把玩。②

明末清初被认为是中国近代思想转型期，政风、学风愈下，儒学衰变。《明史·儒林传序》中说："经学非汉唐之精专，性理袭宋元之糟粕。"又说："科举盛而儒术微。"顾炎武在《日知录》"书传会选"一条中批评道："自八股行而古学弃，《大全》出而经说亡。"③ 与此同时，佛学复兴、西学来华，在不长的时间里，各种不同的思想狭路相逢，互竞短长。嵇文甫在《晚明思想史论》序中写道：

> 晚明这短短数十年，一方面是从宋明道学转向清代朴学的枢纽，另一方面又是中西两方文化接触的开端。其内容则先之以王门诸子的道学革新运动，继之以东林派的反狂禅运动，而佛学，西学，古学，错综交织于其间。这一幕思想史剧，也可算得热闹生动了。④

嵇文甫所谓的"宋明道学"就是广义的理学。⑤ 我们可以用正

---

① 张显清：《晚明：中国早期近代化的开端》，《河北学刊》2008 年第 1 期，第 63－67 页。另见许苏民：《中国文化现代化的历程——十七世纪中西大分流的历史教训》，《华南理工大学学报》（社会科学版）2006 年第 8 期，第 18－26 页。

② 秦燕春：《清末民初的晚明想象》，北京：北京大学出版社 2008 年版，第 2 页。

③ （清）顾炎武著，（清）黄汝成集释：《日知录集释》（卷十八），长沙：岳麓书社 1994 年版，第 651－652 页。

④ 嵇文甫：《晚明思想史论》，北京：东方出版社 1996 年版，第 1 页。

⑤ 道学是对于整个宋明理学思想的另一个说法。广义的理学即道学，狭义的理学即程朱理学以及心学。本书所谓理学专指通常所谓的程朱理学。参见冯友兰：《宋明道学中理学、心学二派之不同》，收于刘梦溪主编：《中国现代学术经典·冯友兰卷》，石家庄：河北教育出版社 1996 年版，第 923－945 页。

统、主流思想的流变这一路向来对复杂的明末清初思想大势做一通览。① 正统思想和主流思想是思想史分析的两个角度。正统思想比较侧重于官方，有的时候就是官方的意识形态。主流思想主要是指在一个社会的特定时段实际占据社会言论话语权和核心的思想力量。正统和主流并不必然是冲突的，正统思想还具有生命力的时候本身也就是主流思想，但是，正统思想具有滞后性的特点，因为它可能被政治制约，使得它的变革敏感性比较弱，因而当它高高在上的时候，就不能反映时代的客观发展和思想本身的逻辑发展，这样就会有新的批判思想产生和建构。新的思想慢慢壮大，可能出现这样的思想图景：正统思想成为官方具文，而实质上新的社会思潮已经成为思想界的话语主体。这样就会出现正统思想和主流思想不一致的状况，要么正统思想缓慢变革最终重新成为主流思想，要么就是被主流思想所取代，产生新的正统思想。② 但是，正统思想和主流思想共同属于文化的大传统，③ 它们和民间的小传统是不同的层次。一般认为，民间的小传统还没有上升到思想自觉以及理论化、系统化的水平。下面将从正统和主流思想的互动与流变来把握明末清初的思想大势。

一、程朱理学的正统地位

有明一代，程朱理学始终是国家官方正统思想，这一点甚至到清代都没有改变。在明初洪武年间即敕修《五经大全》《四书大全》《性理大全》，完全遵循程朱理学的标准，其目的是达到朱棣在“三

---

① 张晓林：《天主实义与中国学统——文化互动与诠释》，上海：学林出版社 2005 年版，第 11 页。

② 张晓林：《天主实义与中国学统——文化互动与诠释》，上海：学林出版社 2005 年版，第 11－15 页。

③ 大传统与小传统是美国人类学家罗伯特·雷德菲尔德（Robert Redfield）在 1956 年出版的《农民社会与文化》中谈及的概念，用来说明在复杂社会中存在的两个不同文化层次的传统。参见 Robert Redfield，*Peasant Society and Culture*，Chicago：University of Chicago Press，1956.

全”序言中所谓的“使家不异政，国不异俗”，统一思想，通行全国，程朱理学遂成为官方的正统思想。程朱理学正统化的另一个助力就是明朝沿用宋元科举制度，以经义考试取士。太祖始定八股体例，以宋儒注疏为标准，“三全”成书后，完全废其他注疏不用，其科举标准化、绝对化程度较宋元更甚。明中叶以前，程朱理学尚有生命力，基本上既是正统思想又是主流思想；明中叶以后，理学开始衰落，作为革新运动的心学崛起，心学及其后学逐渐取代理学的主流地位，在社会上产生极大影响。但是几十年后，心学末流逃禅入虚，引发东林学派的修正。东林学派虽掺和理学、心学，但实际上也是以理学为宗的。① 容肇祖在《明代思想史》中评论理学正统造成思想贫乏的原因时说道：

> 本来国家定制采用宋儒的《四书》《五经》注解，以及《四书》《五经》两大全的解说，已足使一些人的思想和宋儒相接近，又加上敕撰的《性理大全》的提倡。浅识的陋儒，更要谈理学了，以规行矩步来掩护其空疏无学的根柢，以高谈性命为维持其慵懒的性根……②

二、心学发展三个时期及其主流地位的浮沉

明中叶以后，理学由于官学化，已经成了八股化的道学，成为“记诵辞章之习”，了无生机。这个时候发生了道学革新运动，《明史·儒林传序》言：

> 原夫明初诸儒，皆朱子门人之支流余裔，师承有自，矩矱秩然。曹端、胡居仁笃践履，谨绳墨，守儒先之正传，无敢改错。学术之分，则自陈献章、王守仁始。……

---

① 侯外庐、邱汉生、张岂之主编：《宋明理学史》（第四卷下册），北京：人民出版社 1987 年版，第 555 页。

② 容肇祖：《明代思想史》，上海：开明书店 1941 年版，第 2－3 页。

> 姚江之学，别立宗旨，显与朱子背驰。门徒遍天下，流传逾百年。……嘉隆而后，笃信程朱不迁异说者，无复几人矣。①

一方面是理学的式微，另一方面是心学的崛起，明末清初学术由此分流，引文中所谓“显与朱子背驰”说明了开始于陈献章、大成于王守仁的心学不同于程朱理学的路向，实际上，它所走的是相反的道路，王阳明有言：

> ……而世之学者，章绘句琢以夸俗，诡心色取，相饰以伪，谓圣人之道劳苦无功，非复人之所可为，而徒取辩于言辞之间。古之人有终身不能究者，今吾皆能言其略，自以为若是亦足矣，而圣人之学遂废。则今之所大患者，岂非记诵辞章之习！而弊之所从来，无亦言之太详、析之太精者之过欤？②

王阳明除朱学之弊，体现道学革新，在三个命题里表露无遗：心即理、致良知、知行合一。心即理有别于朱子性即理，“吾心之良知，即所谓天理也”③。致良知是说行为从本心出发，不藉于外，“吾平生讲学，只是致良知三字”④。知行合一是说知和行是同一的，“知之真切笃实处，即是行；行之明察精确处，即是知”⑤。阳

---

① （清）张廷玉等撰：《明史·儒林传序》（卷二百八十二），北京：中华书局1974年版，第7222页。

② （明）王阳明：《别湛甘泉序》，收于（明）王阳明著，吴光、钱明、董平、姚延福编校：《王阳明全集》（卷七），上海：上海古籍出版社1992年版，第230－231页。

③ （明）王阳明：《传习录》（中），收于（明）王阳明著，吴光、钱明、董平、姚延福编校：《王阳明全集》（卷二），上海：上海古籍出版社1992年版，第45页。

④ （明）王阳明：《寄正宪男手墨二卷》，收于（明）王阳明著，吴光、钱明、董平、姚延福编校：《王阳明全集》（卷二十六），上海：上海古籍出版社1992年版，第990页。

⑤ （明）王阳明：《答顾东桥书》，收于（明）王阳明著，吴光、钱明、董平、姚延福编校：《王阳明全集》（卷二），上海：上海古籍出版社1992年版，第42页。

明心学的三个命题处处体现人的主体性，处处体现人的自由精神，是对程朱理学的反动，这种思想解放精神针对当时疲弱的思想界，甚至把圣人致良知的特权下放至“愚夫、愚妇”，思想平民化，学术下移，风靡全国，一时无两，遂成为当时的思想主流。嵇文甫指出：

我们分析阳明的学说，处处是打破道学的陈旧格套，处处表现出一种活动自由的精神，对于当时的思想界实尽了很大的解放作用。①

阳明后有王门后学，使王学得到更广泛传播。黄宗羲在《明儒学案》中将王门后学按照地域划分为浙中、江右、南中、楚中、北方、粤闽、泰州七个学案，也就是七个流派，可见王门后学影响范围之广，王门后学仍然是当时的思想主流。王门后学以泰州学派影响最大，泰州学派后来衍化出狂禅派，狂禅派虽师出王门，但在思想上把王学的主体性发挥到了极端，其思想实质与王学自由精神已经相去甚远，以至于被人称为“狂禅”，甚至被视为“异端”。黄宗羲说道：

泰州之后，其人多能赤手以搏龙蛇。传至颜山农、何心隐一派，遂复非名教之所能羁络矣。顾端文曰：“心隐辈坐在利欲胶漆盆中，所以能鼓动得人，只缘他一种聪明亦自有不可到处。”羲以为非其聪明，正其学术也。所谓祖师禅者，以作用见性。诸公掀翻天地，前不见有古人，后不见有来者。释氏一棒一喝，当机横行，放下拄杖，便如愚人一般。诸公赤身担当，无有放下时节，故其害

① 嵇文甫：《晚明思想史论》，北京：东方出版社 1996 年版，第 4 页。

如是。[①]

而后来的王学末流利用王门四句教中的“无善无恶心之体”和佛老空无理论相结合，谈空说玄，主张三教合一，几有宗教倾向，发展到最后束书不观，空谈心性，大坏学风，大张宗风。明末清初儒释合流是不假，但阳明学自是儒家本位，尽管王畿也说三教合一，但也意归本于儒。但是到了王学末流邓豁渠辈“入青城山参禅十年”，自认为禅师，学问也“日渐幽深玄远，如今也没有我，也没有道，在人情事变中，若不自与，泛泛然如虚舟飘瓦而无着落”[②]。“姚江一派，自王畿传周汝登，汝登传陶望龄、陶奭龄，无不提倡禅机，恣为高论。奭龄至以因果立说，全失儒家之本旨。”[③]学问至此，已经彻底背离了王学初衷，主体精神沦为感性化了的绝对的相对主义随意性，也再无可能成为思想革新的源泉以及社会道德的典范，之后会稽陶望龄辈甚至引禅师入浙东学派，背离阳明学宗旨，王学本义因此而近乎失传，主流思想地位于是逐渐拱让。

三、明末清初佛教复兴以及东林学派兴起

明末清初思想界的活跃，另外的一个表征就是佛教的复兴。有明一代，印刷术普及，以前在学术界有重要地位的佛教在士林中影响渐不如前[④]，虽然明太祖在明初着意奉佛，但是佛教创新少，因袭多，没多大起色。在明末清初思想乱象中，禅宗泛滥，黄宗羲批评道：

---

① （清）黄宗羲：《明儒学案·泰州学案一》（卷三十二），收于（清）黄宗羲著，沈善洪主编，夏瑰琦、洪波校点：《黄宗羲全集》（第七册），杭州：浙江古籍出版社 1992 年版，第 821 页。

② （清）黄宗羲：《明儒学案·泰州学案一》（卷三十二），收于（清）黄宗羲著，沈善洪主编，夏瑰琦、洪波校点：《黄宗羲全集》（第七册），杭州：浙江古籍出版社 1992 年版，第 821 页。

③ （清）永瑢等撰：《四库全书总目》（卷一百七十二·集部二十五·别集类），北京：中华书局 1965 年版，第 1502 页。

④ 参见钱穆：《国史大纲》（修订本），北京：商务印书馆 2011 年版，第 786－792 页。

朱子云："佛学至禅学大坏。"盖至于今，禅学至棒喝而又大坏，棒喝因付嘱源流而又大坏。就禅教中分之为两，曰如来禅，曰祖师禅。如来禅者，先儒所谓语上而遗下，弥近理而大乱真者是也。祖师禅者，纵横捭阖，纯以机巧小慧牢笼出没其间，不啻原理而失真矣。今之为释氏者，中分天下之人，非祖师禅勿贵，递相嘱付，聚群不逞之徒，教之以机械变诈，皇皇求利，其害宁止于洪水猛兽哉！①

梨洲先生辟佛甚严，上引语可见其激烈，但是明末清初佛教之颓废，亦可见一斑。于是有佛教内部的自我拯救，这就是明末清初佛教三大师——云栖、紫柏、憨山的出现。三大师救佛主要表现在两个方面：其一是主张禅净一致，改造禅宗；其二是主张三教合一。云栖大师深感禅宗乱弊，提倡以念佛代替单纯的参禅，着重于净土宗的实修，同时他也主张研究经典，严守戒律。这些都是对禅宗的反动。紫柏大师也强调禅宗的参禅和念佛要结合起来。憨山大师也是禅教一致论者，尤其强调融通儒道，三教合一，肯定魏晋以老庄语言翻译佛教经典，也认为儒佛是一致的，儒家的"五常"与佛家"五戒"异曲同工，二者可以相辅相成。明末清初佛教的复兴运动在佛教内部主张实修实悟，反对禅宗玄虚空疏的流弊，这一点和道德践履精神是一致的，这也是针对明末清初思想乱象补偏救弊的共同处方。只不过，佛教由于自身的宗教出世本质不可能承担救世的责任，这才有了明末清初东林学派的横空出世，以及被称为儒学殿军的刘宗周的明末清初悲歌。

东林学派一堂师友，抱道忤时，亦学术亦政治，"讽议朝政，裁量人物，砥砺气节，讲究品行"，是明末清初思想的一股清流和醒世木铎。东林学派的学术渊源兼具理学与心学，批判王学流弊，

---

① （清）黄宗羲：《明儒学案·泰州学案二》（卷三十二），收于（清）黄宗羲著，沈善洪主编，夏瑰琦、洪波校点：《黄宗羲全集》（第七册），杭州：浙江古籍出版社 1992 年版，第 832 页。

正本清源，又发扬程朱理学，落实道德精神，可以说是明末清初思想的总批判。

东林学派的代表是顾宪成及其学生高攀龙。他们对明末清初思想纠弹和修正的切入点是对于王学心性一体性的反思。顾宪成认为，明末清初学者大盛空虚玄风的根本源头正在于王阳明的“无善无恶心之体”：

> ……愚窃谓“无善无恶”四字当之。何者？见以为心之本体，原是无善无恶也，合下便成一个“空”。见以为“无善无恶”，只是心之不著于有也，究竟且成一个“混”。……由前之说，何善非恶？由后之说，何恶非善？是故欲就而诘之，彼其所占之地步甚高，上之可以附君子之大道；欲置而不问，彼其所握之机缄甚活，下之可以投小人之私心。即孔、孟复作，亦奈之何哉？①

顾宪成及其他东林学者将明末清初玄虚症结上溯至王阳明的“无善无恶心之体”，无疑是切中肯綮的，也是当时学界共识，对王阳明的“无善无恶心之体”的说法“明白排决不已”。须知王阳明的道学革新精神中的主体性精神、良知本体的逻辑结论不必然就是其末流的玄虚空混，但是明末清初王学末流所导致的生活上的颓靡、道德上的无标准、思想上的游谈也是事实，故重建明末清初思想和生活秩序就显得非常迫切。东林学派给出的方案就是道德和精神世界的重建，其根本在于对善的心性本体的确认，这是对王学自然人性论的否定，“语本体只是性善二字”②，顾宪成为此强调道：

---

①（明）顾宪成：《顾端文公遗书·小心斋札记》（卷十八），收于《四库全书存目丛书》编纂委员会编：《四库全书存目丛书·子部一四》，济南：齐鲁书社 1995 年版，第 359 页。

②（明）顾宪成：《顾端文公遗书·小心斋札记》（卷十八），收于《四库全书存目丛书》编纂委员会编：《四库全书存目丛书·子部一四》，济南：齐鲁书社 1995 年版，第 359 页。

> 自昔圣贤论性，曰帝衷，曰民彝，曰物则，曰诚，曰中和，总总只是一个善……将此善字打破，本体只是一个空。①

但是又如何将善的本体落实在具体的道德践履中呢？这实际上也就是致良知的功夫问题了。至此，东林学者深刻认识到王学功夫性之不足，于是将目光转向理学，源于王学又超越王学进而进入程朱理学，这是东林学派的高明和可贵之处。顾宪成看到了心学和理学优劣有别：

> 以考亭为宗，其弊也拘；以姚江为宗，其弊也荡。拘者有所不为，荡者无所不为。拘者人情所厌，顺而决之为易；荡者人情所便，逆而挽之为难。昔孔子论礼之弊，而曰：与其奢也，宁俭。然则论学之弊，亦应曰：与其荡也，宁拘。此其所以逊朱子也。②

可以说，这是思想史上朱陆之争也就是“尊德性”与“道问学”之争的极好评判。在此，顾宪成似乎是偏向理学的，“与其荡也，宁拘”，尽管他也同情心学。东林学派另一创始人高攀龙则不然，他也尊重阳明人格，但是对心学则深恶痛绝，十分推崇朱熹及其理学。顾宪成在明末清初思想乱象中看重朱子的道学功夫，王学中良知功夫的疏略可以通过朱子的格物功夫来补正。顾宪成极推崇朱子的格物功夫，在他看来，格物之“物”就是贯通天道—人道的道德，而格物之方法就是在思想和日常生活中落实道德精神。黄宗

---

① （明）顾宪成：《顾端文公遗书·小心斋札记》（卷一），收于《四库全书存目丛书》编纂委员会编：《四库全书存目丛书·子部一四》，济南：齐鲁书社1995年版，第255页。

② （明）顾宪成：《顾端文公遗书·小心斋札记》（卷三），收于《四库全书存目丛书》编纂委员会编：《四库全书存目丛书·子部一四》，济南：齐鲁书社1995年版，第310页。

羲在《明儒学案》中讲到顾宪成所谓的“学”：

> 先生论学，与世为体。尝言：官辇毂，念头不在君父上；官封疆，念头不在百姓上；至于水间林下，三三两两，相与讲求性命，切磨德义，念头不在世道上，即有他美，君子不齿也。①

可见东林学者十分强调儒家传统的学以致用、济物厚生的实学精神。这种实学精神有两个方面：其一是可以落实践履的道德，其二是关乎民生的历法、算学、农学等学艺。这是东林学者为应对时艰开出的补偏救弊的良方，很显然不是王学和朱学所能涵盖的，“以返归朱熹哲学的形式，跳出了王阳明哲学的门墙”②，在其中能看出东林学派对于心学、理学的共同超越。

和明末清初尤其是崇祯年间东林学派在政治上力挽朝纲于不坠的努力一样，东林学派的思想也逐渐占据明末清初主流。东林学派有一种儒家本位主义的道统意识，力主辟佛，对于三教合一思想和运动也大加鞭挞，无非是想回归儒家正统，融合程朱陆王，大兴儒家经世致用的学风，这代表了明末清初学术和思想的大方向。其时，刘宗周为学三变，出入心学、理学，提“慎独”，重道德践履，在政治上也和东林学派惺惺相惜，尽管其不籍属东林，但是和东林一样，都有王学渊源，在此意义上讲，整个明末清初思想史和王学息息相关，嵇文甫对此独具慧眼地说道：

> 当晚明时代，王学的余焰方炽，而正在解体。一部晚明思想史，几乎可以说是一部王学解体史。这个解体过程

---

① （清）黄宗羲：《明儒学案·东林学案》（卷五十八），收于（清）黄宗羲著，沈善洪主编，夏瑰琦、洪波校点：《黄宗羲全集》（第八册），杭州：浙江古籍出版社 1992 年版，第 731 页。

② 何俊：《西学与晚明思想的裂变》，上海：上海人民出版社 1998 年版，第 48 页。

结束了，新时代也就出现了。①

从以上分析可知，明末清初社会再次陷入中国历史周期性的动荡之中，在王阳明生活的正德年间，已是“波退风靡、为日已久”，以至于“何异于病革临绝”②，王阳明死后的几十年非但没有改良反而更加恶化。伴随着社会的靡颓，以及社会秩序和道德秩序的失范，个人主义和自由精神的成长与其说是人性的解放，倒不如说这种解放在一个不正常的社会反向加剧了末世感。阳明学本是为解决问题而出现的，但是到最后反而造成了更大的思想困境。思想的两个类型——正统和主流思想的双重异化加剧了明末清初社会的危机。

第三节　明末清初社会的宗教化、经世之学兴起及其与天主教的对接

与这种道德、思想和社会危机相应的就是明末清初社会有非常浓烈的功过格、现世报的氛围。这种功过格的做法糅合了佛、道、儒的道德劝善、善功、报应观念，是明末清初社会尤其是民间的一种自我救治的特别方法。③ 其中以袁了凡的《了凡四训》最为有名。

这使得整个明末清初社会呈现出社会的宗教化倾向。佛教在明末清初的复兴不是偶然的，三教合一也大行其道，儒学也有宗教化

---

① 嵇文甫：《晚明思想史论》，北京：东方出版社 1996 年版，第 14 页。

② （明）王阳明：《答储柴墟》，收于（明）王阳明著，吴光、钱明、董平、姚延福编校：《王阳明全集》（卷二十一），上海：上海古籍出版社 1992 年版，第 811 页。

③ 功过格情况可参见［美］包筠雅著，杜正贞、张林译：《功过格：明清社会的道德秩序》，杭州：浙江人民出版社 1999 年版，第 25－28、53－63、166－185 页。

的趋势，[①] 人们对于宗教的兴趣的提升，也是对儒学所提供的道德保证可靠性的怀疑的表现。这样，在明末清初，鉴于王学末流玄虚化的弊端，“从悟到修，悟虚而修实；从思到学，思虚而学实；从体到用，体虚而用实；从理到气，理虚而气实”[②]，重新找到道德的原点，重新规范社会秩序就成为明末清初知识分子的时代任务，这种任务的解决一方面在道德领域的探索和践履层面展开，另一方面靠在实学层面的胼手胝足、亲力亲为。[③] 实学的兴起，道德的危机与重构，社会的宗教化氛围和儒学本身的宗教化趋势，经世致用思潮，复古主义思潮所强调的尊经复古，这些明末清初思想和社会所体现出来的种种趋势、特征和问题，恰恰构成了和天主教来华非常契合的思想和社会背景。明末清初来华的天主教，并非只是用“奇淫技巧”来迷惑中国人。中国人信教，在很大程度上，实在是中国社会内部对于信仰的需求。天主教能够在明末清初有一番作为，除了明末清初社会由于王学革新精神的传布而导致的整个社会开放性的氛围外，还因为知识界较少正统意识，能够宽容对待一切新异的思想因子。明末清初的思想解放，有两个意想不到的结果：一是古

---

① 明末清初儒学的宗教化不仅仅是指王学逃禅，三教合一，还有就是儒学本身的宗教化。可参见吴震：《晚明时代儒家伦理的宗教化趋向——以颜茂猷〈迪吉录〉为例》，《国学学刊》2009 年创刊号。另见王汎森：《明末清初儒学的宗教化——以许三礼的告天之学为例》，收于氏著《晚明清初思想十论》，上海：复旦大学出版社 2004 年版。或参见陈俊民：《“理学”“天学”之间——论明末清初士大夫与传教士“会通中西”之哲学深意（上）》，《中国哲学史》2004 年第 1 期，第 16－26 页。

② 嵇文甫：《晚明思想史论》，北京：东方出版社 1996 年版，第 170 页。

③ “实学”有两个含义：一是指明清之际以“经世致用”为目的，以“事功”为宗旨，有“实功”的具有现实意义的活动。在明末清初，鉴于学风空疏疲敝，经世之学与性理之学形成分庭抗礼之势。二是道德层面反对空谈性理，注重践履。明末清初的“实学”思潮此二者兼而有之，对明末清初的儒家天主教徒而言，也是如此。徐光启等较具科学精神的儒家天主教徒比较侧重于前者，而杨廷筠等对宗教生活方式感兴趣的儒家天主教徒则比较侧重于后者。参见孙尚扬、［比］钟鸣旦：《1840 年前的中国基督教》，北京：学苑出版社 2004 年版，第 210－214 页。

学的复兴初现端倪，直接导致了清初汉学的兴起；二是为天学①的输入以及耶儒互动创造了条件。《明史·意大里亚传》中说：

（西方传教士）其所著书，多华人所未道，故一时好异者咸尚之，而士大夫如徐光启、李之藻辈，首好其说，且为润色其文辞，故其教骤兴。……帝嘉其远来，假馆授粲，给赐优厚。公卿以下重其人，咸与晋接。②

如此盛况似乎和后来的《四库全书总目提要》里“其议论夸诈迂怪，亦为异端之尤”因而“国朝节取其技艺，而禁传其学术”的论调不尽合拍。可见和清代相比，明末清初官方对待天学实际上是比较开放的。当那场轰轰烈烈的中西文化交流在乾隆年间落下帷幕时，官方的论调又回到中国古老的文化—思维逻辑上去了，这从清人编辑的《四库全书》中对天主教文献的评论以及所收录的传教士带来的天学书籍既少又有偏见就可以看出。③ 不过奉教儒士大多尊奉徐光启“补儒易佛”“欲求超越、必先会通”的理性路线，那些友教儒士像李贽、叶向高等人也大致是这个态度，至于明末清初以沈漼、黄贞、钟始声为代表的反教儒士则完全是站在理学正统的立场上。除了儒家天主教徒“会通”天学，明末清初还有一些儒家知识分子，怀着矛盾的态度，接触到天学，对天学有所取舍，比如方以智“借远西为郯子”，又贬黜西学拙于“通几”。④ 当时知识界如

① 本书所谓“西学”和“天学”含义大致相同，具体语境中在侧重于实学时用“西学”，在侧重于伦理道德和宗教时用“天学”。“天学”一词，始于利玛窦到南昌后所撰之《天学实义》（后改名为“天主实义”，用以指称传教士所带来的西方学术）。“西儒”即西学和儒学，“天儒”即天学和儒学。而“天教”则指“天学”中的宗教部分即天主教，也可以称作“圣教”。

② （清）张廷玉等撰：《明史·意大里亚传》（卷三百二十六），北京：中华书局1974年版，第8459页。

③ 周燮藩：《被屏斥的珍籍——〈四库全书存目丛书〉中的天主教文献》，《世界宗教与文化》1998年第1期，第58－62页。

④ 陈卫平：《第一页与胚胎：明清之际的中西文化比较》，上海：上海人民出版社1992年版，第148、154页。

李光地、梅文鼎、戴震、黄宗羲等人，大兴“中西会通”之说，成一时尚，对于明清之际学术、思想的转型与发展有重要影响。

十六七世纪，天主教来华所带来的并不仅限于宗教，还有一种包含伦理学、神学、科学思想的价值系统。这种价值系统对于已经病入膏肓的明末清初社会和思想或许不是解决问题的良方，[①] 却使得明末清初社会的士人对于自己的社会和思想环境作出了自觉的理性反思。他们中的一部分推崇西学和皈依天主教，试图摆脱、挽救儒学的困境和社会的衰颓，在信念的冲突和互补中，在文化的反动和互动中，在伦理的对谈和重构中，实现耶儒互释和融合，他们的文本、历史和思想，构成了思想史研究的课题。

① 何兆武评论道：“传教士虽然给中国带来了一些知识和体系，但其传入的仍是中世纪的神学体系，其世界观实质上仍属于古代与中世纪的传统范畴，这既背离当时世界历史的近代化趋向，也与资本主义已经萌芽、个人觉醒与解放已成当务之急的中国时势之要求不相符合。”见氏著《明末清初西学之再评价》，《学术月刊》1999 年第 1 期，第 24 – 35 页。

第二章　明末清初儒家天主教徒：概念、历史与存在

第一节　儒家天主教徒概念辨析

中国本土儒家天主教徒的产生是以利玛窦为代表的传教士所开展的“文化适应”路线的产物，代表了明末清初一部分开明的儒家知识分子秉执“累朝以来，包容荒纳”“褒表搜扬，不遗远外”①的文化传统，在对儒学的自我审视和批判过程中，通过与西来的天主教神哲学思想的融会贯通，坚持儒学本位，借以重构儒学传统，为中国文化的发展重开言路。思想史表明，这种融合和重构不仅仅是可能的，而且是事实。儒家天主教徒现象不仅仅是社会学的研究课题，作为一种文化现象，同时也是哲学和思想史考察的任务。在明末清初绵延一个半世纪的耶儒对话过程中，“儒家天主教徒”作为一种独特的社会角色发展出独特的思想理论体系。这种独特的理论体系是儒家天主教徒用传教士传来的天主教理论对儒家思想进行改造的结果，可以称之为“天主教化儒学”。

天主教修会中的耶稣会最早来华，耶稣会的传教对象主要是包括知识分子在内的上层人士，走文化适应路线。在明末清初，响应天主教传教士并与之做真正的文化对话的只是部分儒家知识分子，

① （明）徐光启：《徐氏庖言》，收于（明）徐光启著，朱维铮、李天纲主编：《徐光启全集》（第三册），上海：上海古籍出版社 2011 年版，第 433 页。

其他士人比如说正统理学人士、佛道教人士基本对西学采取抵制态度。① 儒家天主教徒代表了儒学和天主教教理两种文化对话和融合的士人群体，其英文对应为“Confucian Christian”，在这里“Confucian”是一个所有格“儒家的”，而不是形容词“儒家式的”。② 比利时汉学家钟鸣旦区分了三种“儒家天主教徒”：其一是在天学实用性上，主要表现在科学兴趣上，以徐光启、李之藻、李天经等人为代表；其二是注重基督教道德，以儒家伦理和天主教道德相互比附，以王徵、张赓、韩霖、李九功、李九标兄弟等人为代表；其三是宗教方面，主要是对生死问题、对至高存在响应的超越问题感兴

---

① 利玛窦最开始在肇庆的十几年间以“西僧”示人，后来意识到儒家在社会上的地位远比僧人高，遂易儒服。后来传教士制定排佛易儒的传教路线，以及两个宗教必然的冲突性，使得入教对于纯粹佛教徒是不可能的事情，而传教士一向是把道教当作偶像崇拜和迷信看待。

② “Confucian Christian”一词或许翻译为“天主教儒者”会更为准确，不过钟鸣旦、鲁保禄等汉学家最早使用此词时，以“Confucian Christian”谓那些接受了天主教信仰的儒家知识分子，“Confucian”既可以翻译为形容词“儒家式的”，也可以翻译为所有格“儒家的”，按照汉语的语法习惯，前者更强调天主教的本位性，后者更强调儒家的思想本位性。本书取“儒家天主教徒”译法而不是“天主教儒者”，实是依照学界的使用习惯。那些策略性运用儒学以实现天主教儒学化从而为传教大业服务的传教士，当然是以天主教为思想本位的，本书认为，或许他们被称为儒家天主教徒倒是比较妥当。钟鸣旦就使用“天主教儒者”一词，见氏著，圣神研究中心译：《杨廷筠：明末天主教儒者》，北京：社会科学文献出版社 2002 年版。另外，儒家天主教徒的提法也和二十世纪八十年代的“文化基督徒”“自由主义基督徒”的现象有所区隔，这二者都以基督教为思想本位。可参见陈村富：《文化基督徒现象的综览与反思》，载于李秋零、杨熙楠主编：《现代性、传统变迁与汉语神学》（上编），上海：华东师范大学出版社 2010 年版，第 186 - 194 页。需要特别指出的是，本书所谓的“儒家天主教徒”很显然不包括像罗文藻（1616—1691）、吴历（1632—1718）等人，根本原因在于他们有过从“儒士”向“修士”的深刻的、彻底的转变，和那些接受天主教信仰，但是坚持儒家本位，并且融合耶儒的儒家天主教徒有着本质的不同。撇开族类差异，罗文藻、吴历等人倒是和来华传教士殊途同归。

趣，以杨廷筠、张星曜、朱宗元等人为代表。①

儒家天主教徒在中国社会史和思想史上与佛教徒式儒者、伊斯兰儒者一样，谱写了中外文化交融和会通的新篇章，意义非凡。

第二节　儒家天主教徒的历史与社会存在

一、明末清初儒家天主教徒的范围、社会构成与历史

在明末清初追随天主教教士入教的中国儒家知识分子为数众多。据史料记载，明末清初入教的各色中国人约 20 万，② 按照本书明末清初时间段的界定，历史上各种文献记载的儒家天主教徒大约有 300 人。③ 儒家天主教徒的社会构成主要是明末清初有各种各样功名的儒家知识分子，他们大部分有官位，处于社会的中上层。由于中国特具的宗法、人情社会网络，天主教的传播具有家族性特点，④ 既有像徐光启辈官至内阁大学士之煊赫，也有普通的进士、

---

① 除了钟鸣旦基于入教动机和个人气质对儒家天主教徒进行的类型学分析，陈受颐和汉学家孟德卫在更早的时候也有过此类的工作。参见［比］钟鸣旦著，圣神研究中心译：《杨廷筠：明末天主教儒者》，北京：社会科学文献出版社 2002 年版。另见陈受颐：《明末清初耶稣会士的儒教观及其反应》，《国学季刊》1935 年第 5 卷第 2 号。以及 David E. Mungello, *The Forgotten Christians of Hangzhou*, Honolulu: University of Hawaii Press, 1994: pp. 70 – 71。

② 黄一农：《“两头蛇族”的宿命》，收于氏著《两头蛇：明末清初第一代天主教徒》，上海：上海古籍出版社 2006 年版，第 477 页。

③ 方豪：《中国天主教人物考》，北京：中华书局 1988 年版。另参见［法］沙百里著，耿昇等译：《中国基督徒史》，北京：中国社会科学出版社 1998 年版。明末清初仅仅和利玛窦交游的当朝士大夫就有 140 余人，真可谓“公卿以下，咸与晋接”。参见刘海鸥：《天儒冲突：中西方家庭伦理的初次冲撞》，《伦理学研究》2003 年第 4 期，第 45 – 48 页。

④ 刘耘华：《徐光启姻亲脉络中的上海天主教文人：以孙元化、许乐善二家族为中心》，《世界宗教研究》2009 年第 1 期，第 98 – 107 页。

举人、秀才，甚至最底层的贡生张星曜等。除了这些奉教人士，还有为数众多的友教人士，比如冯应京、曹于汴、叶向高、李贽以及瞿式耜等，他们在明末清初中西文化交流史上对天学较为友善，戮力护教，贡献良多，惜乎种种原因未能入教。①

就整个明末清初耶儒对话而言，应该是从十六世纪中后期到十八世纪中期一百五十多年的时间。本书主要梳理明末清初背景下的"天主教化儒学"，这里就涉及一个问题，横跨明末清初的朱宗元、张星曜等儒家天主教徒是否应归属于明末清初的时段，这对明末清初"天主教化儒学"研究的完整性很重要。本书认为，处理这个问题可以采取两个原则：一是甄别他们在明末和清初写作不同著作的时间，二是区别二人在中国礼仪之争时期的著作。② 中国礼仪之争时期是明末清初中西文化交流的最后阶段，这一时期中西文化交流的社会和思想氛围大变。在清初至中国礼仪之争爆发之前的几十年间，明清鼎革已完成，顺治、康熙对儒家文化和天主教均甚有好感，③ 康熙帝甚至还把耶稣会的传教路线定位为"利玛窦规矩"，其间天主教在华的发展不比明末清初差，文化氛围相对宽松，也没有

---

① 叶向高官至内阁首辅，曾为多本耶稣会士著作作序，也曾邀请艾儒略入福建传教，他接受天主教伦理部分，却在"天学十诫初解"将启示真理列为"近于语怪"。叶氏是否入教是一个有争论的问题。而其他的友教人士是否入教情况各不相同，比如李贽的态度是"敬而远之"，瞿式耜则是由于家妾问题。参见孙尚扬：《基督教与明末儒学》，北京：东方出版社 1994 年版，第 137 – 156 页。

② 中国礼仪之争是指关于中国祭祖、祭孔等礼仪是否具有宗教含义的论争。中国礼仪之争爆发于康熙年间，之前天主教内部对于"利玛窦规矩"分歧巨大，最终罗马教廷裁决耶稣会一方败诉，遂令在华传教士放弃耶稣会的文化适应路线，严格按照天主教教义执行。这引起康熙帝的反制以至禁教。耶稣会在华近百年的努力从此崩解，中西第一次真正意义上的文化对话陷入停顿。后耶稣会于 1773 年也被罗马教廷解散，直到二十世纪四十年代才恢复。1949 年，借助于印度和日本礼仪之争的解决方案，罗马教廷发敕令同意中国教徒祭祖、祭孔，事实上承认了耶稣会的文化会通和文化适应的传教路线，中国礼仪之争于是结束，绵延三百多年。中国礼仪之争是中西文化交流史上影响巨大的文化事件，根本原因是中西文化之间的差异，其中交织着复杂的宗教、派系和政治利益。可参见李天纲：《中国礼仪之争：历史·文献和意义》，上海：上海古籍出版社 1998 年版。

③ 孙尚扬、[比] 钟鸣旦：《1840 年前的中国基督教》，北京：学苑出版社 2004 年版，第 322 – 323 页。

了明末清初时期救亡图存的时代压力，倒是获得了和“教会三柱石”时代相媲美的思想环境。但是在中国礼仪之争时期，耶儒融合的根本动机已经不是从容的儒学改造问题，而成了儒家天主教徒自身文化认同和身份认同的问题，尽管在这之前这两个问题也存在，但是早期儒家天主教徒融合耶儒是主动的，而在中国礼仪之争时期却是被动的，他们被迫为自身的天主教信仰以及自己的儒家身份做辩护，论证儒学和天主教的一致性很大意义上不再是学理上的动机，而是自我辩解的需要。所以，本书认为，如果严格区别朱宗元和张星曜中国礼仪之争前后的著作和思想，是可以把二人划入本书研究的范围的，尽管二人实际上是明清鼎革之际的人物，但其在清初至中国礼仪之争爆发前的思想和明末清初时期具有一致性。然而，同时期的另一个重要的儒家天主教徒严谟却不能划入此列，因为其融合耶儒的著作主要是在中国礼仪之争时期写成的。

如果要胪列出明末清初儒家天主教徒的名单，从早期的“教会三柱石”到中后期的韩霖、李九功、王徵再到后期朱宗元等人，我们会发现，他们虽然都是儒家的知识分子，绝大部分都有官位，可以划分到上层社会的行列，但是不得不说，他们并不是当时最一流的大思想家，甚至大部分连二流都算不上。或许正因为如此，他们才能摒弃文化优越论的心态，正视自身文化的不足，平等对待外来文化，同时保持着儒家“修齐治平”的入世传统以及对于文化生态的敏锐洞察力。揆诸整个中国思想史，以“修齐治平”为职志的儒家知识分子在剧烈的社会变迁中，总是处于因应时局的最前列。一般而言，中国儒家知识分子承担着两种当仁不让的社会功能和角色：其一，教士角色，传承和张扬历史文化传统，维系现有的社会秩序；其二，先知角色，直陈社会鄙陋，提出新的社会理想和解决方式，并且身体力行，使得理想和现实达成一致。在社会相对比较稳定时，前一种角色相对突出；当社会剧烈变迁时，后一种角色相对突出。而在明末清初几十年的时间里，经历了明王朝由盛转衰直至灭亡、大清鼎革的剧烈的历史大变动，儒家天主教徒因缘际会同时承担了教士和先知的双重角色。相对而言，先知角色的味道更浓一些。他们引入天主教，也正是认为天主教可以是儒学的有效补充，在破中有所立，有所超越，而非仅仅固守教士角色抱残守缺。但是具体说来，两个时期的儒家天主教徒由于所处时代环境不同，遇到的最迫在眉睫的问题也有所不同。

明末清初又可以分为明末清初早期和明末清初晚期两个时间段。明末清初早期指隆、万年间，明末清初晚期是指万历以后到崇祯年间结束。第一代儒家天主教徒处于明末清初早期，此时，利玛窦等传教士初来中华，这个时候中华帝国虽然在世界上仍然首屈一指，但是国运已经渐露颓势，文化心理也渐失高势，社会日趋腐败，城市文化和商业文化空前发展，人心不古，整个社会弥漫着骄奢淫逸的风气。此时传统的理学已经不能打动人心，士林学风疲敝，“救心”是那个时代的主题，王阳明所谓的破“心中贼”即是如此。以徐光启、杨廷筠、李之藻为代表的早期儒家天主教徒出儒入耶，援耶入儒，莫不以“救心”为主要鹄的。这一时期儒家天主教徒的著作主要以徐光启的《辩学章疏》《天主垂像略说》，以及杨廷筠的《代疑篇》《代疑续篇》《天释明辨》等极具宗教性的著作为代表。

到了明末清初晚期，明王朝已经内忧外患，“民心如实炮，捻一点而烈焰震天；国势如溃瓜，手一动而流液满地矣”①。可见，此时“救世”是中心课题，王徵、韩霖、孙元化等人悬道济世，胼手胝足，力挽狂澜。这一时期的文化冲突就显得比较严重，早期所掩盖的一些文化矛盾，包括士人纳妾问题、殉难问题、忠孝问题都在乱世中大大凸显，其时儒家天主教徒的文化敏感性非常强烈，这一时期的著作以王徵《畏天爱人极论》，韩霖《铎书》，张赓《天学证符》，李九功、李九标兄弟《口铎日抄》等为代表。

明末清初的朱宗元、张星曜、刘凝等人，经历过明、清两朝，其思想在明末清初和中国礼仪之争时期有所不同。清初顺治、康熙

---

① （明）吕坤：《去伪斋集·答孙月峰》，收于（明）吕坤著，王国轩、王秀梅整理：《吕坤全集》（下册），北京：中华书局2008年版，第211页。

年间，四海初定，宇内一统，政治相对稳定，此时的文化钳制和文字狱还不严重。国家的兴亡和时代的变迁使他们更能深刻地思考文化改良和个人信仰问题。这一时期由于没有了明末清初救心救世的思想负担，反而更显示出对于生死安顿问题的关切。这一时期的著作以朱宗元《答客问》《拯世略说》，张星曜《天教明辨》《天儒同异考》，刘凝《觉斯录》等为主要代表。

二、明末清初儒家天主教徒皈依的类型分析

一种文化能被另一种文化所接受，取决于当时这种文化的需要，这种需要不外乎两个方面：一是这种文化内在性不足，需要补充；二是个人的气质禀赋和需要，面对时局的因应之道。下面要考察的就是明末清初儒家知识分子接受天主教时个体层面的信仰动机。前面谈到，明末清初三种不同思想倾向的儒家天主教徒，区分的依据就是他们不同的信仰进路。这一问题的分析有助于我们了解明末清初儒家天主教徒群体的多样性，① 以及在构建“天主教化儒学”时的不同思想侧重。

明末清初儒家天主教徒是否曾有过一种深刻的文化和信仰的转换，即从儒家身份完全转化成天主教徒？宗教社会学家路易斯·兰博对宗教皈依概括出几种类型，包括背教、强化、强征、体制型转化、传统转化等。儒家天主教徒在明末清初社会变革的历史情境里，确实有一个自发的自我转化的过程，他们都是基于对自身传统的不满而寻求新的文化和信仰出路。对比路易斯·兰博的分类，他们大体应该是属于“传统转化”这一类型。兰博谈到这一类型时

① 本书所胪列的一些明末清初儒家天主教徒均为当时的著名人物，也算是当时的社会精英，由于古代中国是一个典型的精英、权威统治社会，同时也是一个典型的人情社会，社会精英的动见观瞻对普通民众有重要影响。当一些人入教后，他们会借助于家族、师生、朋友、同乡、年谊、同寅等社会网络关系扩大入教人数。但是这些被影响入教的普通民众的文化史、思想史意义也相对较弱。参见肖清和：《明末天主教徒群体交往与身份意识——以李九标与〈口铎日抄〉为中心》，载于赵敦华主编：《哲学门》，北京：北京大学出版社2007年版，第155－173页。

说："个人或集体从一种大宗教传统转向另一种大宗教传统的运动，从一种世界观、礼仪体系、象征世界和生活方式转向另一种，这是一个复杂的过程，它通常发生在两种文化接触和产生冲撞的背景下。"① 但是那种绝对意义上的"从一种世界观、礼仪体系、象征世界和生活方式转向另一种"，在明末清初的中华帝国没有发生过，即使对于儒家天主教徒这个小的群体也是如此。要注意，天主教在明末第三次来华时，中国文化和中国国力在世界上虽然沉疴负重但是基本上仍然处于高地。对于"传统转化"这种皈依类型，兰博继续说道："这样的运动在整个历史上，尤其是在十八、十九、二十世纪都曾出现过，那时由于欧洲的殖民扩张，无数人被卷入这种皈依之中。"② 但是明末清初儒家天主教徒并不在此列。可见，仅从兰博的分类而言，明末清初儒家天主教徒甚至连一种标准的"传统转化"都算不上。更何况，儒家天主教徒都是融合论者，虽然他们也对自己的传统有批判和反思，但是远远达不到抛弃的程度。他们采取融合论的立场而不是完全天主教化不仅仅是因为传统在当时的影响力，也是由于他们对于传统的体认与坚守，因而在面对外来文化时习惯采取被后世称作"中体西用"的方案。

实际上，明末清初儒家知识分子的"传统转化"的动机不是单一的，可能是多重的。比如渴望天主护佑以取得功名的功利动机，或者出于个人的兴趣、社会责任而对西方的科学、技术有需要，或者真的出于一定程度上的宗教动机。不管是出于怎样的信仰动机，有一点是共同的，那就是西学对于他们有吸引力，能满足他们救心救世或者生死安顿的需要，和明末清初王学末流凌空蹈虚、游谈无根有很大不同。下面就将明末清初儒家天主教徒的"传统转化"分为实学—科学型进路、伦理—宗教型进路、混合型进路三种分别加以说明。

---

① Lewis Rambo, *Understanding Religious Conversion*, New Haven: Yale University Press, 1993: pp. 13-14.

② Lewis Rambo, *Understanding religious Conversion*, New Haven: Yale University Press, 1993: pp. 13-14.

（一）实学—科学型进路：以徐光启、李之藻等为代表

明末清初的思想困境促使实学兴起，儒家经世致用思想和利用厚生的实学成为包括儒家天主教徒在内的世人救心救世的共同诉求。徐光启（1562—1633）皈依天主教的原因有两点：一是为求取功名而祈望天主护佑。在古代中国，功名对于士人是非常重要的，明末清初儒家天主教徒的入教动机多少都会有天主福佑的心理，这是可以理解的。二是出于实学救世的动机。徐光启的思想渊源来自心学，早年受教于黄体仁，乡试又以《舜之居深山之中》深得明末清初王学大师焦竑赏识，擢为门生，其对王阳明学问事功两相卓绝也推崇备至，他自己也官至内阁大学士，位极人臣。但是徐光启的主要兴趣并不在心学上，而是努力将所学与致用相结合，也就是他的学生陈子龙概括的“博究天人，而皆主于实用”①。徐光启认为，儒学有自身的不足，尤其在经世方面，他极为推崇西教，认为西教和儒学神合：

> 间尝反复送难，以致杂语燕谭，百千万言中，求一语不合忠孝大旨，求一语无益于人心世道者，竟不可得。②

徐氏把西方思想实学化，认为其“实心、实行、实学”，认为西方学术“足以进德、利用、厚生”③。据史料记载，他向利玛窦学习的科目包括宗教、数学、天文、逻辑，这在当时是极为罕见的，徐光启也是明末清初极具科学精神和科学眼光的思想家。他受洗入教后非常虔诚，南京教案发生后为救护信徒不计身家性命。他还和

---

① （明）陈子龙著，王英志辑校：《陈子龙全集·农政全书凡例》（卷二十九），北京：人民文学出版社 2011 年版，第 910 页。

② （明）徐光启：《〈几何原本〉序》，收于（明）徐光启著，朱维铮、李天纲主编：《徐光启全集》（第四册），上海：上海古籍出版社 2011 年版。

③ （明）徐光启：《〈泰西水法〉序》，收于（明）徐光启著，朱维铮、李天纲主编：《徐光启全集》（第五册），上海：上海古籍出版社 2011 年版。

利玛窦共同翻译了《几何原本》，为利玛窦《二十五言》作序，写了大量伦理和宗教方面的著作，有《辩学章疏》《辟释氏诸妄》等，利玛窦说上天注定要徐光启“美饰这个初生的教会”，“真难说清这个人对基督教事业是多么巨大的一笔财富”。①

李之藻（1565—1630）和徐光启、杨廷筠并称“教会三柱石”，如果说徐光启入教还夹杂着很多宗教因素，② 那么李之藻入教则完全出于科学求知。李之藻对西方学术尤其是科学极为赞赏，深信“所有能读并且爱好读书的人，都不能不对西方学术和科学产生好感，通过这些，他们必定达到对真实上帝的认识，接受主的圣律”③。李之藻与利玛窦交游是在万历二十九年（1601），也是利玛窦被获准定居北京那年，李之藻在利玛窦住所看到了其手绘之《山海舆地全图》后极为震惊，在解决纳妾问题后，遂在病中入教。李之藻并没有写作完整的耶儒融合著作，却“西士近今所著译五十多种书，无一不经过李子之手，或作序，或同译者也”④。李之藻刊刻和同译的著作达六十本之多，其中傅泛际译义、李之藻达辞的《名理探》尤为重要，可以和利玛窦、徐光启的《几何原本》相媲美。李之藻晚年辑选《天学初函》，保留有早期耶稣会士的几乎所有著作，思想史意义重大。

（二）伦理—宗教型进路：以杨廷筠、朱宗元、张星曜等为代表

杨廷筠（1557—1627）是明末清初儒家天主教徒中最具思想家

---

① ［意］利玛窦、［比］金尼阁著，何高济、王遵仲、李申译：《利玛窦中国札记》，桂林：广西师范大学出版社 2001 年版，第 591 页。

② 据多处记载，徐光启入教曾有“天神梦启”之说，包括［意］利玛窦：《利玛窦中国传教史》，收于［意］利玛窦著，刘俊余、王玉川译：《利玛窦全集》，台北：辅仁大学出版社、光启出版社 1986 年版，第 132 页。以及［意］艾儒略：《大西西泰利先生行迹》，转引自方豪：《中国天主教史人物传》（上册），北京：中华书局 1988 年版，第 117 页。

③ ［葡］曾德昭著，何高济译，李申校：《大中国志》，上海：上海古籍出版社 1998 年版，第 294 页。

④ ［葡］曾德昭著，何高济译，李申校：《大中国志》，上海：上海古籍出版社 1998 年版，第 294 – 295 页。

气质的士大夫，不同于“教会三柱石”中的另外两位——徐光启、李之藻的科学气质，杨廷筠只对宗教、伦理、哲学问题感兴趣，他被称为“天生的天主教徒”①，他入教的动机介乎这三者之间而偏向宗教，也就是生死安顿问题的解决。按照钟鸣旦的说法，杨廷筠具有佛家所说的“宿根”，“天生具有基督徒的心灵”。杨廷筠官至湖广道御史，早年佞佛，曾在北京与利玛窦“与谭名理数日，颇称金兰”，后延请在杭州传教的郭居静、金尼阁至家“杜却嚣尘，一意穷天学指归”，于是出佛入耶，艰难去妾后，“矢志求领圣洗”②。入教后，完全厉行天主教教规、教仪，并创办具有天主教背景的救助组织——“兴仁会”。杨廷筠入教后广为敷宣，曾使阖家归主，并有不少护教著作，包括《代疑篇》《代疑续篇》，主要是关于天主教教理的阐发，《天释明辨》《鸮鸾不并鸣说》《广放生说》等主要是以诋佛为旨归。

朱宗元（1625—?）出身宁波官宦世家，坚定的天主教信仰在很大程度上甚至影响了他的功名，他的乡试之作《郊社之礼所以事上帝也》全以天主教教义来诠释儒学思想，这当然被视为异端。朱宗元入教后极为热诚而坚定，他在《拯世略说》自叙中就明确宣称自己的信仰动机是解决生死问题、寻求永久安顿的需要，此文极具代表性，兹录部分如下：

> 余生平伏念人寿，最远不过百岁。百岁之身，岂非有尽？虽声名籍籍、功业盖世，总一时事，要当寻永久安顿处。又念一点灵明，迥超万物，断无与物同生同尽之理。

---

① ［比］钟鸣旦著，圣神研究中心译：《杨廷筠：明末天主教儒者》，北京：社会科学文献出版社2002年版，第7页。不过，杨廷筠对于信仰问题的深刻思考，一方面为他赢得了明末清初天主教界的显赫名声，另一方面也在观点上招致一些传教士的非议。参见［意］柯毅霖著，王志成、思竹、汪建达译：《晚明基督论》，成都：四川人民出版社1999年版，第342页。

② 丁志麟：《杨淇园先生超性事迹》，收于［比］钟鸣旦、［荷］杜鼎克、黄一农、祝平一等编：《徐家汇藏书楼明清天主教文献》（第一册），台北：方济出版社1996年版，第217页。

> 自然暂谢，神灵永存。更念世间万事，不由人算，意者鬼神司之。然鬼神众矣，亦自有所从受命者。三教百家，参悟有年，颇悉梗概，顾终无真实确当、了彻完全之义，使此心可泰然自安者。及睹天学诸书，始不禁跃然起曰："道在是！道在是！向吾意以为然者，而今果然也。向吾求之不得其故者，而今乃得其故也。"复获交大西诸士，益叹德行之纯全，至西士止矣；学问之核博，至西士止矣。吾何幸而获闻兹理耶？先我而生者，几许豪杰，贸贸以生，昧昧以死。其间亦有自号为了生死者，究竟仍在迷迷中也。①

张星曜（1633—1715）入教过程几同于朱宗元，除了天主佑护功名以及家庭熏染因素外，主要还是出于自己理性思考生死安顿问题的原因。其著有辩教护教著作《天教明辨》，洋洋两千余页，用心可见一斑。另有李九功、李九标兄弟，入教进路亦同于张星曜、朱宗元等，著有《慎思录》《问答汇抄》《口铎日抄》等。由于中国人常将伦理问题与宗教问题混为一谈，天学之"万状攻不能破之理"亦伦理亦宗教，但是我们仍然能通过他们的著作和行状感受到那种生死问题得到解决之后的欣喜之情，尽管生死问题远远不是宗教的全部。

（三）混合型进路：以王徵、韩霖等为代表

儒家天主教徒王徵（1571—1644）的信仰进路则是科学、伦理和宗教因素的混合，难以简单归类。同为明代著名科学家，王徵的信仰进路实际上比徐光启还要复杂得多，王徵是明末清初儒家天主教徒中理论建树很突出的，和"教会三柱石"并称"四贤"。② 凸

---

① （清）朱宗元：《拯世略说·自叙》，收于［韩］郑安德编：《明末清初耶稣会思想文献汇编》（第五卷），北京：北京大学宗教研究所2004年版。

② 张铠：《庞迪我与中国——耶稣会"适应"策略研究》，北京：北京图书馆出版社1997年版，第147页。

显王徵信仰进路的科学因素主要是王徵堪称明代最杰出的科学家。王徵接触天主教首先并不是西学中的科学因素，但是在很大程度上因为科学因素而入教。首先对王徵产生影响的是耶稣会士庞迪我写的一本天主教伦理学著作《七克》。王徵对其中的伦理思想极度赞赏："读之见之种种会心，且语语刺骨。私喜曰：'是所由不愧不怍之准绳乎哉？'"王徵早年信奉道教，接触到《七克》后每日思量，他为此甚至认为释道并非实理、正路，也开始怀疑儒家的道德观念是否真的能够使人坦然面对人生的诸多问题。读《七克》之后他说：悔半生功力，竟不能寻得天命所在，唯有把一生交付"大主"，方能"束我心神，不至走失"。① 王徵在儒家自律的人伦世界寻求"大主"作为他律监护，这里就从对天主教伦理的赞赏过渡到宗教问题了。其所著《畏天爱人极论》是一部极具宗教特色的著作，也是耶儒融合的绝佳范例。王徵后殉明死，违背了天主教不得自杀的教义，加上一生让他心累的纳妾问题，凸显其于天儒间的文化挣扎，但是也可从中窥见王徵信仰的真诚。

王徵甚至因为对科技的痴迷而数度耽误了科举功名，"直至十上公车，始克博一第焉"②。他交游传教士后，对他们带来的西方奇器、科学技艺特别感兴趣，对《职方外纪》中所载技术激动不已，为此他应明末清初时局，翻译和刊刻《奇器图说》和《诸器图说》，自制器物五十多种，均收到良好效果。王徵堪称中国历史上少有的发明奇才，他的信仰进路夹杂着科学、伦理、宗教因素，实难严格作皈依者类型学分析。韩霖、张赓等也可作如是观，他们的皈依有家族影响、天主护佑功名、天主教伦理吸引以及宗教感召等诸多因素。张赓所著《天学证符》是一部典型的以耶释儒的著作，它的特点是对于《论语》《孟子》的有选择的注疏。和以往的儒家天主教徒的著作一般限于"先观点后材料"的护教和辩教性质相比，其注

① （明）王徵：《畏天爱人极论》，收于宋伯胤编著：《明泾阳王徵先生年谱》（增订本），西安：陕西师范大学出版社 2004 年版。

② （明）王徵：《畏天爱人极论》，收于宋伯胤编著：《明泾阳王徵先生年谱》（增订本），西安：陕西师范大学出版社 2004 年版。

疏更具有中国经学解释学特征。韩霖是明末清初的一个实学家，著有《守圉全书》《慎守要录》等著作，另有《圣教信证》（与张赓合著）、《辩教论》（与段衮合著），所著《铎书》一书别具一格，匠心独运，以明代普遍流行的乡约的形式将天主教伦理、儒家伦理以及夹杂佛道的善书伦理熔于一炉，极好地体现了王学讲学精神以及明末清初学术下移、儒学平民化、宗教化倾向，是中西文化交流史上一部极具思想史意义的著作。

第三节　双重文化强制：徘徊于“天”“儒”间的“两头蛇”及其宿命

上述明末清初儒家天主教徒或基于灵命生死安顿的需要，或基于伦理补正的需要，或基于实学救心救世的需要，以开放的心态接触和理解天主教，他们都深信耶稣会士所宣称的儒学和天学一体同源的说法，他们出佛入耶、援耶入儒，实现对于“西学”的整体性接受和对儒学的通盘改造。其中既包括伦理规范、格物穷理、象数实测等因性之学，以及在这种因性之学之上的天主教超性义理，另外还有和天主教教义及教理匹配的宇宙观、时空观、社会观、价值观以及思维方式。在这些新异的知识和信仰体系中，除了天主教伦理思想和天主教宗教价值观，其他只是纯粹知识性的，并不会和本土思想产生冲突，倒是好的补充。但是在价值观和伦理观方面，涉及人生在世的准则，天主教伦理方面的十诫、圣教三德、七圣礼、七克、十四哀矜、四末论都可能和儒家伦理不相弥合；而价值观方面的分歧可能会更大，因为儒家和天主教毕竟一个是超越的，一个是现世的，存在本质上的不同。努力寻求耶儒之同，以同述异是奉教士大夫解决二者冲突的方法，通过耶儒融合构建“天主教化儒学”思想体系，这是思想层面的工作。但是儒家知识分子的社会功能从来不仅仅是学理上和知识论意义上的，除了安邦济世的社会改造，还有就是在自身的日常生活中体现出来的，也就是所谓的“知行合一”。但是当他们面向生活时，处于社会中上层堪为表率又被无数社会关系和深厚伦理道德教化所笼罩的儒家天主教徒，却发现了许多难以跨越的现实障碍。理论重构时基于策略性选择和诠释是可以轻松回避或者巧妙转化一些尖锐的对立性问题的，但是在实践层面却是无法逃避的。他们加入天主教，遇到甚至接受一种新的价值观，并不意味着他们可以轻松变成绝对标准的天主教徒，他们仍然背负着信徒和儒士的双重身份，和传教士“阳儒阴天”相反，他们更多时候可能是“阳天阴儒”。另外，天主教是一种教义严格的宗教，宗教和伦理文化分属人类存在的不同层次，宗教所强调的普适性、超越性和独断性与伦理文化的地域性、现世性、理智性总是难以调和的。当儒家天主教徒很轻松地把天主教中的信仰部分和中国上古天帝信仰等同以后，他们发现被伦理化的天主教的伦理体系中的有些部分，比如说十诫就和儒家伦理存在着不可弥合的冲突，尤其是在忠君与信主、孝亲与爱主、奉行天主教礼仪与传统儒家礼仪之间。这种冲突使他们处于选择的两难境地，不是思想的重新构造就可以代替和忽略的。

被一种文化长期浸润的人，其价值观就会被集体无意识地历史性塑造，表现为生活中的自然性选择实际上是一种文化强制，这种强制可能意识到，也可能意识不到。但是当另一种文化侵入时，双重文化强制就会使文化自我认同和身份自我认同成为问题。明末著名的儒家天主教徒孙元化曾经见到一条两头蛇，口占一诗以感怀身世。在黄一农看来，明末清初儒家天主教徒处于两种文化冲突之锋面，无可逃遁又左右为难，其困顿恰如孙诗中两头蛇“首鼠两端乎，犹豫一身尔。……毕生难共趋，终朝不离咫”，故而形象地称他们为“两头蛇族”①。两头蛇族处于文化和历史的双重夹缝中，他们尚在人生中壮期的时候，或者升平时期的明末清初，还可徐图

① 黄一农：《两头蛇：明末清初的第一代天主教徒》，上海：上海古籍出版社2006年版，第4页。

之，但在人生晚年生死问题凸显或者明清鼎革时期，那种文化冲突感犹如在刀锋上行走，带给他们的是巨大的人生焦虑和困惑。细梳明末清初儒家天主教徒生平，有两种伦理差异带来的文化冲突最为强烈，① 其一是殉节问题，其二是纳妾问题。

天主教教义十诫中有一条"毋行邪淫"，认为婚姻是神的美意，体现神的贞洁，必须坚持一夫一妻制，反对纳妾。此条在天主教教义中关乎圣洁问题，意义重大，绝对不可违背。耶稣会士庞迪我（Diego de Pantoja，1571—1618）就宣称"女为祸之源，多娶必多苦"②，纳妾将导致神的谴责，所以任何违背此诫者都将不被允许受洗为天主教徒。罗明坚指出：

> 一女不得有二男，一男独得有二女乎？夫妇以相信故相结，信失而结解矣！况夫妇乖，妻妾嫡庶争，无一可者，此所以有罪也。③

王丰肃（Alfonso Vagnoni，1566—1640）则严厉指谪纳妾行为几同养娼：

> ……娶妾宿娼，家道危矣……从邪行以邀孝名，君子羞之，况孝不孝与嗣奚关？④

---

① 本书的讨论限于明末清初，实际上在清初中国礼仪之争时期的文化冲突更为猛烈，但是明末清初与中国礼仪之争的文化冲突的观照点不尽相同，前者更多是伦理问题，如纳妾和自杀问题，后者更多是祭祖、祭孔等礼仪问题。前者可以说是自身体内的文化排异反应，后者则有政治、宗教等外在因素介入。参见黄一农：《两头蛇：明末清初的第一代天主教徒》，上海：上海古籍出版社 2006 年版，第 481 页。

② ［西］庞迪我：《七克》，收于（明）李之藻辑：《天学初函》（第二册），台北：台湾学生书局 1964 年版。

③ ［意］罗明坚：《天主圣教实录》，收于（明）徐光启等撰，吴相湘主编：《天主教东传文献续编》（第二册），台北：台湾学生书局 1966 年版。

④ ［意］王丰肃：《教要解略》，［比］钟鸣旦、［荷］杜鼎克编：《耶稣会罗马档案馆明清天主教文献》（第一册），台北：利氏学社 2002 年版，第 165 页。

但是在明末清初时期的国人看来，嗣后问题却关乎忠孝大事。中国儒家传统伦理体系中，孝为“仁之本”[①]。孟子曰：“不孝有三，无后为大。舜不告而娶，为无后也，君子以为犹告也。”[②] 儒家宗法制度和父权思想决定了广衍子嗣的重要性，无后则是对“孝”这一核心价值的背叛。有明一代，甚至以制度形式规定了纳妾问题。[③] 儒家天主教徒大多为有功名的社会精英阶层，即使没有子嗣之忧，按照习惯也要纳妾以配身份。在一个严格的礼制社会，纳妾问题关乎大本，不仅仅是个人意愿问题，还是社会规则和观瞻问题。一方面是天主教严厉禁止，另一方面是儒家伦理奉为圭臬，两厢对儒家天主教徒都造成巨大的文化强制。耶稣会要求儒家天主教徒休妾，也遭到反教人士强烈反对。[④]

明末清初入教、友教士人，几乎都面临纳妾的问题。[⑤] 徐光启就称十诫中最难守的就是禁止纳妾。徐氏因独子而欲纳妾广嗣，被耶稣会士罗如望（Jean da Rocha，1566—1623）竭力劝诫毋行此事，声称此乃“天主之命”，遂止。李之藻钦慕天学，与耶稣会士过从甚密，多次渴望入教，都因其有妾而被拒，直至其弥留之际方去妾受洗。杨廷筠也被此问题深深困扰，他甚知天主教义的严肃和神圣，但是也不忍伤害无辜，最后才想到一无奈之举，置妾异处不复共同生活。其他儒家天主教徒如韩霖、张赓、李九功等都为此事延

① （魏）何晏注：《论语注疏·为政》，收于（清）阮元校刻：《十三经注疏》（第五册），清嘉庆刊本，北京：中华书局2003年版，第5346页。

② （汉）赵岐注：《孟子注疏·离娄章句上》，收于（清）阮元校刻：《十三经注疏》（第五册），清嘉庆刊本，北京：中华书局2003年版，第5919页。

③ （明）李东阳等撰，申时行重修：《大明会典》（卷一六〇），扬州：广陵书社2007年版，第884页。

④ 反教人士黄贞就指责艾儒略“谤诬圣人，其罪莫容”。据记载，黄贞曾问艾儒略如何看待文王纳妾之事，艾氏甚久不答。第二日，又问，又沉吟不答。第三日，又问：“此意要讲议明白，立千古之大案，方能令人了然，皈依而无疑。”艾氏沉吟答曰：“文王怕亦入地狱去了。”见黄贞：《请颜壮其先生辟天主教书》，收于夏瑰琦编：《圣朝破邪集》（卷三），香港：建道神学院宣道出版社1996年版。

⑤ 黄一农：《“两头蛇族”的宿命》，收于氏著《两头蛇：明末清初的第一代天主教徒》，上海：上海古籍出版社2006年版，第463－466页。

宕受洗，甚至瞿式耜等因为纳妾问题最终不能受洗入教，空留悲叹。

纳妾问题在王徵身上所带来的痛苦最为深刻和典型。王徵的信仰先佛后道，为报亲恩，笃信道教二十余载并编撰道教书籍。王徵“十上公车”后，于天启二年（1622）中进士，是年五十二岁。彼时他已经入教，以为这次中榜是天主恩助。王徵无子，有人劝其纳妾，不从。后“妻女跽恳，弟侄环泣，重以父命严谕”的周遭压力下秘密纳妾。事后自知罪孽深重而惶恐不安，数请来关中开教的耶稣会士金尼阁（Nicolas Trigault，1577—1629）为其解罪。金尼阁言：“非去犯罪之端，罪难解也。”王徵于是追悔莫及欲休妾以赎罪，但是妾申氏宁死不从，声称愿进教守贞。王徵无法，遂苟且下去，愈感冒犯天主，惴惴终日。崇祯九年（1636），时年六十六岁的王徵决意除去“犯罪之端”，将申氏置于异处，彻底了断。在王徵殉明后，申氏绝食殉夫。王徵的纳妾问题最终以悲剧收场。王徵作《祈请解罪启稿》，其中之悲愤，不忍卒读。号称“精白一生事上帝，全忠全孝更无疑”的王徵，一生在天儒间挣扎徘徊，最终还是在无辜之人的痛苦上成全了自己的信仰。明末清初入教儒士的纳妾问题和天主教的守贞要求之间的矛盾与冲突很大程度上不是个人问题，而是文化冲突问题，一些入教儒士也想通过一些变通来解决这一天主教本土化难题，甚至与天主教传教士于此问题辩论抗争，然而如同李之藻、瞿式耜和王徵一样，最终只能是非此即彼的选择。

另外一方面就是殉节问题。按照儒家伦理，殉节涉及大忠的问题。虽然儒家自汉代官学地位确立以来总是强调“从道不从君”“得君行道”，似乎忠君不是手段，忠道才是目的，但是在实际操作中总是被迫把二者的主从地位相颠倒。① 每一个朝代倾覆时这个问题就会被再一次提起，明清鼎革又一次涉及异族入侵问题，忠君问题就显得更为敏感。奉教士大夫们在国破城亡时，就面临自杀殉明

① 余英时：《现代儒学论》，上海：上海人民出版社 1998 年版，第 31 页。

还是遵守十诫中勿自杀的诫命的两难。虽然也有很多儒家天主教徒如韩霖、魏学濂、李天经等选择归顺“闯贼”，但是在后来的历史中频受非议，甚至连地方志与家谱都以之为耻，极尽篡改之能事。① 魏学濂家人为避免物议、维持大节竟然虚假宣称其在城破时自缢殉明，② 而王徵、陈于阶和焦琏等人则选择自杀殉明，孙元化也在登州城破时试图自刎。天主教认为生命系天主所赐，不可毁弃，更不可自杀，那些在明亡时选择自杀的儒家天主教徒一定知道这一点，他们选择自杀一定不是情愿，也是在一念之间两种文化强制下的不得已之举，因为怎么做都可能不对。有意思的是，自称“百危关头赖主扶”的王徵绝食自杀于天主教堂，此地点的选择不禁令人唏嘘。《罪惟录》对此事有详细记载：

> 贼自成乘胜入秦。徵知不免，书“全忠全孝”四大字，付其子永春，且曰：“吾必死，当镌石墓门‘有明进士奉政大夫山东按察司佥事监辽海防军务王徵之墓’。”贼至，手剑坐天主堂，闭口不食，七日而死。死之夕，犹诵“忧国每含双眼泪，思君独抱百年愁”之句。③

王徵等儒家天主教徒的历史遭遇表明，“入教儒士在‘穿上新衣’之后，‘旧人’并未自动褪去，而是盘踞在内心深处，使入教人士的灵肉之躯成为‘新人’和‘旧人’交战和对抗的场地”④。他们徘徊于忠孝牌坊和十字架之间，在明末清初近两百年的天主教在华传教史上，这一点始终无法克服。后人评价明末清初第一次中

---

① 黄一农：《鼎革事变中的天主教徒韩霖》，收于氏著《两头蛇：明末清初的第一代天主教徒》，上海：上海古籍出版社 2006 年版，第 251 – 252 页。

② 黄一农：《忠孝牌坊与十字架：魏学濂其人其事考》，收于氏著《两头蛇：明末清初的第一代天主教徒》，上海：上海古籍出版社 2006 年版，第 204 页。

③ （清）查继佐撰：《罪惟录》（第三册），杭州：浙江古籍出版社 1986 年版，第 1881 页。

④ 刘耘华：《诠释的圆环——明末清初传教士对儒家经典的解释及其本土回应》，北京：北京大学出版社 2005 年版，第 358 页。

西文化交流在实践上最终失败的原因时，更多地强调清初中国礼仪之争时期宗教、政治利益的不恰当介入。实际上，如果细细考察明末清初耶稣会的文化适应、知识传教路线的得失，包括这种传教路线掩饰矛盾、以同述异所埋下的隐患，以及天主教和儒家伦理之间不可弥合的在价值观上的冲突，明末清初中西文化对话在实践上走向失败完全是可以理解的。奉教家族除了徐光启等少数家族外，在禁教后大多最终离耶返儒，黄一农对此评论道：

> 在历经几代的繁衍后，蛇体内（即儒家天主教徒）的两种基因开始出现明显的强弱分际，其中一支由中华文化传统所植入的基因形成显性，终令其又汇回中国社会的大洪流当中；而天主教基因成为显性的另一支，则在教禁期间孕育出一些地方性的天主教社群，他们大多位于较闭塞的区域，且为了避免被主流社会攻击，往往选择自我封闭，以护持其不太被当权者认同的宗教信仰。①

儒家天主教徒处于两种文化板块的挤压之中，一个强大的宗教碰上了一个更为强大的难以妥协的伦理体系。尽管在思想层面可以策略性地处理，但是现实却被无数枷锁套住，个体命运于其间的颠沛造次，最终被历史的洪流所吞没。不过儒家天主教徒耶儒融合的思想工作，从思想史的角度看，无所谓失败与否②，他们留下了大量文本，是中国思想史上浓重的一笔。

---

① 黄一农：《“两头蛇族”的宿命》，收于氏著《两头蛇：明末清初的第一代天主教徒》，上海：上海古籍出版社 2006 年版，第 481 页。

② 明末清初耶儒对话的文化遗产除了实学方面以及“天主教化儒学”本身这一中国思想史新的思想统绪外，再有就是西学来华激发了清代汉学的兴起。可参见朱维铮：《十八世纪的西学与汉学》，收于氏著《走出中世纪》（增订本），上海：复旦大学出版社 2007 年版。另参见张晓林：《天主实义与中国学统》，上海：学林出版社 2005 年版，第 352 页。另参见李天纲：《〈天主实义〉与〈孟子字义疏证〉》，收于王元化主编：《学术集林》，上海：上海远东出版社 1994 年版。

第三章　明末清初儒家天主教徒对儒学与天主教的认识

第一节　儒家天主教徒的儒学观

一、儒家天主教徒与心学的渊源

明末清初西学第一次大规模东渐前后，正是心学风行时，儒家知识分子理解甚至接受天学，其中是否有心学的因素？朱维铮在《走出中世纪》中指出："谁若留心明末清初学术史的全貌，谁就不会不注意一个历史现象，即前述利玛窦的传教路线，恰与王学由萌生到盛行的空间轨迹重合。"① "我曾以为要厘清明末清初耶稣会士入华史，需要考察王门诸派与利玛窦所谓学术传教的相关度。一个明显的历史现象，就是对利玛窦的西学，由好奇、同情到接受的，多数是王学人士。"② 或许，天学对于中国思想史而言并不是一个历史偶然，它在明末清初的流播以及被儒家知识分子理解和接受，和王门心学存有内在的联系。

（一）心学与天学

心学发达前，官学化的程朱理学是绝对权威，明清之际的朱彝

---

① 朱维铮：《走出中世纪》（增订本），上海：复旦大学出版社 2007 年版，第142 页。

② ［意］利玛窦著，朱维铮主编：《利玛窦中文著译集》，上海：复旦大学出版社 2001 年版，第 13 页。

尊有言“言不合朱子，率鸣鼓而攻之”①。阳明出世，标榜为儒学正统学脉的程朱理学的权威开始受到挑战，如顾炎武所言：“文成以绝世之资，唱其新说，鼓动海内。嘉靖以后，从王学而诛朱子者始接踵于人间。”② 从学理上讲，就是王阳明的良知准则说对程朱理学僵硬、冷峻的天理思想产生冲击，为天学的输入创造了开放的文化氛围。③ 王阳明一改理学“性即理”之说，力倡“心即理”，“心”作为内在的良知，是善恶判断的最高准则：“尔那一点良知，是尔自家的准则。”④ 甚至非孔：“求之于心而非也，虽其言之出于孔子，不敢以乎是也。”⑤ 后有李贽之“不以孔子之是非为是非”为响应。王畿说：“世之儒者，以学在读书，学在效先觉之所为，未免依籍见闻，仿循格套，不能自信其心。”⑥ 因而要“解缆放船，顺风张棹；则俱浸汪洋，纵横任我，岂不一大快事也哉?”⑦。泰州学派将这种思想解放的运动推向极致。心学曾被嘉靖皇帝斥为异端邪说而被禁锢达半个世纪，但是“嘉隆而后，笃信程朱不迁异说者，无复几人矣”。心学曾为异端，没什么正统意识，当然也不会排斥航浪八万里而来同为“异端”的天学。因此，当天主教来华时，明末清初具有心学素养和背景的儒家知识分子就很容易对天学产生好奇心、同情心，并且受历史上的“补儒”思维惯性的影响而去接触、

---

① （清）朱彝尊：《曝书亭集·道传录序》（卷三十五），四部丛刊本，第25页。

② （清）顾炎武著，（清）黄汝成集释：《日知录集释》（卷十八），长沙：岳麓书社1994年版，第829页。

③ 陈卫平：《第一页与胚胎：明清之际的中西文化比较》，上海：上海人民出版社1992年版，第60页。

④ （明）王阳明：《传习录》（下），收于（明）王阳明著，吴光、钱明、董平、姚延福编校：《王阳明全集》，上海：上海古籍出版社1992年版，第92页。

⑤ （明）王阳明：《传习录》（中），收于（明）王阳明著，吴光、钱明、董平、姚延福编校：《王阳明全集》，上海：上海古籍出版社1992年版，第63页。

⑥ （明）王畿著，吴震编校整理：《王畿集·书贞俗卷序》（卷二），南京：凤凰出版社2007年版，第363页。

⑦ （清）黄宗羲：《明儒学案》（卷三十四），收于（清）黄宗羲著，沈善洪主编，夏瑰琦、洪波点校：《黄宗羲全集》（第八册），杭州：浙江古籍出版社1992年版，第543页。

理解甚至接受天学。

除了上述外在因素，天学和心学相亲还有学理相和的内在原因。最主要的就是伦理选择中的意志自由原则。① 从先秦到宋明，儒学尤其是理学都强调伦理纲常皆为天道和天理的先天设定，人能做的只是顺应和服从，没有意志自由的可能。但是心学特别强调伦理选择中的自愿原则，从王阳明的良知本体说到王门后学都是如此。王畿更明显："不论在此在彼，在好在病，在顺在逆，只从一念灵明，自作主宰，自去自来，不从境上生心……便是真为性命。"② 这分明是说命运完全在于自己的选择，"独即意之别名……自作主张，自裁自化，故举而名之曰独"③。以上所述可见心学中的德、行选择注重个性解放、意志自由。

意志自由同样是天主教伦理学的基石。天主教并不认为一个没有理性意志选择能力的人能够真正理解包括十字架救恩在内的天主的恩典，只有出于自由选择的天主信仰，天主的赏罚和救恩才真正有意义。基督宗教很大意义上被认为是一种理性宗教的原因就在于承认人在信仰抉择时的自由。利玛窦曾言："意者，心之发也。金石草木无心则无意……善恶是非之心内之意为定……故吾发意从理，即为德行君子，天主佑之；吾弱意兽心，即为犯罪小人，天主且弃之矣。"④ 天主教在解释始祖被逐出伊甸园一事时，也特别强调亚当的自由意志的选择以及责任。可以说，心学伦理学和天主教伦理学在主体性、意志自由和选择上是"琴瑟和鸣"的。

---

① 陈卫平：《第一页与胚胎：明清之际的中西文化比较》，上海：上海人民出版社 1992 年版，第 62 页。

② （明）王畿著，吴震编校整理：《王畿集 · 答周居安》（卷十二），南京：凤凰出版社 2007 年版，第 335 页。

③ （明）王栋撰，袁承业辑：《明儒王心斋先生遗集 · 会语正集》（卷一），东台袁氏据原刻重编本。

④ ［意］利玛窦：《天主实义》，收于［意］利玛窦著，朱维铮主编：《利玛窦中文著译集》，上海：复旦大学出版社 2001 年版，第 24 页。

（二）儒家天主教徒：在心学与天学之间的抉择

天学和心学相亲和还有一点就是共同的普世意识。天主教自诩为“公教”，就是认为天主信仰具有普世性、唯一性。虽然天主教在达到这一目标的方法上认为天主教会具有宣教责任，但是天主教尤其是耶稣会认为不同文化是可以相互理解和通约的。同样地，心学自陆九渊就有“东海西海、心同理同”的意识，是对偏狭的“非我族类、其心必异”早期思想的超越，这样有心学背景的儒家知识分子就很容易对天学产生兴趣，这成为很多心学人士接受西学的凭借之一。杨廷筠在《职方外纪》序中说：

> 有大主宰在也。《楚辞》问天地何际，儒者不能对。……西方之人，独出千古，开创一家……此真能知天事天，质之东海西海，不相谋而符节合者。①

虽然儒家天主教徒在使用心学观点时不一定具有非常明确的心学学派意识，事实上，在心学谱系中，他们也很难算作大人物，但是在他们用所学回应天学时仍能窥见他们的心学背景。儒家天主教徒许瓒说：“我中国忠恕之理，违道不远，南海北海，心同理同。”②又有云：“孟子言事天，孔圣言克己，谁谓子异邦，立言乃一揆。方域岂足论，心理同者是。”③ 从中可以明显看出陆九渊心学思想的端倪，正是陆氏所谓“千古圣贤若同堂合席，必无尽合之理，然此心此理，万世一揆也”④。更明显具有心学思想特征的是儒家天主教徒米嘉穗，他在为艾儒略《西方答问》所作的序言中用心学思想和天学互证，兹引录如下：

---

① ［意］艾儒略著，谢方校释：《职方外纪校释》，北京：中华书局 2000 年版。

② 方豪：《中国天主教史人物传》（中），北京：中华书局 1988 年版，第 160 页。

③ 方豪：《中国天主教史人物传》（中），北京：中华书局 1988 年版，第 79 页。

④ （宋）陆九渊著，钟哲点校：《陆九渊集·语录上》（卷三十四），北京：中华书局 1980 年版，第 405 页。

> 吾人睹记所及，尝不若所未及。《中庸》语道之至，至人所不知，所不能，非其心思域之，抑亦耳目限之也。学者每称象山先生东海西海、心同理同之说，然成见做主，旧闻塞胸，凡纪载所不经，辄以诡异目之。仰思宇宙大矣，睹记几何？于瀛海中有中国，于中国中有我一身；以吾一身所偶及之见闻，概千百世无穷尽之见闻，不啻井蛙之一窥，荧光之一炤也。乃沾沾守其师说，而谓六合内外尽可不论不议，此岂通论乎？要以风气各殊，本源自一；途径虽异，指归则同。一者何也？曰天也。谨其一，则可于一参不一，亦可以不一证一；先圣后圣不必同，而道同；即东西海、南北海之圣人亦不必同，而无不同矣。天学一教入中国，于吾儒互用同异；然认祖归宗，与吾儒知天事天，若合符节。至于谈理析教，究极精微，则真有前圣所未知而若可知，前圣所未能而若可能者，岂天不爱道，不尽于尧舜、周孔者，而复孕其灵于西国欤？西学诸书，久已行世，今艾思及先生居闽，与吾乡名贤讲论最悉，因有《西方答问》一册，予受而读之，不独以彼国之纪述，扩此方之见闻，其辨异而归同，剖疑而致信，有若一一烛照而数计之者，先生接引来学心亦苦矣。予不敏，窃谓吾儒之学，得西学而益明；西学诸书，有此册而益备也。学者因其不同以求其同，其于儒学、西学思过半矣。①

对照着利玛窦等传教士“以同述异”的天儒融合模式，② 儒家天主教徒在心学“谨其一，则可于一参不一，亦可以不一证一；先

① 徐宗泽：《明清间耶稣会士译著提要》，北京：中华书局1989年版，第300－301页。

② 王定安：《因异求同：“心学”在明末清初中西文化交流中的作用》，收于李天纲主编：《道风：基督教文化评论》第二十七期《明清时期的汉语神学》，香港：道风书社2007年版，第137－152页。

圣后圣不必同，而道同；即东西海、南北海之圣人亦不必同，而无不同矣”的指导思想下以同述异、因异求同，“辨异而归同，剖疑而致信”，因而“学者因其不同以求其同，其于儒学、西学思过半矣”。可见，儒家天主教徒的心学思想对于其理性对待天学，以至于怀疑儒家传统、接受天学起了重要作用。

明末清初儒家天主教徒群体中，“教会三柱石”之一徐光启高奇雄博，位及内阁大学士，无疑是其中俊杰。徐光启具有很深厚的心学背景。① 徐氏业师为心学大家黄体仁，“师事黄体仁，与王偕春同学。黄氏私淑王守仁，致力于心性之学，颇器重公”②。黄体仁对徐光启影响颇大，徐深得其学，传云：“公为诸生，尝横经受徒，多高足，为显人钜卿。而宗伯徐公光启，尤敬信其师，详述其行谊官箴，属余受简而为之传。”③ 另外，徐氏座师为泰州学派第四代传人焦竑。④ 焦竑阅徐氏乡试试卷而拍案称奇，盖因二人的心学立场相通，思想契合。把焦竑心学思想与徐光启《舜之居深山之中》对照，会发现二者思想在功夫和本体两个方面皆有王守仁“致良知”说的影子。焦竑认为心之本体是“意、必、固、我”既无之后，“喜、怒、哀、乐”未发之前的一种“中和本然”的状态，徐光启《舜之居深山之中》则认为“圣帝之心”也是“无我”“无意”“无固”“无必”的执中“无心”状态。此二人思想和王守仁“良知即

---

① 徐光启的思想其实呈现出在理学和心学间的矛盾性，他师从黄体仁、以焦竑为座师不假，但是他也极为推崇朱熹，他认为习六经“舍紫阳其将何途之从而致之哉”？见《刻紫阳朱子全集序》，收于（明）徐光启著，朱维铮、李天纲主编：《徐光启全集》（第三册），上海：上海古籍出版社 2011 年版。

② 梁家勉原编，李天纲增补：《增补徐光启年谱》，收于（明）徐光启著，朱维铮、李天纲主编：《徐光启全集》（第十册），上海：上海古籍出版社 2011 年。

③ （明）何三畏编著，周骏富辑：《云间志略·黄宪副谷城公传》，台北：明文书局 1991 年版，第 443 页。

④ 徐光启忝列焦竑门下有一段因缘。徐氏第五次顺天府乡试毕，主考官焦竑“犹以不得第一人为恨”。时副考官从落选试卷中检呈徐光启考卷。焦竑阅毕“击节称赏，阅至三场，复拍案叹曰：此名世大儒无疑也，拔置第一，是科试题为“舜之居深山之中”一章。参见梁家勉原编，李天纲增补：《增补徐光启年谱》，收于（明）徐光启著，朱维铮、李天纲主编：《徐光启全集》（第十册），上海：上海古籍出版社 2011 年版，第 42 页。

是未发之中，即是廓然大公、寂然不动之本体”的思想若合符节。

在功夫论也就是道德践履层面，焦竑和徐光启的学说都可以说是对王阳明“致良知”说的发挥。从逻辑上讲，既然“性无不善，知无不良”，且为“人人之所同具”，这样也就没有心体被私欲蒙蔽的可能。不过，理论却总是与现实相悖，鉴于此，王阳明就将去欲返本的格物、致知的作圣功夫分为“动时”和“静时”两种可能。焦竑循王阳明思路，“所谓‘人生而静，天之性也’。物动于外，而好恶无节，斯离乎中而傍系于境。斯时也，物侵吾舍，而我反为役，动无非物矣。动无非我则一，动无非物则乱”①。同样，徐光启在《舜之居深山之中》中认为，去却“有我之私”的方法是“法舜之静”：“（舜）至静之时，一无所系，乃可以待天下之动者也。凡人未能无意，则时时皆意生之会，而舜方洎乎其无所起也。”② 其实这就是对王阳明所谓“必欲此心纯乎天理，而无一毫人欲之私，非防于未萌之先，而克于方萌之际不能也”③ 思想的进一步阐发。

通过上述分析可知，明末清初儒家天主教徒的心学素养使得他们能够宽容对待西学。这种心学素养主要是王门后学中以焦竑为代表的王门会通学派④那种对待不同文化的开放态度以及兼容并蓄的思想方法。他们对待佛、道二家时能够如此，那么对于天主教也能够如此。但是当他们真正开始接受西学时，却发现空疏无根的心学又成为“实”之西学的对立面，所以，他们走了一条在心学之中理解西学后又逃离心学之外而接受西学的心路历程。考虑到耶稣会士在制定传教路线时“亲古儒，斥近儒”，这里的“近儒”除了官学

---

① （明）焦竑著，李剑雄点校：《澹园集》，北京：中华书局1999年版，第729页。

② （明）徐光启：《辩学章疏》，收于（明）徐光启著，朱维铮、李天纲主编：《徐光启全集》（第三册），上海：上海古籍出版社2011年版。

③ （明）王阳明：《传习录》，收于（明）王阳明著，吴光、钱明、董平、姚延福编校：《王阳明全集》，上海：上海古籍出版社1992年版，第66页。

④ 王门会通学派指的是王门后学中除修正、师道之外的以“三教合一”为诉求的一个派别。详见刘海滨：《焦竑与晚明会通思潮》，上海：华东师范大学出版社2010年版，第5页。

化的正统思想——程朱理学，也包括时下已成明末清初思想主流的王门后学，① 所以，明末清初儒家天主教徒在批判和改造甚至否弃心学的基础上走向了天学。

二、明末清初儒学的困境及儒家天主教徒的反省

明代儒学的困境有两个方面：一是学理方面，包括理学的僵化，也包括心学的空疏，前面已经有所论及，此不赘述；二是实践方面，由于学理层面的僵硬玄虚，儒家原本具有的道德教化和“修齐治平”功能完全落空，明末清初世人的道德沦丧、士林学风的下坠以及社会的空虚享乐倾向，便是证明。

应对明末清初儒学的困境所造成的整个社会的衰颓危机，有识之士寻求了三种不同的出路：其一是以焦竑、李贽为代表批判儒学，出儒入佛老，三教合一，但是这样的路径选择不可能成为主流；其二就是东林学派以朱学为宗，批判心学，改化朱学，此路径正是明末清初儒学的主流发展方向，虽然在救偏补弊方面有一定的成效，但还是没能救得了大明王朝，其根本原因就在于儒学本身已经病入膏肓、积重难返，仅仅靠改良是无济于事的；其三就是儒家天主教徒的选择，他们援耶入儒，补儒易佛。这个路径虽然亦非主流，但是在两个方面具有典型意义：一是重新为儒学寻找出路，二是通过天学的实学化，为明末清初的颓废国事寻找拯救良方。从这个意义上讲，他们的努力不失为一种有益的探索。

明末清初儒家天主教徒援耶入儒的前提是对于儒学的不满和反省，他们都有明确的对于明末儒学弊端的揭露和学风的批评。杨廷筠在《天释明辨》中，将禅学化了的王学末流视为“逃虚涉伪”的

① 不过，鉴于入教儒士多为心学家，传教士“斥近儒”时很少提及心学，一般以“俗儒”指程朱理学，这在利玛窦的《天主实义》中很明显。参见［意］利玛窦：《天主实义》，收于［意］利玛窦著，朱维铮主编：《利玛窦中文著译集》，上海：复旦大学出版社2001年版。

“性宗之贼”，认为其对儒学有百害而无一利。① 李之藻认为儒家知识分子“诬惑世愚，而质之以眼前日用之事，大抵尽茫如也”②。他在《同文算指·序》中不无讽刺地说道：“今士占一经，耻握纵横之算。才高七步，不娴律度一宗；无论河渠、历象，显忒其方，寻思吏治民生，阴受其敝。吁，可慨已。”③ 这里体现出李之藻对明末清初空谈心性的儒生之极度蔑视，以及对于关乎国计民生的算、律、历、象之学的推崇。徐光启也批判明末清初学风疏略，主张“博究天人而皆主实用”，“名理之儒士苴天下实事”是造成“算学特废于近世数百年间”的根本原因。徐光启在《辩学章疏》中指出传统中国思想的不足：

> 臣尝论古来帝王之赏罚，圣贤之是非，皆范人于善，禁人于恶，至详极备。然赏罚是非，能及人之外行，不能及人之中情。又如司马迁所云：颜回之夭，盗跖之寿，使人疑于善恶之无报。是以防范愈严，欺诈愈甚。一法立，百弊生，空有愿治之心，恨无必治之术。④

徐光启寻找道德生活中的普遍有效性问题，一直为儒家所标榜的道德理性已经不能够圆满自足了，道德的普遍有效性在传统儒学中找不到，而佛教进入中国也没有解决：

> 于是假释氏之说以辅之，其言善恶之报在于身后，则外行中情，颜回盗跖，似乎皆得其报。谓宜使人为善去恶，不旋踵矣。奈何佛教东来千八百年，而世道人心未能

---

① （明）杨廷筠：《天释明辨》，收于［韩］郑安德编，楼宇烈顾问：《明末清初耶稣会思想文献汇编》（第三卷第二十七册），北京：北京大学宗教研究所2004年版。

② （明）李之藻：《译〈寰有诠〉序》，明刻本。

③ （明）李之藻：《同文算指·序》，明刻本。

④ （明）徐光启：《辩学章疏》，收于（明）徐光启著，朱维铮、李天纲主编：《徐光启全集》（第三册），上海：上海古籍出版社2011年版。

> 改易，则其言似是而非也。说禅宗者衍老庄之旨，幽邈而无当；行瑜伽者杂符录之法，乖谬而无理。且欲抗佛而加于上主之上，则既与古帝王圣贤之旨悖矣，使人何所适从、何所依据乎？①

徐光启主张“实心”“实学”“实行”，对明末清初的“虚学”加以批判，认为禅化佛教不仅丧失了道德教化功能，也使得宋明理学沾染禅气，王门后学更甚，此皆无益于学问、社会和国家。徐光启追随传教士对“近儒”持否定态度，他曾经赋诗批评“近儒”之“虚”：

> 绝代风流是晋家，廷臣意气凌青霞。
> 霏屑玄谈未终席，胡骑蹂人如乱麻。
> 白玉尘尾黄金埒，瓮间酒龙声嗑嗑。
> 谁使神州陆沈者，空复新亭泪成血。②

徐氏借助晋代司马氏的典故来讽刺明末清初空疏无根的学风——“霏屑玄谈未终席”“瓮间酒龙声嗑嗑”来警示这种学风所带来的误国误民的悲惨后果——“谁使神州陆沈者，空复新亭泪成血”。其对明末清初学风的批判可谓一针见血。

李之藻、徐光启等人批判明末清初空虚学风、提倡实学是和他们的科学气质分不开的，都知“教会三柱石”中的杨廷筠好性理之学，比较缺乏科学兴趣，但是他也能看到明末清初的积弊，批评那些腐儒以及佛道的虚无游谈之教，主张引入天学：

---

① （明）徐光启：《辩学章疏》，收于（明）徐光启著，朱维铮、李天纲主编：《徐光启全集》（第三册），上海：上海古籍出版社2011年版。

② （明）徐光启：《题陶士行运甓图歌》，收于（明）徐光启著，朱维铮、李天纲主编：《徐光启全集》（第九册），上海：上海古籍出版社2011年版。

其流莫盛于二氏，亦莫敝于二氏……故伪者借以立名，巧者因之取捷，一唱百和，靡然成风，而遂成江河莫返之势矣。忧时君子，挽回无术，不得不亟以蹠实救之。夫儒者立诚慎独，何非蹠实显行，但久为影射者所窃据，曷若取西来天学，与吾儒相辅而行乎？西贤之行皆实行，其学皆实学也。①

王徵对明末清初儒家经典《大学》里所阐扬的平治天下的精神抱负和社会责任极为推崇，他深刻指出明末清初儒家精神的蜕变：

大学之道，原是在明明德，在亲民，在止于至善；今却认作在明明得，在侵民，在止于至赡。原是自天子以至于庶人，一是皆以修身为本；今却认作自天卿以至于庶人，一是皆以荣身为本。此于大学之道，有何干涉？②

对于明末清初学风糜烂和士风没落，他痛心又尖锐地指出：

而今把一部经史，当作圣贤遗留下富贵的本子；把一段学校，当作朝廷修盖下利达的教场。矻矻终日，诵读惓惓，只为身家，譬如僧道替人念诵消灾免祸的经忏一般，念的绝不与我相干，只是赚的些经钱、食米、衣鞋来养活此身，把圣贤垂世立教之意辜负尽了。③

① （明）杨廷筠：《代疑续篇》，收于（明）徐光启、李之藻、杨廷筠著，李天纲编注：《明末天主教三柱石文笺注》，香港：道风书社2007年版。

② （明）王徵：《两理略·解经除戎》（卷一），明刻本。

③ （明）王徵：《仁会约》，收于宋伯胤编著：《明泾阳王徵先生年谱》（增订本），西安：陕西师范大学出版社2004年版。

接受一种外来文化，在有着根深蒂固的古代传统的中国，是要面临巨大压力的。儒家天主教徒不仅仅像东林学派在传统内部作自我改良，而是进一步借助于天主教，彻底改造儒学，也是需要巨大的理论勇气的，尽管他们基本上仍是以儒家为本位。但是唯有如此，儒家天主教徒的努力才是独树一帜的，也是富有理论和现实意义的。

三、明末清初的“古学”倾向与儒家天主教徒经学研究

明末清初空疏清谈的学风前已论及，找寻儒家本质，离开宋代理学的形而上哲学，回到古儒的言传和身教，成为明末清初思想、学术及其践履的共同特征。

（一）明末清初“古学”倾向

中国文化和历史抵明末清初已是一片颓废之气，在道德、价值、思想、生活、社会等层面都显露出巨大的危机。这种危机可以从两个方面来认识。其中一方面就是有人认为明末清初社会发生了思想启蒙运动。① 思想启蒙的说法是近代西方的特有学术传统，这种说法以愚昧/文明的二元分置来处理明末清初思想和社会界的新气象，有失公正，但是也大致可以理解为一种向前看的革新。在心学最终耗尽自身的思想变革因子后，中国社会和思想母体内出现了一种新异因子，预示着对于古老文化的“革命”。明末清初社会另一个很典型的特征就是“复古”倾向。② 启蒙和复古似乎是两种相反的力量，这使得明末清初社会和思想界注定不平静。吊诡的是，这两种历史的力量都没能引导古老中国和文化走向一片新的天地。这两种力量似乎只是古老中国巨大的历史惯性中相反方向的本能的抽搐。有人对此评论道：

---

① 萧萐父、许苏民：《明清启蒙学术流变》，沈阳：辽宁教育出版社 1995 年版，第 2 – 3页。

② 龚鹏程：《晚明思潮》，北京：商务印书馆2005 年版，第 298 – 299 页。

然而，二者实为同一思潮的两个侧面，这些学者都是由于厌倦了烂熟的宋人格套，而纷纷独辟蹊径，自出手眼，争标新异，以便将“俗学之凡陋”一扫而空。它们共同代表了当时思想解放的时代潮流。①

宋以后，文化和经济相对发达的江南地区逐渐成为中国社会趋势的风向标；② 后来天主教耶稣会士来华，除首都北京外，江南地区也始终是传教中心。③ 明末清初江南作为文教最丰盛的区，学风以博雅好古为风尚，钱谦益在《列朝诗集小传》中对这一风气有所描述：

客至，陈三代、秦汉器物，及唐宋以来书画作品，相与鉴赏。好着古衣冠，曳履挥麈，望之者以为列仙之俦也。④

好“古”在明末清初似乎是一种价值追求，也是一种身份、品位、审美的象征，这种复古思潮也表现在文学上。作为对明末清初浪漫主义的一种反动，复古主义亦大行其道。弘治年间以李梦阳等为代表的“前七子”先行，嘉靖、隆庆年间以王世贞等为代表的“后七子”接踵，复社、几社步趋，均以复古经世为宗旨。思想界的复古表现，则是明末清初声势浩大的回归经典运动，明末清初儒家基督徒的“古学”倾向和经学研究，包括“天主教化儒学”思想体系的建构，都以此为思想背景。

越来越多的研究表明，清中叶考据学的兴起不仅仅是外在政治

---

① 萧萐父、许苏民：《明清启蒙学术流变》，沈阳：辽宁教育出版社 1995 年版，第 209－210 页。

② 冯天瑜、何晓明、周积明：《中华文化史》（第二册），上海：上海人民出版社 2005 年版，第 563－567 页。

③ 周萍萍：《十七、十八世纪天主教在江南的传播》，北京：社会科学文献出版社 2007 年版，第 45 页。

④ （清）钱谦益：《列朝诗集小传》，上海：上海古籍出版社 1983 年版，第 23 页。

和社会环境的原因所致，而应从“内在理路”的角度去解释。① 明末清初的回归经典、重释经典运动，上承已成“俗学之凡陋”的理学，下可为清“汉学”大兴的前哨。②《四库全书总目提要》在说明清代考据学的来源时，也提到杨慎、焦竑等人在明末清初的先行之功。按照对此问题研究卓有成效的林庆彰的分析，明末清初的经学研究已经体现出系统性和全面性。他指出，明末清初经典重释运动有三个指向：

> 其一，批判宋学“离经言道”的偏颇，强调“理学即经学”。
>
> 其二，批判不读经的倾向，读经以经世。
>
> 其三，重新考证经典以证圣人之真。③

此时，明末清初经学研究的成果亦可称道。明末清初经典研究的“回归原典”运动，可以说是两千余年经学研究的一种回旋。据林庆彰的研究，明末清初的考据学已经达到相当的水平，其意义不输清中叶的“汉学”。④ 而余英时的研究则表明，明末清初的经学研究代表着儒学传统从“尊德性”向“道问学”式的“智识主义”

---

① 余英时：《从宋明儒学的发展论清代思想史》，收于氏著《中国思想传统的现代诠释》，南京：江苏人民出版社 1998 年版，第 171 页。

② 但是对明末清初回归原典的研究，有关经学史的著作，迄今为止却很少给予客观真实的评价。如皮锡瑞的《经学历史》于第十章“经学复兴的时代”中，以为清代经学之所以复兴，是因对科举反动和绍继朱学传统所造成。所述及的经学者如阎若璩、胡渭、陈启源、万斯大、方苞、毛奇龄等人，则又斤斤于各学者的汉、宋之别。本田成之的《中国经学史》于第七章“清朝的经学”下立有“清初的经学”一节，仅略述顾炎武、王夫之、阎若璩、毛奇龄等人的成就。至于此一时期经学形态之所以如此，则完全未加反省。马宗霍的《中国经学史》在第十二篇“清之经学”中也只把黄宗羲以下诸人的经学著作略加评说。

③ 林庆彰：《明末清初经学研究的回归原典运动》，《孔子研究》1989 年第 2 期，第 100 – 109 页。

④ 林庆彰：《明末清初经学研究的回归原典运动》，《孔子研究》1989 年第 2 期，第 100 – 109 页。

思想主题的转换的开始。①

明末清初的“古学”倾向不可能不影响到那些对西学天教抱有好感的儒家知识分子。明末清初儒家基督徒的“古学”倾向和经学研究不仅仅是受耶稣会传教士们“亲古儒，斥近儒”的传教策略的影响，也是在明末清初回归原典的经学研究的思想氛围中寻求儒家自身传统再造的主动之举。天学西教应时而来，几有惺惺之感。

（二）儒家天主教徒经学研究

明末清初儒家天主教徒的经学研究，有两个目的：一是前面林庆彰谈到的“读经以经世”，二是通过对古经的重新阐释来证明天主教教义和中国上古时代思想的一致性。当然这两点都离不开天主教背景，前者借“西学”而通“六经”，又由“经学”而“经世”；后者则是通过耶儒互释来维持入教士人的文化认同，又为自身的天主教信仰辩护和为传教大业服务。

早期儒家天主教徒如徐光启等敏锐地意识到天学可以帮助补儒之经世手段之不足，西学中包含儒学中已经亡佚的部分，比如说“度数”和“六艺”：

> 唐虞之世，自羲和治历，暨司空后稷工虞典乐五官者，非度数不为功。《周官》六艺，数与居一焉。而五艺者，不以度数从事，亦不得工也。襄、旷之于音，般、墨之于械，岂有他谬巧哉？精于用法而已。故尝谓，三代以上，为此业者盛，有元元本本，师传曹习之学，而举丧于祖龙之焰。汉以来，多任意揣摩，如盲人射的，虚发无效；或依拟形似，如持萤烛象，得首失尾。至于今而此道

---

① 余英时：《论戴震与章学诚》，北京：生活·读书·新知三联书店2000年版，第42页。

> 尽废，有不得不废者矣。①

李之藻也是从王学中走出来，极力推崇古学，“好寻古文，可以矫谈空说幻之谬”②。他认为应该回到儒家思想最古的源头去，撇开时下学风之机械和空疏。在阅读和理解传教士著作的基础上，他觉得利玛窦的《天主实义》以及其他耶稣会士的著作与汉以前的中国原典相吻合：

> 尝读其书，往往不类近儒，而与上古《素问》《周髀》《考工》《漆园》诸篇，默相勘印，顾粹然不诡于正。③

此种论调与清代学者治经时的理论预设是完全一致的，他们“复古”“尊汉”就是认为汉儒去古不远，保存了由于秦始皇焚书而丧失的儒典精义。徐光启、李之藻等有科学眼光的儒家天主教徒把明代数学已然的落后，归结为秦以后很多典籍的失传。彼西学此时东来，恰好可以打通先秦以前三代圣人所遗留之典籍。除了象数之学，天文学也是如此。徐光启辈研究天文历算并非仅仅要为大明重新制定一部好的历法，也绝不是像反教人士污蔑的只是以此作为散布天学的幌子，而是想借天学回归“古学”，以再造学术谱系。徐光启认为，汉以后，典籍失传或者误读就是因为“羲和失传”：

> 唐虞邈矣，钦若授时，学士大夫罕言之。刘洪、姜岌、何承天、祖冲之之流，越百载一人焉，或二三百载一人焉，无有如羲和仲叔极议一堂之上者。故此事三千年以

---

① （明）徐光启：《刻〈几何原本〉序》，收于徐光启著，朱维铮、李天纲主编：《徐光启全集》（第四册），上海：上海古籍出版社2011年版。

② （明）李之藻：《四书人物考订补》，明刻本。

③ （明）李之藻：《〈天主实义〉重刻序》，收于［意］利玛窦著，朱维铮主编：《利玛窦中文著译集》，上海：复旦大学出版社2001年版。

还忞忞也。①

徐光启认为，《尚书》中“钦若昊天，敬授民时”一句表明中国人的历法，是上帝通过三代圣人而授受的，但是上帝所传除了历法还有历学，那种有关天道宇宙的神秘的“历学”，蕴含于《易经》中：

> 不知吾儒学宗传有一字历，能尽天地之道，穷宇极宙，言历者莫能舍旃。孔子曰：“泽火，革。”孟子曰：“苟求其故。”是已。“革”者，东西南北，岁月日时，靡所弗革也。言法不言革，似法非法也。“故”者，二仪七政。参差往复，各有所以然之故。言理不言故，似理非理也。②

“革”字，出《周易》：“象曰：泽中有火，革。君子以治历明时。”“故”字，出《孟子·离娄》：“天之高也，星辰之远也，苟求其故，千岁日之至，可坐而致也。”“革”“故”之理，孔孟后却无人能及，这说明上帝通过三代圣人所传“历学”，汉以后逐渐失传。“革”讲变化，“故”求根源，不仅仅求“历法”还要求“历学”，讲求“所以然”，这里就有西方哲学里的“现象和本质”之义，也是以托马斯·阿奎那思想为圭臬的来华耶稣会士的问理方法，徐光启之辈谈“革”说“故”，极有可能也是受到耶稣会士思想的启发：

> 郭守敬推为精妙，然于“革”之义庶几焉；而能言其所为“故”者，则断自西泰子入中国始。

① （明）徐光启：《〈简平仪说〉序》，收于（明）徐光启著，朱维铮、李天纲主编：《徐光启全集》（第五册），上海：上海古籍出版社2011年版。

② （明）徐光启：《〈简平仪说〉序》，收于（明）徐光启著，朱维铮、李天纲主编：《徐光启全集》（第五册），上海：上海古籍出版社2011年版。

先生尝为余言：西士之精于历，无他谬巧也，千百为辈，传习讲求者三千年，其青于蓝而寒于水者，时时有之。以故言理弥微亦弥著，立法弥祥亦弥简。余闻其言而喟然：以彼千百为辈，传习讲求者三千年，吾且越百载一人焉，或二三百载一人焉，此其间何工拙可较论哉！①

徐光启深究“革”“故”之古意，实际上触及为当时所忽略的“古学”的哲学深意。“革”出《周易》指向变化，“故”出《孟子》指向根源，二者互为表里，在西方哲学里就是“本质和现象”的关系。“本质和现象”是中世纪欧洲哲学的重要范畴，托马斯·阿奎那与奥古斯丁等其他神学家不同的地方就是主张用后天的经验理性证明上帝的存在，在利玛窦的《天主实义》中就有此理路，徐光启、李之藻等人也一定是通过接触西学去揭露被遮盖的“古学”：

又自古迄今，无有言二法之所以然者。自余从西泰子译得《测量法意》，不揣复做《勾股诸义》，即此法底里洞然，于以通变世用。②

徐光启以为三代之遗经，圣人虽创造、传播、使用，但是对于其“革”后之“故”，却未深究，而泰西之学可以帮助明白其“本质”。早期的儒家天主教徒看待天学的视角，实学是其一。徐光启等对失传的《周髀算经》等古代象数、经世之学发生兴趣肯定也和明末清初的儒学转向相关，但是他们也并不是说天学是“本质”或者“所以然”本身，他们把“所以然”看作古经中“上帝”“天主”的安排：

---

① （明）徐光启：《〈简平仪说〉序》，收于（明）徐光启著，朱维铮、李天纲主编：《徐光启全集》（第五册），上海：上海古籍出版社2011年版。

② （明）徐光启：《〈勾股义〉序》，收于（明）徐光启著，朱维铮、李天纲主编：《徐光启全集》（第五册），上海：上海古籍出版社2011年版。

> 此天非指天象，亦非天理，乃是人所以然处。学必知天，乃知造物之妙，乃知造物有主，乃知造物主之恩；而后乃知三达德，五达道。穷理尽性，以至于命。①

儒家天主教徒在明末清初的思想漩涡中，都是借助天学来通“六经”，在此过程中他们又发现天学和六经的神合：

> 彼（利玛窦）其梯航琛贽，自古不与中国相通，初不闻有所谓羲、文、周、孔之教。故其为说，亦初不袭濂、洛、关、闽之解。而特于“知天”“事天”大旨，乃与经传所记，如券斯合……信哉“东海西海、心同理同”。所不同者，特言语文字之际，而是编者出，则同文雅化，又已为之前茅，用以鼓吹休明，赞教厉俗，不为偶然，亦岂徒然？②

在李之藻看来，西来的传教士并没有受过六经之教和三代遗泽，却能够和古代的道理神奇映证，实在是文化普遍主义的最好写照。这样从第一代儒家天主教徒开始，一直到明亡清兴，儒家天主教徒的古学倾向既是明末清初儒学氛围使然，也是他们借助于西学重建被“近儒”所遮蔽的“学统”的独特的理论尝试。借天学而入六经，然后通过对于六经的天主教化解读，以实现天主教教义和中国古典经义之间相当程度的诠释性融合，以达到对自身的文化认同，解决周遭对其信仰抉择问题的质疑。③ 从这个意义上讲，这种工作带有很强的工具性、目的性特征。由于明末清初儒家天主教徒

---

① （明）李之藻：《译〈寰有诠〉序》，明刻本。

② （明）李之藻：《〈天主实义〉重刻序》，收于［意］利玛窦著，朱维铮主编：《利玛窦中文著译集》，上海：复旦大学出版社 2001 年版。

③ 在中国礼仪之争时期，这个问题更加凸显。此时已经不仅仅是文化认同问题，还有身份认同危机以及存在的合法性问题。参见李天纲：《严谟的困惑：18 世纪儒家天主教徒的认同危机》，收于李炽昌主编：《文本实践与身份辨识：中国基督徒知识分子的中文著述 1583—1949》，上海：上海古籍出版社 2005 年版，第 157 页。

并非经学名家，他们大多具有官员经世背景，这使得他们对于古代经典的诠释不太系统和完整。除了徐光启等人为数不多的对于经典的系统性诠释外，大多是对于经典的选择性诠释，而且集中在一些特定的句子上，这些句子大多与上帝的降临和存在相关，也是为了说明中国古代经典和天主教的共同之处。从明末到清初，中国儒家天主教徒的经学研究基本上都是从四书五经中选择一些零散的句子，加以天主教化解释，这合乎来华传教士对于中国经典的诠释路子。① 诠释的范围和深度也因时代和人物有异，早期儒家天主教徒对纯粹经学研究的兴趣要强烈些，如杨廷筠等对实用性的科技事务不太感兴趣的儒家天主教徒对此的研究就更要深入一些。到了明末清初时局动荡之时，形势比人强，这种纯粹的经学研究就愈发淡化。

除了上述带有很强目的性的经学研究，有文献表明，和明末清初考据学以及经学研究兴起的文风相适应，早期的儒家天主教徒也有为数不多的纯粹的经学研究，但是仅限于徐光启、李之藻、杨廷筠等早期的奉教士大夫。不能明显看出此种经学研究和为了信仰的合理性论证的强烈目的性相关，但是表明他们有强烈的复古倾向。

关于明末清初儒家天主教徒的经学研究，《明史·艺文志》和《四库全书总目提要》中均有比较详细的记载。在《明史·艺文志》中提到杨廷筠专著的《易显》六卷，在徐光启名下的有《毛诗六帖讲意》六卷，还有一般以实学倾向著称的李之藻的《頖宫礼乐疏》十卷。而《四库全书总目提要》则记载有杨廷筠《玩易微言摘钞》六卷。据比利时汉学家钟鸣旦考证，明末清初“教会三柱石”卷入经学研究的程度，远远要比《明史·艺文志》和《四库全书总目提要》的记载要多。罗马耶稣会档案馆等地保留有其他一些儒家天主教徒的经学研究著作，比如徐光启《诗经传稿》四卷（收藏于牛津大学）、《葩经嫡证序》（收藏于复旦大学图书

① 古伟瀛：《文化交流的一个面向：明末中国天主教徒的经典诠释》，收于洪汉鼎主编：《中国诠释学》（第 1 辑），济南：山东人民出版社 2003 年版，第 195 – 209 页。

馆）、《书经稿本》（收藏于罗马耶稣会档案馆）、《考工记解》（现存于台北“中央研究院”），朱维铮、李天纲2010年主编《徐光启全集》，收录有以上著作。李之藻的经学著作另外还有《闵家三订易经正文》四卷（收藏于罗马耶稣会档案馆）、《四书人物考订补序》（现藏于美国国会图书馆）等。杨廷筠的经学著作则几乎完全佚失，包括《四库全书总目提要》记载的《頖宫礼乐疏》，仅为存目。①

明末清初儒家天主教徒的经学研究并不是一场系统的经学解释运动。在明末清初儒学疲敝、回归古儒的整体氛围中，以徐光启、李之藻、杨廷筠为代表的奉教士大夫也参与其中，他们也有经学诠释著作问世，但是大部分佚失。其中以徐光启的成就最大，他比较系统地研究了《诗经》等经典，并有著作传世。但实事求是地讲，明末清初的儒家天主教徒虽然在耶稣会传教士学术传教的路线下被传教士定为传教对象，但他们大都是宦海中人，按照中国传统社会的规则，他们也是儒家知识分子，不过在当时不算是一流的大学问家，他们的经学研究并没有很大的影响。另外，他们的心学背景也是一个制约的原因，大凡心学传统，一般是六经注我、心外无物，那种饾饤琐碎的考据工作并不太适合他们。他们是怀着救世的心态来研究儒家经典的，这种极强的目的性在一定程度上会影响他们经学研究的纯粹性和系统性。这个方面的经学研究和天主教来华关系并不是很大。②

另一个方面的经学研究就是儒家天主教徒“以耶释儒”，也就是本书所要阐析的“天主教化儒学”。下文专门论及，此处不赘。

---

① 关于徐光启、李之藻、杨廷筠的经学著作的目录学研究以及简要评论，可参见［比］钟鸣旦著，李天纲译：《晚明基督徒的经学研究》，《中华文史论丛》2000年第64辑，第26－30页。

② ［比］钟鸣旦著，李天纲译：《晚明基督徒的经学研究》，《中华文史论丛》2000年第64辑，第30页。

四、古儒与近儒

耶稣会传教士的文化适应路线采取“合儒排佛”的方针，具体到儒学内部，也不是对儒学一概接受，利玛窦创造性地采取“亲古儒，斥近儒”的策略。中国本土儒家天主教徒附和传教士的传教策略以及对待儒学的方法，不过二者在这个问题上并不是没有差异，儒家天主教徒更多是从“会通以求超胜”（徐光启语）的角度而有别于传教士，① 他们更关注儒学新的言路开辟问题或者说新学统问题的构建。

最早系统提出“亲古儒，斥近儒”学术传教思路的是利玛窦所著《天主实义》。我们从中西文化交流的角度讲，这是以利玛窦为代表的传教士所做的两方面的工作：一是使天主教本土化，二是使儒学天主教化。前者就是使天主教原理适应中国思想，用天主教教义改造、利用传统儒家思想以印证天主教原理，后者用天主教原理补充、完成中国儒家传统思想，也就是用天主教原理的标准对中国传统儒家思想作出取舍、分割，合古斥新。利玛窦等传教士“亲古儒，斥近儒”。从学理方面看，古儒的儒学形态比较伦理化，分析性不强，比较缺乏形而上学的研究，也符合中国儒家知识分子“厚古薄今”的退化史观，而近儒的形而上学系统则比较完善，不太容易“会通”。古儒就是指以孔子和古经为表征的先秦儒家，近儒就是以程朱理学为表征的宋明新儒家。“亲古儒”是指以天主教原理来解释、补充先秦儒家思想，达到这一目的是以对整个儒家思想传统的解释学理解为前提的。儒家思想和天主教原理的比照包括形而上和形而下两个方面，本书只讨论形而上方面，包括两个层次：其一是对古儒天道观的天主教化，其二是对古儒道德形而上学也即人性论和仁学的思想改造。通过把天主教之天主与中国古经中之“上帝”“天”等同，吾天主，即华言

① 陈卫平、李春勇：《徐光启评传》，南京：南京大学出版社2006年版，第169页。

之上帝，这样就把儒家传统的天道观置换成有人格神色彩的有神论，作为儒家天道观其他诸原理的形而上依据。对古儒道德形而上学的改造包括对人性及其善恶性质的重新评价，以及修己成人的功夫论的天主教化后的加持。

来华传教士和中国本土儒家天主教徒对“古儒”另眼相待，很大原因是天主教教义和中国古代的天道信仰有着模糊的一致性。在明末清初古学倾向以及重新回归经典的学术和思想氛围中，中国本土儒家天主教徒追随他们的传教士老师用新的天主教教义来补充古儒，或者如李之藻所言，借西学来彰显已经被思想史所遮蔽的古学真义。① 中国古代的天道信仰，在利玛窦等传教士和儒家天主教徒看来，是“耶儒原同”最核心的内容。

现代汉学所谓的新儒学或新儒家，不仅包括两宋的程朱及其追随者的理学，也包括宋明陆王心学。但是，在十六七世纪，传教士关于此概念的内涵和外延是不包括陆王心学的。明末清初，程朱理学固然已经思想僵化，但是王门后学的空疏学风也受到批判，而传教士独独“斥”程朱理学，却对陆王心学“网开一面”，着实令人费解，中国本土儒家天主教徒也作如是观。其中原因绝不是他们不了解陆王心学和王门后学，② 也不是没看到王门后学的思想弊端。其中一个很重要的原因可能是传教士们结交的士大夫们要么出自王学要么具有王学背景，奉教、友教的士大夫都是如此，这使得“斥近儒”专门针对程朱理学。事实上，明末清初的理学和心学曾一概

---

① 李之藻在《〈天主实义〉重刻序》中说：“彼（利玛窦）其梯航琛贽，自古不与中国相通，初不闻有所谓羲、文、周、孔之教。故其为说，亦初不袭濂、洛、关、闽之解。而特于‘知天’‘事天’大旨，乃与经传所记，如券斯合……信哉‘东海西海、心同理同’。所不同者，特言语文字之际，而是编者出，则同文雅化，又已为之前茅，用以鼓吹休明，赞教厉俗，不为偶然，亦岂徒然？”参见（明）李之藻：《〈天主实义〉重刻序》，收于［意］利玛窦著，朱维铮主编：《利玛窦中文著译集》，上海：复旦大学出版社2001年版。

② 传教士来华的明末清初时期，正是心学由大兴渐趋衰落时期，对这一重大的思想现象，素来深谙中国社会状况的传教士不可能不知。说传教士不太了解心学或可，说完全不知则不可。见 David Mungello, *Curious Land: Jesuit Accommodation and the Origins of Sinology*, Hawaii: University of Hawaii Press, 1985: pp. 60 – 61.

被传教士所否弃，而儒家天主教徒大多都有出王学而就天学的思想转换经历。

“亲古儒，斥近儒”的区别对待传教士提倡之，而中国本土儒家天主教徒步趋之，之所以这么做是由于古儒和天主教教义、教理相兼容而近儒却是相抵牾。汉学家孟德卫就认为，传教士反对程朱理学，就是因为程朱理学从古儒的一神论走向了泛神论和无神论，近儒的经典里充斥着物质主义和理性主义，是不可能从中引申出造物主和人格神的可能性的，① 这也是和天主教教义、教理格格不入的。不过，传教士和儒家天主教徒拒斥“近儒”也与明末清初的学术和思想背景相契合。拒斥程朱理学实际上就是弃程朱理学的经典注释不用。经学就是诠释学，② 从自己的立场对经典重新解释，符合儒学一贯的学统，也符合儒家文化一贯的演进规律。③ 传教士和儒家天主教徒厚古薄今，抛弃近儒的注疏而诉诸经典的原意，是一种解释学意义上的经学发展。下面就铺陈传教士和儒家天主教徒所批评的“近儒”的主要内容——程朱理学尤其是朱熹的太极宇宙——本体论。

传教士和儒家天主教徒对新儒家的拒斥，在形而上层面主要是针对程朱理学太极宇宙——本体论，其他方面则较少涉及。利玛窦在《天主实义》中认为，宋明新儒家的太极宇宙——本体论大谬，与佛道空无本体论一样，皆为异端：

西氏曰：二氏之谓，曰无曰空，于天主理大相剌谬，

---

① 张晓林：《天主实义与中国学统——文化互动与诠释》，上海：学林出版社2005年版，第160页。

② 李天纲：《跨文化的诠释：经学与神学的相遇》，北京：新星出版社2007年版，第11页。

③ 冯天瑜在《中华元典精神》中提出了“文化重演率”的命题，在对于人类文化发展的考察的基础上，指出人类文化的发展呈现出回归式的前进的特征，具体就是：人类文化每发展到一个阶段，其创新的动力就会减弱，借重新解释“轴心时代”文化元典使得时代精神与文化元典的精义再次实现统一。可参见氏著《中华元典精神》，武汉：武汉大学出版社2006年版，第358－410页。

其不可崇尚，明矣。夫儒之谓，曰有曰诚，虽未尽闻其释，固庶几乎？①

余虽末年入中华，然窃视古经书不怠。但闻古先君子敬恭于天地之上帝，未闻有尊奉太极者。如太极为上帝万物之祖，古圣何隐其说乎？②

儒家天主教徒王徵持同论：

解者乃谓“天即理”也，权奸宁知畏理乎哉？③

王徵好友、同为进士的郑鄤为其著作《畏天爱人极论》作序，针对明末守旧文人受宋明正统理学影响，普遍将天命与心性、天与理等同这一现状而斥责说：

后乃曰：“天即理也。”然则祭天乃所以祭理欤？言不几于不顺乎？嗟乎！此学术所以不古若也。王子《畏天爱人极论》，直揭天以诏世人，反复若千万言。君平《道德指归》而后，说之闳畅，未有若此者也。④

儒家天主教徒否定宋明理学对于古代天道论的解释，他们认为这种解释背离了中国古代的天道论传统。太极一词，作为宇宙论之本源的概念，最早出现于《易·系辞》：“是故易有太极，是生两仪，两仪生四象，四象生八卦，八卦定吉凶，吉凶生大业。”在宋

---

① ［意］利玛窦：《天主实义》，收于［意］利玛窦著，朱维铮主编：《利玛窦中文著译集》，上海：复旦大学出版社 2001 年版。

② ［意］利玛窦：《天主实义》，收于［意］利玛窦著，朱维铮主编：《利玛窦中文著译集》，上海：复旦大学出版社 2001 年版。

③ （明）郑鄤：《〈畏天爱人极论〉序》，收于宋伯胤编著：《明泾阳王徵先生年谱》（增订本），西安：陕西师范大学出版社 2004 年版。

④ （明）王徵：《畏天爱人极论》，收于宋伯胤编著：《明泾阳王徵先生年谱》（增订本），西安：陕西师范大学出版社 2004 年版。

儒之前，太极作为宇宙本源的意义鲜少，并且，在古经中，除了《易》，都没有提及太极，更没有作为宇宙本源的太极观念。宋儒拔高太极概念，作为其太极宇宙——本体论的基础：

> 无极而太极。太极动而生阳，动极而静，静而生阴，静极复动。一动一静，互为其根。分阴分阳，两仪立焉，阳变阴合，而生水火木金土。五气顺布，四时行焉。五行一阴阳也，阴阳一太极也，太极本无极也。五行之生也，各一其性。无极之真，二五之精，妙合而凝。乾道成男，坤道成女。二气交感，化生万物。万物生生而变化无穷焉。惟人也得其秀而最灵。形既生矣，神发知矣。五性感动而善恶分，万事出矣。圣人定之以中正仁义而主静（自注：无欲故静），立人极焉。故圣人与天地合其德，日月合其明，四时合其序，鬼神合其吉凶。君子修之吉，小人悖之凶。故曰：立天之道，曰阴与阳。立地之道，曰柔与刚。立人之道，曰仁与义。又曰：原始反终，故知生死之说。大哉易也，斯其至矣。①

周敦颐的《太极图说》可以说是新儒学太极宇宙论的总纲领，和邵雍的象数化的宇宙图式一样，尚未达到本体论的层次。《太极图说》是宇宙形成论，是说无极之太极是如何在时空中“生”出阴阳五行之气，进一步生出万物。而朱熹论太极，则具有本体论的意味。他把“无极而太极”解释为“无形而有理”，太极就是理之名，理之极致，这是对《易》中物质性的太极（所谓阴阳未分之前宇宙的原物质混沌一体而未分的状态）的理论发展：

---

①（宋）周敦颐：《太极图说》，见于（宋）周敦颐著，陈克明点校：《周敦颐集》（卷一），北京：中华书局1990年版，第7页。

总天地万物之理，便是太极。太极本无此名，只是个表德。①

又云：

所谓太极者，只二气五行之理，非别有物为太极也。②

但是太极若是理，而理“无情意，无计度，无造作”③，是无法“动而生阳”的。这就涉及“理”与“气”的关系：

盖气则能凝结造作，理却无情意，无计度，无造作。只此气凝聚处，理便在其中。且如天地间人物草木禽兽，其生也，莫不有种，定不会无种子白地生出一个物事，这个都是气。若理，则只是个净洁空阔底世界，无形迹，他却不会造作；气则能酝酿凝聚生物也。④

朱熹概括性地把张载的“气”论和二程的“理”论结合起来，认为“理”和“气”是形而上的形式和形而下的质料的关系，⑤二者共同构成宇宙本体的属性，太极含有动静之理，就有动静之气。这就实现了从太极宇宙论向理气本体论的展开和过渡，把太极宇宙论和太极（理）本体论统一起来。

---

① （宋）黎靖德编，王星贤点校：《朱子语类》（卷九十四），北京：中华书局1986年版，第2367页。

② （宋）黎靖德编，王星贤点校：《朱子语类》（卷九十四），北京：中华书局1986年版，第2368页。

③ （宋）黎靖德编，王星贤点校：《朱子语类》（卷一），北京：中华书局1986年版，第7页。

④ （宋）黎靖德编，王星贤点校：《朱子语类》（卷一），北京：中华书局1986年版，第8页。

⑤ 劳思光：《新编中国哲学史》（第三卷），桂林：广西师范大学出版社2007年版，第206－207页。

朱熹把太极解释为“理”，中国古代的天道论思想变成了天理论，“理”是天的本质，先秦天道论中的“人格神”的意蕴完全被抛弃，因此才导致了利玛窦指责“近儒”中的无神论和唯物主义对于古儒的背离。

儒家天主教徒追随传教士，认同“亲古儒，斥近儒”的“补儒易佛（道）”的传教策略，这也可以看作传教士对待中国文化的总方针。中国本土儒家天主教徒对于“近儒”也就是宋明正统理学的态度不会像传教士们那么绝对，但是考虑到儒家天主教徒的心学背景，可知他们对待宋明理学的态度即使不考虑传教士老师们也可能会是对立的，“斥近儒”也是他们固有的立场，但委实是天主教教义和教理使他们感觉到“亲古儒”的必要性和合理性。

第二节　儒家天主教徒的天主教观

明末清初天学西籍来华，① 中土士人对于天学之了解，并不像把佛学理解为纯粹宗教那么单纯，他们能认识到天学是包含了宗教、哲学、科学、技术等各方面的复合体。但是《四库全书》仅仅收录有利玛窦《几何原本》、熊三拔《泰西水法》等八种科技类书籍，其余均未收录。在天教方面，《四库全书总目提要》卷一百二十五“子部·杂家类·存目二”也仅仅收录有利玛窦《辨学遗牍》《二十五言》《天主实义》《畸人十篇》《交友论》，庞迪我《七克》，艾儒略《西学凡》，毕方济《灵言蠡勺》，高一志《空际格

① 据法国神父费赖之所著《在华耶稣会士列传及书目》和天主教史家方豪所撰《明季西书七千部流入中国考》所载，明末清初来华耶稣会士曾先后携带七千余部西学书籍来华，但是由于中国礼仪之争，十有八九滞留于澳门而不入内地。试想，倘若那时七千余部西学书籍进入中华大地，中西文化交流的深度和广度该作何景象？参见［法］费赖之：《在华耶稣会士列传及书目》，北京：中华书局 1995 年版，第 115 – 125 页。另参见方豪：《明季西书七千部流入中国考》，收于氏著《方豪六十自定稿》（上），台北：台湾学生书局 1969 年版，第 39 – 55 页。

致》，傅泛际《寰有诠》等十种宗教、哲学类书籍。梁启超曾说乾隆皇帝"钦定四库全书，凡译出西书，悉予著录"①，可见纪昀等人从站在程朱正统理学的立场出发，曲解天学本意，也并未完全执行乾隆谕示，而且目其为"杂家"，似有不敬之意，对于明末清初耶佛互斥，《四库全书总目提要》进而认为耶佛"各持一悠谬荒唐之说，以较胜负于不可究诘之地"，"均所谓同浴而讥裸裎尔"。②《四库全书总目提要》在传教士傅泛际《寰有诠》下特作一"案"云：

> 欧罗巴人天文推算之密，工匠制作之巧，实逾前古。其议论夸诈迂怪，亦为异端之尤。国朝节取其技能，而禁传其学术，具存深意。其书本不足登册府之编，然如《寰有诠》之类，《明史·艺文志》已列其名，削而不论，转虑惑诬，故著于录而辟斥之。又《明史》载其书于道家，今考所言，兼剽三教之理，而又举三教全排之，变幻支离，莫可究诘，真杂学也。故存其目于杂家焉。③

但是奉教、友教人士对于西学天教的认识就相对心存善意也较为客观。李之藻于崇祯二年（1629）所编之《天学初函》收录了明末清初耶稣会传教士著作十九种，这些典籍"显自法象名理，微及性命根宗，义理旨宏，得未曾有"，此赞誉之语大不同于《四库全书总目提要》。其中第一种为艾儒略所著《西学凡》，其书介绍有西方大学教育课程纲要，杨廷筠曾为之作序，云：

> 西学凡分六科：文科也，理科也，医科也，法科也，教科也，道科也。所有六科经籍，约略七千部，业已航海

① 梁启超：《饮冰室合集》（第一册），北京：中华书局1989年版，第122页。

② （清）永瑢等撰：《四库全书总目提要》（卷一百二十五·子部·杂家类·存目二），北京：中华书局1965年版，第1074页。

③ （清）永瑢等撰：《四库全书总目提要》（卷一百二十五·子部·杂家类·存目二），北京：中华书局1965年版，第1074页。

而来，具在可译。此岂蔡愔、玄奘诸人近探印度各国寂寞数简，所可当之者乎？

西教不然，其学有次第，其入有深浅。最初有文学，次有穷理之学，名曰费禄所斐亚，其书不知几千百种也。学之数年，成矣，又进天之学，名曰徒禄日亚，其书又不知几千百种也。

杨序将天学入华同佛教相提并论，甚至认为其更重要，肯定其对于中国思想和文化的意义。其中对天学的分科，颇有现代眼光。但是，囿于历史条件，以杨廷筠为代表的儒家天主教徒对天学的理解仍旧是不足的，也习惯用当年对待佛教来华的“融摄”方针来对待天主教。后有儒家天主教徒李祖白与传教士利类思作《天学传概》，对天学有了相对比较全面的理解。

一、《圣经》在明末清初的中国

明末清初儒家天主教徒所了解到的天主教教理肯定不是欧洲当时原生态的，这已经是不刊之论，其中的原因除了语言等客观性的障碍外，最重要的一点就是传教士们为了传教的成效而有意识地忽略了天主教中很多和中国文化相抵牾的部分，比如原罪论、基督论、末日论等教义。有一个令人惊讶的事实是，在整个明清时期，竟然没有一本完整的天主教《圣经》中译本面世！① 第一部天主教全译本《圣经》要到 1953 年才得以公开发行。马歇尔·布鲁姆霍（Marshall Broomhall）在其所著《圣经在中国》一书中对于《圣经》

① 关于《圣经》未能出现在十六七世纪的中国，孙尚扬经过缜密考证认为是数度错失良机：早在 1615 年，耶稣会就已经获准翻译《圣经》，但是包括利玛窦在内的传教士认为工程浩大和复杂，也由于认为应该优先服从传教需要而翻译其他著作，因而一再延搁。十七世纪和十八世纪末，当一些个人开始着手此项工作时，又由于传道总会的严厉禁止，他们从未获准印行《圣经》译本。见孙尚扬、［比］钟鸣旦：《1840 年前的中国基督教》，北京：学苑出版社 2004 年版，第 381 页。

在中国之阙如深为不解：“当我们回想起耶稣会士曾翻译过诸如托马斯·阿奎那《神学大全》这类著作，而且教宗曾收到一份献给他的中文弥撒书时，我们便有强烈的理由质问：为什么我们没有听到更多关于《圣经》翻译的消息？”① 对于一种信仰的接受除了一些仪式和规章的遵行，还有一点就是：入教不仅意味着受洗，还意味着“承经或者说受经”，也即以此进入另一种经典系统。在每一种文化体系中，经典都属于文化的核心，为了实现和另一种文化的对话直至接纳之，就意味着皈依者要离开一种经典系统，或者创造性地使两种文化经典走向融合。

事实上，耶稣会士和中国本土奉教士大夫以“经”来指称天主教的教典“The Bible”明显是迁就中国人的传统习惯，甚至“圣经”一词也是典型的中国传统用法，因为中国古代的经典恰恰是“圣之经”，而不是天主教的“神之经”。从《圣经》本身在明末清初耶儒对话中的缺失可以知道，明末清初的耶儒对话无论如何还都达不到纯粹解释学意义上的文本诠释，明末清初那些虔诚的儒家天主教徒并没有在完全意义上实现过文本间的双向解读的解释学工作。当耶稣会士大规模地深入展开儒家经典诠释的时候，他们并没能触及天主教最重要的经典——《圣经》。在这个意义上讲，明末清初的儒家天主教徒所面对的天主教只是“被叙述和被构造”的天主教，文本间的意义传递和理解也只能是大打折扣的。当诸如《天主经》《尼西亚信经》等宗教文献也使用“经”这一概念的时候，明末清初儒家天主教徒关于天主教的文化经典的概念至少是模糊的。

但是，没有完整的《圣经》并不是说没有任何《圣经》翻译活动，中国天主教史表明，在明清天主教来华长达两百多年的时间里，也有断断续续的、章节性的中文翻译，不过都是私人性质的，

---

① Marshall Broomhall, *The Bible in China*, London: The China Inland Misson, 1934: p. 40.

没有正式公开发行。①

谢和耐认为，明末清初的中西文化交流是在“误读上的契合”②。如果单从中国信徒对于《圣经》这一基本天主教文化典籍缺乏直接阅读这一点上看，是可以成立的，毕竟经典的阅读是承经、受经、理解性接受的一个前提。这在很大程度上使得明末清初的儒家天主教徒对于天主教的理解即使不能说是不正确的，至少也是不完备的。

不过，明末清初来华的传教士也通过一些教理和教要著作来阐发天主教教义，其中非常重要的包括罗明坚《天主圣教实录》，利玛窦《天主实义》《天主教要》以及罗儒望《天主圣教启蒙》。其中前二者是带有作者自身理解的天主教教义，而后二者则纯粹是翻译作品。利玛窦《天主教要》是其中影响最大的天主教教理书籍，包含《天主经》《十诫》《信经》《形神哀矜十四端》《真福八端》《罪宗七端》《克罪七德》等天主教基本文献，而王丰肃（即高一志）的《教要解略》是专门解释《天主教要》的书籍。此外，庞迪我的《庞子遗诠》、艾儒略的《涤罪正规》、朱毓朴的《圣教源流》都是以利玛窦的《天主教要》为底本而写作的。其中除了天主教的一些基本教义，比如天主论、救赎论、基督论等，还包括《天主圣母经》《悔罪规文》《圣教定规》《七圣事》《解罪经》《向天主行五拜礼》等内容。虽然传教士在明末清初时期并没有给中国带来一本完整的中文版的天主教《圣经》，不过为数不少的教理、教要书籍在很大程度上弥补了这一不足，也相对完整地介绍了天主教教义，尽管编著者由于自己的信仰偏好会对天主教教理、教要有所侧重和取舍。

---

① 孙尚扬、［比］钟鸣旦：《1840 年前的中国基督教》，北京：学苑出版社 2004 年版，第 371 页。

② ［法］谢和耐著，耿昇译：《中国与基督教——中西文化的首次撞击》（增补本），上海：上海古籍出版社 2003 年版，第 64 – 76 页。

二、明末清初儒家天主教徒眼里的耶儒之同

有两个原因使得明末清初的耶儒对话可能是在一定意义上的“误读”的基础上进行的，尽管从解释学的角度看，这种“误读”不仅无关宏旨，而且可能构成解释学的本质。其一就是前面谈到的《圣经》这一主要经典在明末清初的缺失；其二就是明末清初儒家天主教徒对于天主教的中国化，包括圣学化、道德化和实学化三个方面。

明末清初儒家天主教徒的天主信仰都属于传统转化类型，一种传统向另一种传统的转化自然也意味着新的世界观的改变。接受天主教信仰，就意味着灵性的生成和精神、思想以及生活方式的彻底转换，但是当耶稣会士在面对一个异己的强大文化传统时，他们发现，那种理想的宗教性转化是不现实的，至少是很困难的。所以耶稣会士很明智地采取了“文化适应”的“合儒”“补儒”传教路线，尽管“超儒”是他们的预定理想，但在实际情况下可能难以绝对保证。传教士们的这种妥协的态度也影响到了明末清初入教的儒家知识分子的天主教观。对于他们而言，走耶儒融合、中西会通的路线，并育而不相悖当然是最好的选择。事实上，业已根深蒂固的传统教育也不允许那种完全绝对的“彻底转换”。这样，他们在面对天学时，就很自然地把天学纳入他们原有的认知结构内，徐光启在《辩学章疏》中把耶儒亲近的理解表达得非常明显：

> 盖彼国诸人，皆务修身以事上主，闻中国圣贤之教亦皆修身事天，理相符合。是以辛苦艰难，履危蹈险，来相印证，欲使人人为善，以称上天爱人之意。其说以昭示上帝为宗本，以保救生灵为切要，以忠孝慈爱为功夫，以迁善改过为入门，以忏悔涤除为进修，以升天真福为作善之荣赏，以地狱永殃为作恶之苦报。……臣尝论古来帝王之赏罚，圣贤之是非，皆范人于善，禁人于恶，至详极备。

然赏罚是非，能及人之外行，不能及人之中情。又如司马迁所云：颜回之夭，盗跖之寿，使人疑于善恶之无报。是以防范愈严，欺诈愈甚。一法立，百弊生，空有愿治之心，恨无必治之术。于是假释氏之说以辅之，其言善恶之报在于身后，则外行中情，颜回盗跖，似乎皆得其报。谓宜使人为善去恶，不旋踵矣。奈何佛教东来千八百年，而世道人心未能改易，则其言似是而非也。说禅宗者衍老庄之旨，幽邈而无当；行瑜伽者杂符录之法，乖谬而无理。且欲抗佛而加于上主之上，则既与古帝王圣贤之旨悖矣，使人何所适从、何所依据乎？必欲使人尽为善，则诸陪臣所传事天之学，真可以补益王化，左右儒术，救正佛法者也。①

徐氏“补益王化，左右儒术，救正佛法 ”之论是对天主教的总体定位和理解。很明显，他是把天主教纳入中国文化和现实的框架中去对待，明末清初的儒家天主教徒张星曜也曾说道：

予友诸子际南先生，示予以天主教之书。予读未竟，胸中之疑尽释。方知天壤间是有真理，儒教已备而犹有未尽晰者，非得天主教以益之不可。②

张星曜的“儒教已备而犹有未尽晰者，非得天主教以益之不可”之论也很明显地体现出“补儒”的理论设计，尽管他们不一定只是把天主教当作“工具”对待，也不该怀疑他们信仰的真诚，但是委实天主教承担着“补儒教”“尽晰真理”的功能。儒家天主教徒能对天主教如此亲近，是他们习惯性“中国化”天主教教义的结果。

---

① （明）徐光启：《辩学章疏》，收于（明）徐光启著，朱维铮、李天纲主编：《徐光启全集》（第三册），上海：上海古籍出版社 2011 年版。

② （清）张星曜：《天儒同异考 · 弁言》，收于徐宗泽：《明清间耶稣会士译著提要》，上海：上海书店出版社 2006 年版，第 98 页。

（一）天学的伦理化

天学的伦理化和道德化是同时进行的，前者更强调精神的内在价值和形而上意义，后者更强调外在的行为践履。对待外来文化的“伦理化”，实在是中国文化尤其是儒学的伦理本位和伦理至上性所决定的，几乎形成一种文化惯性。且不论之前的佛教，即使是在明清之前的景教时期，也是从最早的以“佛老释耶”过渡到“以儒释耶”。这样，明末清初以儒理来附会天主教，执着于伦常日用、世俗纲纪的修身之德，成为伦理化天主教的第一步。明末清初时期，天主教入华时，儒释道三家已经在皇权政治的涵摄下形成“三教论衡、同归于善”的传统和现实。这里所谓的“善”，即“阴助教化”的意思。天主教要想在中国文化语境和社会现实下进一步发展，“同归于善”是最方便的路径，这条路径既是必要的，也是必然的。

从天主教在明末清初的发展历程来看，天学的伦理化和道德化是并育相行的。天学的伦理化在于以儒学的道德形而上学来融通耶儒，重新构建儒学的道德形而上学基础，这在明末清初“天主教化儒学”的天观等方面的重构中都可以看到。再者就是落实到设身处世的“修身”上，也就是道德诉求。明末清初天学的伦理化有两个后果：其一是弱化天主教的宗教本性及其救赎意义，使得天主的形象和中国“圣人”人道设教的人文主义有些混淆不清。这使得那种认为中国人从来没有接触到真正意义上的天主教，以至于明末清初的耶儒对话只是一种“基于误读的契合”之论在很大意义上是有道理的。其二就是伦理化天学的路向使得天主教在明末清初的中国的命运显得悖谬，一方面似乎只有天学的“伦理化”才能使得天主教在中华伦理语境中得以成功开展；另一方面，伦理化的天主教在义理上似乎并不一定高于以伦理为本位的儒学，从而会大大弱化天主教在中国的存在价值。或许，十六七世纪天主教在中国命运的曲折迂回，在一定程度上和天学的伦理学有关，就像和天学的圣学化和实学化有关一样。①

中国人对待宗教，以劝善教化为第一要务，佛教和道教就是如此。宗教是道德的基础，这一观念和天主教完全相同。② 徐光启除了看到天学的实学意义外，还真诚地把天主教看作一种并不亚于儒学的道德和政治教化理论。南京教案爆发后，徐氏写了一篇护教文章，集中表明他对于天主教的伦理化理解：

> ……其说以昭示上帝为宗本，以保救生灵为切要，以忠孝慈爱为功夫，以迁善改过为入门，以忏悔涤除为进修，以升天真福为作善之荣赏，以地狱永殃为作恶之苦报。……臣尝论古来帝王之赏罚，圣贤之是非，皆范人于善，禁人于恶，至详极备。然赏罚是非，能及人之外行，不能及人之中情。又如司马迁所云：颜回之夭，盗跖之寿，使人疑于善恶之无报。是以防范愈严，欺诈愈甚。一法立，百弊生，空有愿治之心，恨无必治之术。③

徐氏在上文虽然谈到宗教上帝，但是他显然把上帝理解为以超越性的神行来进行扬善惩恶的总报应。李之藻也有类似说法，即把天主理解为事亲孝慈的伦理原理和根源："事天事亲同一事，而天其事之大原也。"在李之藻看来，天堂地狱之说也只是"训善防恶、遏欲全仁"且事关"忠孝大旨"的伦理道德之理论基础。在明末清初的社会宗教化和乡约自治运动中，儒家天主教徒山西人韩霖写作

---

① 明末清初天学的伦理化围绕着儒学对于天主教的"格义""判教"及论争，参见谢选骏：《基督教与中国文化》，收于杨慧林等主编：《圣经新语》，北京：中国卓越出版公司1989年版，第34－45页。

② 西方文化在解释道德和宗教的关系时有两种说法：其一是道德是宗教的基础，其二是宗教是道德的基础。前者是康德哲学或者说近代以来的立场，后者则是天主教传统立场。参见张会永：《康德哲学中的道德与宗教之辩》，《社会科学辑刊》2011年第3期，第11－15页。

③ （明）徐光启：《辩学章疏》，收于（明）徐光启著，朱维铮、李天纲主编：《徐光启全集》（第三册），上海：上海古籍出版社2011年版。

了《铎书》一书，就是不留痕迹地把天主教伦理和儒家伦理以及主要是佛道思想的善书伦理熔冶于一炉，其中处处所见“大父母”（韩霖书中并未出现“天主”一词，他用中国人习惯的“天”“大父母”代之）敦敦劝善的形象，他以乡约形式构建的《铎书》就以朱元璋的“圣谕”之“孝顺父母、尊敬长上、和睦乡里、教训子孙、各安生理、毋作非为”为纲来糅合框定天主教，是一部完全天主教伦理化的著作。

（二）天学的圣学化

圣学一般是指孔子之学。《传习录》卷上有言：“后儒不明圣学，不知就自己心地良知良能上体认扩充。”本书所指圣学，取“国学”之意，意即中国传统的“学”与“教”。

中国缺乏严格的学科观念，学科的区分是以学科的差异为前提的。很显然，中国的“学”与“教”是一种很笼统的知识与实践并有的概念。当西学传至华土时，如何系统性地表述西学的范围和构成就很成问题。在明末清初中西文化交流中，儒家天主教徒用“天学”来指称传教士所带来的宗教、科学、技术、哲学等。这也说明中国本土儒家天主教徒未曾把来华的天主教传教士带来的东西作为信仰层面的宗教，所谓的“泰西之学”实际上是指西方文化这一整体。法国汉学家谢和耐指责说，中国人接受的是一个“大杂烩”①，这实际上是不了解中国人的文化结构：那种以圣学或者儒教之名囊括一切的未经严格区分而有机联系在一起的文化体系。西方文化体系中那种宗教、哲学、科学、技术、伦理等不同层面的严格区分在明末清初的中国是没有的，尤其是宗教和哲学，汉语中甚至找不到对应的概念。在对天学进行划分时，儒家天主教徒也采取中国传统的圣学中的分类法。比如，李之藻就用中国传统的“理—器”结构，他编撰的《天学初函》就全面收集了当时传教士带来的书籍，

① ［法］谢和耐著，耿昇译：《中国与基督教——中西文化的首次撞击》（增补本），上海：上海古籍出版社 2003 年版，第 64 – 76 页。

“胪作理器两编，编各十种”①，名为“初函”，也就是说还有“二函”“三函”等。李之藻《天学初函》的理编包括艾儒略的《西学凡》，利玛窦的《畸人十篇》《天主实义》《交友论》，庞迪我的《七克》，毕方济的《灵言蠡勺》等；器编则包括西方科技类书籍。徐光启在对“天学”进行分类时，也采取了圣学分类法。他在《〈几何原本〉序》中谈到利玛窦的学问时说：

先生之学，略有三种，大者修身事天，小者格物穷理，物理之一端别为象数。②

徐光启认为天学包括修身、事天的道德、宗教，格物穷理则有哲学和科学，以及作为物理绪余的象数。可见，无论是李之藻还是徐光启都是用中国传统的“学”“教”来囊括西学，这样就把西学纳入中国文化结构中，无须去创造新的概念和名词，也正好证明了中外学问的完全一致性，也可以有效反驳反教人士“玷污圣学”的指责，实为明智之举。

（三）天学的实学化

明末清初理学僵硬，心学空疏，实学思潮大兴，希冀提振士风，救颓治废。“实学”一词，有两方面含义：一是指道德领域具有真实不伪、切实可行的学说和践履；③ 二是指关乎国计民生的实用末计之学。明末清初儒家天主教徒都怀有济世心态，他们认信天主教信仰，一方面是解决个体内心的精神危机，另一方面则是为国家再造出路。在批判和反省儒学困境的基础上，他们以天学为“实

① （明）李之藻辑：《天学初函》（第一册），台北：台湾学生书局 1964 年版。

② （明）徐光启《〈几何原本〉序》，收于（明）徐光启著，朱维铮、李天纲主编：《徐光启全集》（第四册），上海：上海古籍出版社 2011 年版。

③ 明末清初力挽时局的东林、复社、几社诸等所执“实学”尽是此意，大致类于朱熹《四书集注·中庸章句》中引程颐之语，以为《中庸》为“孔门传授心法”，谓“放之则弥六合，卷之则退藏于密，其味无穷，皆实学也”。（宋）朱熹：《四书章句集注》，北京：中华书局 1983 年版，第 17 页。

学”，希望借助天学补偏去弊。由于各自的信仰进路和学术兴趣不同，他们在“实学化”天学时各有侧重。徐光启、李之藻等比较惯于从科学、技术角度追寻天学的实学功能，杨廷筠、朱宗元、张星曜等人则主要从伦理角度解读，王徵、韩霖等人则科学、技术、伦理兼具。中国文化缺乏基础性学科基础，比如中国的科学技术可能在人类相当长的时间内是领先的，但是科学理论始终没能建构起来。明末清初西方数学、几何学传入中国，中国人的实用理性决定了对此不能太重视，徐光启则力主“盖不用为用，众用所基……况弟辈所为历算之学，渐次推广，更有百千万有用之学出焉。度数之用，无所不通”①。徐光启敏锐地意识到中华文化太过泛滥的概括综合的特点，力主将西学中定量、实证的分析方法引入以补充中国文化。对于他翻译的《几何原本》，他极力推崇其中的分析方法：“能精此书者，无一事不可精；好学此书者，无一事不可学。”② 徐光启认为，几何学的基础地位和分析理性的精神可以有力地矫正明末清初空疏的学风，“徐光启倡导的科学实学——或者说，当他将天学实学化时——他实际上引入了一种启蒙精神。当他坚持几何精神和方法在功用上的无限性，并将这种精神应用于对传统文化思想、学术的批判或‘分擘解析’，应用于一切实用科学时，他的理论工作确实具有文化思想和科学方法上的启蒙意义，此即高扬人类的分析理性（一种不同于中国实践理性的科学理性）”③。而李之藻对于西方数学的理解也与徐光启异曲同工：

数于艺犹土于五行，无处不寓。耳目所接，已然之迹，非数莫纪。闻见所不及，六合而外，千万世而前而

---

① （明）徐光启：《刻〈几何原本〉序》，收于（明）徐光启著，朱维铮、李天纲主编：《徐光启全集》（第四册），上海：上海古籍出版社 2011 年版。

② （明）徐光启：《刻〈几何原本〉序》，收于（明）徐光启著，朱维铮、李天纲主编：《徐光启全集》（第四册），上海：上海古籍出版社 2011 年版。

③ 孙尚扬、［比］钟鸣旦：《1840 年前的中国基督教》，北京：学苑出版社 2004 年版，第 212 页。

后，必然之验，非数莫推。已然必然，乘除损益，谲诡莫掩，颛业莫可诳也。①

李之藻和徐光启将知识的确定性和可验证性引入明末清初中国文化思想和知识分子的思维习惯中，这和传教士把科学引入中华以吸引士大夫关注基督教的初衷不同，但是他们的做法和几乎同时代的斯宾诺莎、莱布尼茨等将数理方法引入对于真理的验证有点相似，这种启蒙精神委实在中国文化思想史上具有重大意义。他们将天学实学化，也为中国文化开创了新的天地。稍后的王徵则在技术层面将中国视“技艺”为末流的思想传统进行了极大修正，他也被尊为中国科技史上最重要的思想家之一。

“教会三柱石”之一的杨廷筠对于天学的兴趣不在科学和技术上，而在伦理、道德和宗教上，他从这三个方面来理解天学，具有明显的实学化做法：

西贤之行皆实行也，其学皆实学也。……以敬天地之主为宗，即小心昭事之旨也；以爱人如己为事，即成己成物之功也；以十诫为约束，即敬主爱人之条件也；以省愆悔罪为善生善死，即改过迁善降祥降殃之明训也。近之，愚不肖可以与能；极之，贤智圣人有所不能尽。时有课，日有稽，月有省，岁有简察，循序渐积，皆有实功。一步蹉跌，即为玷缺，如是乃为实学耳。②

杨廷筠对于天学的实学化更多的是看到天主教这种信仰在生活方式上对明末清初空谈不省的做派的反拨，尤其对明末清初禅化儒学的现象是一种有力矫正。儒家天主教徒实学化天学，比较符合中国人实用理性的思维方式，能够引起儒家知识分子的共鸣，减少认

---

① （明）李之藻：《〈同文算指〉序》，明刻本。

② （明）杨廷筠：《代疑续篇》，收于（明）徐光启、李之藻、杨廷筠著，李天纲编注：《明末天主教三柱石文笺注》，香港：道风书社2007年版。

信天主信仰所带来的社会阻力，消解由于天学的异质性所带来的心理张力。不过，较之于天学的圣学化，天学的实学化文化策略的色彩要淡一些。

三、明末清初儒家天主教徒眼里的耶儒之异

儒家天主教徒认为，儒学与天学，根本是无异的，所以传教士被认定为“西儒”，如利玛窦所言：“吾国所言之上帝，乃华土之天也，特异名也。”① 前述徐光启等人也谈到古儒与天学的一致性，杨廷筠在《代疑续篇》中说，西方天学要把中国上古所湮没的真理给重新激发出来。但是根本的无异，并不意味着完全的相同。对于耶儒之异以及天主教对中国文化和社会功能的理解，随着传教进程的深入以及传教环境的不同，也呈现出逐步深化的趋势。

早期儒家天主教徒更多的是从“补儒”的角度去理解儒学和天主教的关系。前述儒家天主教徒对天主教的圣学化、实学化、伦理化，实际上就是从“补儒”的角度去处理儒学和天主教的关系，主要是看到耶儒相同的方面。徐光启就认为天学超性的道理可以回答中国思想史上所谓的颜回之夭、盗跖之寿所导致的德福不一致的问题。李之藻也说天主教“由有形入无形，由因性达超性，大抵有惑必开，无微不破”②。但是现实生活中以及历史的教训使得善恶无以报、德福不一致和儒家的教导不尽合拍。明末清初儒家天主教徒都将天主教纳入中国文化结构和系统中来，也就是圣学化理解天主教，或者实学化以纾时艰，或者伦理化把对上帝的信仰理解为具有绝对普遍性和有效性的道德本体的终极来源，来解决德福一致、善恶有报的问题。

如上所述，有科学的信仰进路的儒家天主教徒比较喜欢用实学

---

① ［意］利玛窦：《天主实义》，见［意］利玛窦著，朱维铮主编：《利玛窦中文著译集》，上海：复旦大学出版社 2001 年版。

② ［意］傅泛际译义，（明）李之藻达辞：《名理探》，北京：生活·读书·新知三联书店 1959 年版，第 7 页。

的视角来“以异述同”。不过，李之藻在这方面似乎超出了前辈徐光启对于天主教的认知层次，他能用天主教的“大体”来比拟儒学之大体，不仅仅是“畸于人”之小异，而要“侔于天”之大同，是已经从实用层面上升到义理和宗教哲学层面的耶儒比较。杨廷筠是明末清初对于天主教的义理和信仰层面理解最为深入的儒家天主教徒。他撰写了很多护教著作，来深化天释、天儒之别，如在《代疑篇》和《代疑续篇》中，借中士大儒之口所描述的西人西学之种种差异，如天主创世、耶稣救世、三位一体等超性教义，以及天文地理等物理之异，以及修行、见习、德福等实践之异。在《代疑续篇》中，他附和利玛窦天儒一致的主张，但也明确看到二者在上述三个层面的差异。但是，如果二者“实同”，天主教又何必劳师远来，杨廷筠认为天儒之同实际上只是“语其统宗”，是“原同”，天主教之功在于：

> 西儒之书俱在，其旨趣可绎，是同是异，可析而究焉。伦常日用之理，同矣；天载玄微，古圣引而未发，兹独阐而不遗，未同也。道德性命之旨，同矣；死生之故，鬼神之情状，儒书秘之而不言，二氏言之而不合，兹独明其旨归，未同也。尊天事天之学，同矣；然指形体为天，认理气为天，与其谓天必有主者，未同也。主宰无声无臭、超人耳目思议之上，其说同矣。至大主降生，代赎救世，有言教，有身教，有恩教。恩教后，世风盛于古，与今人不如古人之说，未同也。①

杨廷筠从“崇一”“贵自”“明超”“竣操”“淡原”等二十二端来分析天主教义理对于儒学与天主教“统宗”之同的彰显和发明，已达到李之藻所谓“藉异己之物来激发本来之真性”的目的。

① （明）杨廷筠：《代疑续篇》，收于（明）徐光启、李之藻、杨廷筠著，李天纲编注：《明末天主教三柱石文笺注》，香港：道风书社2007年版。

随着传教进程的深入开展，中国本土儒家知识分子对于天主教来华意图以及天主教的本质均有了更真实的了解，对于以前把天主教定位为儒学的补充，认为不足以体现其价值和本质。横跨明末清初的刘凝则对方以智所谓“泰西但知质测，而不言通几”的看法很不以为然，认为只有天主教及其文化方能“言通”“言几”，因为只有通“天德”方能“通几”。同时期另一儒家天主教徒张星曜作《天儒同异考》，较为全面地比较了天儒之别以及二者得失，在早期儒家天主教徒所谓的“合儒”“补儒”思路的基础上，他大胆提出“超儒”的口号，天主教作为“天教”“神法”在很多地方表现出高于儒学的“人教” “人法”。他们认为，儒教充其量只是一种“性教”，性教的层次要低于书教，而书教和耶稣亲临世间而实行的“恩教”相比，也是低一个层次的。后来的儒家天主教徒都普遍接受了这一教化类型的等级判断，故而张星曜才能在《天儒同异考》中“谤毁圣人”而提出“超儒”的主张。总之，时间越往后，儒家天主教徒就越回归天主教本质的生死安顿的“信仰”层面，也越来越真正体认天主教的独特性，越来越从“天”“儒”之“同”，看到“天”“儒”之“异”。

在此种逻辑下，古老的“夷夏之防”也有崩塌的可能。比如晚期入教横跨明清的朱宗元就认为华土许多方面不如西方，也认为以“夷夏之防”的古老观念来对待外来文化是不对的，他在《答客问》中说：“以如是之人心风俗而鄙之为夷，吾唯恐其不夷也已。”① 在《拯世略说》中，他大赞西学，反对以地理作为夷夏的标准：

> 大西欧逻巴者，文章学问，规模制作，原不异吾土也。辇赞畿甸，地之华也；千万里外，地之夷也；克认真主，修身慎行，心之华也；迷失原本，恣行不义，心之夷

① （明）朱宗元：《答客问》，收于［韩］郑安德编，楼宇烈顾问：《明末清初耶稣会思想文献汇编》（第三卷第五十七册），北京：北京大学宗教研究所2004年版。

也。不以心辨，而以地辨，恐所谓好辩者，不在是也。①

他甚至认为中国之风俗、器物、学问均不及西土：

况大西诸国，原不同于诸蛮貊之固陋，而更有中邦所不如者。道不拾遗、夜不闭户、尊贤贵德、上下相安，我中土之风俗不如也……大小七十余邦，互相婚姻千六百年，不易一姓，我中土之治安不如也；……我中土之富饶不如也。②

这里当然是对西方不知底里的美好想象，但也说明儒家天主教徒对于“夷夏之防”的突破。更有甚者，入教儒士受教于天主教创世之说，提出中西人种同源论：

方开辟时，初人子孙聚处如德亚，此外东西南北并无人居。当是时，事一主，奉一教，纷歧邪说，无自而生。其后生齿日繁，散走遐逖，而大东大西有人之始，其时略同。考之史册，推以万年，在中国为伏羲氏，即非伏羲，亦必先伏羲不远，为中国有人之始矣。③

非但“夷夏之防”被打破，在明末清初儒家天主教徒看来，中国人的起源也来自曾经的夷地，可见天主教对于奉教士大夫的影响已经是深层次的。

在伦理和伦理根源上，明末清初儒家天主教徒除了已经意识到

① （明）朱宗元：《拯世略说》，收于［韩］郑安德编，楼宇烈顾问：《明末清初耶稣会思想文献汇编》（第五卷第五十七册），北京：北京大学宗教研究所2004年版。

② （明）朱宗元：《答客问》，收于［韩］郑安德编，楼宇烈顾问：《明末清初耶稣会思想文献汇编》（第三卷第五十七册），北京：北京大学宗教研究所2004年版，第42页。

③ （明）李祖白：《天学传概》，收于［韩］郑安德编，楼宇烈顾问：《明末清初耶稣会思想文献汇编》（第三卷第五十七册），北京：北京大学宗教研究所2004年版，第201页。

天学和儒学的最大不同就在于“神法”和“人法”的区别之外，对天主教纯粹信仰层面的理解也有一定的深度，也相对整全，深入天主教信仰的基本方面。①

① 法国汉学家谢和耐就认为，明末清初儒家天主教徒和耶稣会士是一种“基于误读的契合”，而他们接受的天主教是一种“大杂烩”，他断定：“在中国，拯救灵魂的事业极受轻视。”见氏著《中国文化与基督教的冲撞》，沈阳：辽宁人民出版社 1989 年版，第 75 页。这一观点等于不承认天主教在最核心的信仰层面在明末清初中国的失败。仔细阅读明末清初儒家天主教徒的著作会发现，谢和耐的这一论断对于传教早期或许正确，但是对于明末清初传教晚期，则值得商榷。事实上，明末清初晚期儒家天主教徒对于天主教信仰的理解和接受已经深入纯粹的信仰层面，时间愈往后，这一特征愈发明显，主要体现在五个方面：其一，以个体的灵魂救赎为终极目标；其二，以信仰和人生意义为终极来源；其三，以天主教为普世真理；其四，圣爱主题的凸显；其五，对于天主教宗教仪礼的执行以及天主教生活方式的实践。不过，要说中国儒家天主教徒的信仰整全度达到他们的传教士老师的水平，也是不真实的，在基督论等神学方面，在对于宗教禁戒的坚守方面，仍有很大的不足。参见孙尚扬、［比］钟鸣旦：《1840 年前的中国基督教》，北京：学苑出版社 2004 年版，第 221－251 页。另见［比］钟鸣旦著，张佳译：《礼仪的交织：明末清初中欧文化交流中的丧葬礼》，上海：上海古籍出版社 2009 年版，第 62－75 页。

第四章　明末清初“天主教化儒学”的前提分析

明末清初耶稣会士所带来的天学，按照徐光启的理解，包括理、器两部分，再有就是天教。我们可以说，天主教教义构成儒家天主教徒的信仰实践的理解对象，以及在这个基础上的汉语神学建构①，而天主教伦理部分则构成“天主教化儒学”的理解对象。儒家天主教徒“天主教化儒学”通过三个方面的工作来完成：其一，对一些基本概念和命题的重新解释；其二，为儒学补充天主教教理所带来的新论域；其三，对儒学定性和功能的再认识。

第一节　“天主教化儒学”概念分析

儒学作为一种学术和思想形态在先秦时代已经形成，孔子在儒学创立和发展史上地位攸关。孔子“删诗书、定礼乐、修春秋”，把“儒者”提升为“儒家”层次，也就是《论语》中孔子号召的“汝为君子儒，无为小人儒”。孔子死后，儒分为八，其中思孟一系影响最大。孟子继承了孔子思想中的浪漫主义和道德至上主义，成为儒学主流，孔孟并重，道德儒学为其主要表征。汉代古文经、今文经并峙，因应时代需求，掺和阴阳五行，政治儒学为其主要表征。东汉时期儒学宗教化，谶纬严重，遂有儒学、儒教不同思想层

① 汉语神学是基于基督信仰经验的汉语书写和表达，区别于西方神学的汉语化。参见刘小枫：《现代语境中的汉语基督神学》，收于李秋零、杨熙楠主编：《现代性、传统变迁与汉语神学》（上编），上海：华东师范大学出版社2010年版，第3－29页。

次的分野。魏晋时期儒道互补，玄学横出，补充了儒学中较为欠缺的本体论深度，同时也对汉以前儒学比较看重的纲常伦理有很大的冲击，思辨儒学为其主要表征。随着佛学在中国大盛，隋唐儒学较为沉潜，三教并流，各有其芒。北宋新儒学崛起，受佛道刺激，形上性为其主要表征，儒学作为一种比较完备的学术和思想形态得以形成。如从经学解释学的角度看，每一个时代的儒学表征自有其内在理路的逻辑和外在理路的历史要求，至明末清初，理学僵化，心学空疏，如前所述，儒家天主教出心学排佛入耶，走耶儒互释、耶儒互补之路，建构新型儒学形态成为可能。

“天主教化儒学”的出现，其思想环境有三个方面：一是明末清初儒学的宗教化，二是明末清初儒学的古学倾向以及儒学重建要求，三是天主教来华所致的耶儒融合以再造儒学为目标的思想发展趋势。在以上的章节中，此三个方面的思想背景已有详细论述，于此不赘。

本书所谓的“天主教化儒学”仅限于明末清初儒家天主教徒的文本实践。明末清初的儒学环境，处于正统理学、王门后学的相互抵牾之间。为儒学重开言路，进而为中国文化再现灵光是明末清初儒家知识分子的职志。儒家天主教徒秉执耶儒融合路线，认定“天儒原同”，借天主教教义、教理来激发和重现宋明以来被遮蔽的古儒真义，进而实现“天主教化儒学”体系的建构。从思想史的角度看，这不失为明末清初儒学再造的一种饶有趣味的思想尝试。

如此说来，“天主教化儒学”既不同于当时作为正统的理学，也不同于作为主流的心学，应该是明末清初儒学发展再造的第三条道路。把儒家化的传教士排除出本书所谓的儒家天主教徒，就是为了能从中国本土的视角，理智地看出中国儒家天主教徒接受天主教，进而用天主教教义和教理来改造、补充甚至超越儒学，是一种中国儒家知识分子的理论自觉行为。因此，我们可以把儒家化的传教士这种意义上的儒家天主教徒，以及他们融合耶儒后的天主教教义和教理的变种称为“儒学化天主教”；相应地，把中国本土入教士大夫融合耶儒所形成的儒学变种称为“天主教化儒学”。很显然，前者仍是以天主教为思想本位的，这种思想属性是不会改变的，是以儒家思想来解释天主教教义和教理以求思想统一，而后者显然是以儒学为思想本位的。儒家天主教徒从“补儒”出发，即便后来随着传教进程的深入，对天主教的义理和实践有了非常深刻和整体的认识，甚至提出“超儒”的主张，但是他们的儒家本色是不变的，否则他们就不会一开始就宣称天儒本来的一致性了，本来就是一致的，又何来非要完全褪去儒家外衣？可见，儒家天主教徒的“天主教化儒学”对应着儒家化的天主教传教士的“儒学化天主教”，他们心照不宣，各取所需，在明末清初中国思想史波诡云谲的运动中，上演了一出思想的话剧。“天主教化儒学”本质上是中国本位的天主教儒学思想，[①] 它和“儒学化天主教”有着本质上的区别：前者以儒学为本，以儒学为基本思想属性，最后仍以儒学为归宿，只是从天主教教义和教理的角度诠释儒学；而后者以天主教为本，以天主教为基本思想属性，最后仍以天主教为归宿，用儒家思想诠释天主教教义和教理。二者的共同特点是中西会通，耶儒互释。

因此我们可以把“天主教化儒学”看作是一种宗教化的儒学形态，儒学的宗教化是明末清初儒学的一个重要特征。这种宗教化的儒学形态并不是陌生的，所谓的宋明“新儒学”[②] 就是借助于佛教的来世超越的观念为身心寻求永恒的安顿。尽管儒学在佛教化过程中从来没有丢弃其本质性的“内在超越”的思路。[③]

相较于北宋以来的佛教化儒学的内在超越之路，以及北宋以来儒家知识分子对待佛家欲拒还迎的矛盾心态，明末清初儒家天主教

---

① 赵晖：《耶儒柱石——李之藻、杨廷筠传》，杭州：浙江人民出版社 2007 年版，第 300 页。

② 新儒学的提法是汉学界所肇始，以区别于先秦儒学，其“新”也在于理论架构、组织形态等方面不同于先秦儒学。参见 David Mungello. *Curious Land*：*Jesuit Accommodation and the Origins of Sinology*，Hawaii：University of Hawaii Press，1985：pp. 59 – 60.

③ 内在超越和外在超越之说是台湾现代新儒家在理解中国儒学宗教性的独特性时的一种提法，他们把儒学的宗教性理解为“内在超越”，而把西方意义上的基督宗教称为“外在超越”。参见刘述先：《论宗教的超越与内在》，收于氏著《儒家思想开拓的尝试》，北京：中国社会科学出版社 2001 年版，第 41 – 49 页。

徒在“宗教化儒学”的思路上走得更远，更彻底。他们在“补翼王化、救正佛法”的理念下，认为佛教在中华已经失去宗教和道德劝善价值，而被佛教化的北宋以来的新儒学也就是宋明道学也不再能代表中国学统。儒家天主教徒走的是“外在超越”之路，他们用天主教来置换佛教，在社会生活、个体信仰以及思想建构等诸方面全面引入天主教，他们以天主教教义和教理来重新诠释中国古代经典，以天主教教义和教理重新诠释儒家思想中的基本概念，比如“天”“仁爱”等，以及基本的儒学命题与原理，以耶释儒，以耶补儒，甚至因耶超儒，复活上古的天道信仰，将儒学改造成一种“有神论”的思想体系。

中国上古的“天道”信仰主要表现在六经中，尤其是《尚书》和《诗经》中，是一种原始的宗教信仰体系，这种信仰体系的核心，从“帝”到殷商的“天帝”再到西周的“天”。儒学继承了中国上古的天道信仰，但是将人格神意义上的“天”改造为义理、道德和自然之天。在孔子《论语》中，“天”就具有如此之多的含混的意义，不过人格神形象的消退使得中国文化在先秦时代有了一个很大的转折，即从宗教主义转向一种宗教和人文主义的混合体，《论语》中的“天”的形象就是如此。后来的利玛窦在创造性地实行文化适应的传教路线时，敏锐地看到了这一点，有意识地、策略性地误读以《论语》为代表的古儒经典，以达到耶儒原同的文化印象。①

---

① 利玛窦曾谈及自己创作《天主实义》的目的和方法：“我们认为在本书中，最好不要抨击他们所说的东西，而是把它说成和上帝的概念相一致，这样我们能在解释原作时就不必完全按照中国人的概念，而是使原作顺从我们的概念。同时，为了不冒犯统治中国的士大夫，我们宁可对各种解释提出不同的看法，而不针对原理（太极）本身。如果最后，他们终于理解太极是基本的、智力的和无限的、物质的原理，那么我们将同意说这正是上帝。”他还明白地提出“把孔夫子这位儒教奠基人留下来的某些语焉不详的字句，通过阐释为我所用”。参见［意］利玛窦：《天主实义》，收于朱维铮主编：《利玛窦中文著译集》，上海：复旦大学出版社 2001 年版。

第二节　译名之争：“天主教化儒学”建构中的语言问题

所谓的“天主教化儒学”，按前述，就是受到天主教教义和教理所影响而发生思想变异的儒学形态。两种文化相遇或者说相互影响，必然涉及对对方的理解问题，理解的前提是翻译，徐光启亦言“会通之前，必须翻译”。翻译不仅仅是一种字面意思的技术性传达，还包括意义的互释。在佛教来华后，关于佛经的翻译与理解，便有“格义”之说。在明末清初耶儒对话的过程中，发生了一场旷日持久的“译名之争”，其中最主要的就是对于天主教中的至上神的翻译。西方传教士来华，他们新创造出“天主”一词作为造物主“Deus”的译名，在文化适应政策下，将中国典籍中的“天”与“上帝”均唤作“天主”，以此表明天主教和儒家的一致性。耶稣会士这种儒学化天主教的传教策略反过来也影响到儒家天主教徒“天主教化儒学”的构建。但是传教士的这种做法却引起巨大的纷争。“Deus”一词是拉丁语，可以说是希伯来传统中的 Elohim 和希腊传统中的 Theodore 在天主教中的综合。由于中世纪以来天主教在很大程度上是古希伯来传统宗教文化和古希腊传统智识文化的综合，所以说“Deus”一词不仅包含希伯来文化还包含希腊文化蕴意。在《圣经·旧约》中，“Deus”是万物起源的创世之神，是独一无二的万能者，是主宰一切的永恒精神和世界的统治者，是一种感性的人格神的形象。另外，“Deus”又是希腊意义上的理性神，是超时空的超越性的精神实体。

历史上最早将“Deus”翻译为“天主”的是罗明坚的《天主实录》一书，其后利玛窦的《天主实义》影响更大，其中有言：

> 吾国天主，即华言上帝，与道家所塑玄帝玉皇之像不同。彼不过一人，修居于武当山，俱亦人类耳，人恶得为天帝皇耶？吾天主，乃古经书所称上帝也。《中庸》引孔子

> 曰："郊社之礼，（所）以事上帝也。"……《礼》云："五者备当，上帝其飨。"……《汤誓》曰："夏氏有罪，予畏上帝，不敢不正。"……历观古书，而知上帝与天主，特异以名也。①

早期入华的传教士，多接受利玛窦的译法，认为西方所称的"天主"即中国典籍中的天或者昊天上帝，不同于道教的玉皇大帝，也不同于自然之天。他们认为用"天主"译"Deus"是最合适的。

不过在利玛窦死后，他的继任者龙华民反对利玛窦的文化适应传教策略，也对利玛窦等人开创的文化适应式的天主教汉译法表示反对。其理由在于，文化适应政策太迁就中国文化和中国人的习惯，可能背离天主信仰的真谛。龙华民在《论中国宗教的几个问题》以及《讨论"上帝"之争的简短回应》二文中对此有详细说明。他反对用中国典籍中的"天""上帝"的称谓来对等"Deus"，主张音译"Deus"。龙华民的做法引发了在华传教士关于传教策略的巨大争议，在罗马教廷层面也多次干预，最后耶稣会利玛窦一派暂时占了上风，但是到了清初，这个问题重新被提及，引发了更为激烈的争论，而且上升为对中国文化性质的大讨论，从而为清初的"中国礼仪之争"埋下伏笔。②

明末清初儒家天主教徒似乎不太关心这个问题，这大约和中国文化不太注重对概念的详细分析有关，也可能是中国本土儒家天主教徒们对天主教和拉丁语的理解有限，面对明末清初思想和社会乱局，他们可能觉得这个问题并不是迫在眉睫的事情。下面将考察徐光启、王徵、杨廷筠等人关于"Deus"汉译问题的看法，他们分别同一些传教士有过讨论。

徐光启等人和传教士保持着良好的关系，他们以传教士为师，

---

① ［意］利玛窦：《天主实义》，收于朱维铮主编：《利玛窦中文著译集》，上海：复旦大学出版社2001年版。

② 黄一农：《明末清初"帝天说"所引发的论争》，收于氏著《两头蛇：明末清初的第一代天主教徒》，上海：上海古籍出版社2006年版，第436－461页。

当时中国社会对天主教也相对宽容，“Deus”译为“天主”确实可以引起中国人对天主教的亲近感。不过徐光启明确说他对“天主”一词非常陌生：

> 我中国之知有天主也，自利子玛窦之来宾始也。①

他觉得中国世人可以理解并接受传教士将“Deus”和“天主”等同，只是因为这么做是“有益”的：

> 古今中国人都不知道天主是什么。但既然神父们出于善意称天主为上帝，那么中士就不得反对。而且由于这个称号保留下来了，他（指徐光启）断定我们将归给天主的特性归于“上帝”（即天主教的“Deus”）将是有益的。②

尽管徐光启也知道这种接受只是权宜性的，但是也没有去深究此问题，龙华明在《论中国宗教的几个问题》中曾引用徐光启对这一问题的看法：

> 上帝不可能是我们的天主，古今文人均对天主一无所知。③

从以上分析可知，徐光启对这一问题的权宜态度。

李之藻在为杨廷筠《圣水纪言》一书作序时也以“天主”称呼天主教“Deus”。他认为用“天主”而不用“帝”纯粹因为翻译之故，可见李之藻在这个问题上也是持很随和的态度。李九功也认同

---

① （明）徐光启：《景教堂碑记》，收于（明）徐光启著，朱维铮、李天纲主编：《徐光启全集》（第三册），上海：上海古籍出版社2011年版。

② 孙尚扬：《基督教与明末儒学》，北京：学苑出版社1996年版，第170页。

③ 李文潮：《龙华民及其〈论中国宗教的几个问题〉》，《汉语基督教学术论评》2006年第1期，第160－184页。

“天主”和“Deus”的互释，在其著作《慎思录》中有言：

> 儒书有浑言天、隐言主者，亦如尊君者，不敢指斥大君，而特称朝廷，乃其语法然耳！试思孔云“获罪于天”，又云“仁人事天如事亲”，孟云“存心养性，所以事天”，又云“天未欲平治天下”，则必不以块然苍苍、有形有色之天为天，盖称天而主已寓矣！儒书上帝之称，固明指天主，然恐不善理会，尚疑高高在上、尊而不亲耳！①

以后的张星曜的《天儒同异考》等著作对这个问题的看法大都如出一辙。只有杨廷筠在这个问题上提出了一些不同的意见。并不是说他反对“天主”和“Deus”互释，而是他不同意徐光启等人所谓的“上帝不可能是我们的天主，古今文人均对天主一无所知”的说法。杨廷筠在明末清初奉教士大夫中对中西两种文化的理论问题最具深思也最具独创性，他在这个问题上提倡“西学中源”，在中国文化史上是第一人。其所著《代疑续篇》认为《中庸》“郊社之礼，所以事上帝也”，并且提出《易·系辞》“帝，出乎震”等说法，以此认为中国古书早知上天有一主，“岂西儒倡为之说哉”？他认为：

> 西学以万物本乎天，天惟一主，主惟一尊，此理至正至明，与古经典一一吻合。②

杨廷筠是儒家天主教徒中少有的遭到传教士非议的奉教士大

① （明）李九功：《慎思录》，收于［比］钟鸣旦、［荷］杜鼎克主编：《耶稣会罗马档案馆明清天主教文献》（第九册），台北：利氏学社 2002 年版。

② （明）杨廷筠：《代疑续篇》，收于（明）徐光启、李之藻、杨廷筠著，李天纲编注：《明末天主教三柱石文笺注》，香港：道风书社 2007 年版，第 286 页。

夫，这和杨廷筠的独立、深刻思考有关。① 这从他对“天主”一词的看法上可见一斑。王徵也曾对此问题有疑问，但是在询问过后就接受了传教士的说法。他曾向天主教传教士庞迪我询问为何不直接用汉译“陡斯”（即“Deus”）而用“天主”，庞迪我说：

> 此中难明陡斯之义，不得不借用天地人物之主，而从其大者约言之耳，其实吾西国原无是称。此中不尝曰“帝者，天之主宰”乎？但言天，非不可，但恐人错认此苍苍者之天，而不寻认其所以主宰。是天者，似涉于泛，故于“天”加一“主”字，以明示一尊，更无两大之意。②

王徵又问何不用中国经典中的“上帝”一词，反而又造出“天主”一词以至于“骇人以所听闻”。庞氏回答说，在中国之祭祀场所，上帝称号甚多，其中多为玄天上帝之类，只不过是“率以人神而谬拟之”，以至于可能“亵吾陡斯之尊称”。庞氏其实也觉得“天”“上帝”“天主”都只是一名号：

> 要之，果真知其为生天、生地、生人、生物之主宰而畏之，而爱之，而昭事之。则谓之天也可，天主也可，陡斯也可，上帝也亦可，而奚拘拘于名号之异同哉？③

---

① 杨廷筠曾经被龙华民在其所著《论中国宗教的几个问题》中严厉批评，主要是关于儒家的观念、早期儒家的解释、天主教在华传播方式上的一些分歧。闵明我也指责杨廷筠“折衷主义”，企图建立“天、释、儒、老”的“四教合一”的宗教，后来的谢和耐甚至也认为杨廷筠只不过是一个“表面上的天主教徒”，尽管他也承认杨廷筠是传教成功的范例之一。参见黄一农：《明末清初“帝天说”所引发的论争》，收于氏著《两头蛇：明末清初的第一代天主教徒》，上海：上海古籍出版社 2006 年版，第 447 页。另见［意］柯毅霖著，王志成等译：《晚明基督论》，成都：四川人民出版社 1999 年版，第 338 - 341 页。

② （明）王徵：《畏天爱人极论》，收于宋伯胤编著：《明泾阳王徵先生年谱》（增订本），西安：陕西师范大学出版社 2004 年版。

③ （明）王徵：《畏天爱人极论》，收于宋伯胤编著：《明泾阳王徵先生年谱》（增订本），西安：陕西师范大学出版社 2004 年版。

庞迪我的回答倒也蛮符合中国儒家天主教徒的口味，他们本来就觉得不必“拘拘于名号之异同”。从王徵和庞迪我的对话中我们发现，王徵等中国奉教士大夫在这个问题上完全顺从他们的传教士朋友和老师的意见，在明末清初儒家天主教徒耶儒融合的文献资料中，他们更习惯采用传教士创造的“天主”一词来翻译“Deus”，在中国礼仪之争时期也是如此，这也是儒家天主教徒追随传教士的一个重要表现。

“译名之争”对儒家天主教徒的“天主教化儒学”的建构工作的影响并不大，他们觉得只要明白意思就够了，实在不必“拘拘于名号之异同”，这既是中国文化实用理性的体现，也是中国文化中那种不以文害辞、不以辞害志的意象思维的表现。他们采纳传教士的意见，以“天主”译“Deus”，其中的文化误读是显而易见的。[①] 诸如此类的关于天主教名词的翻译，比如“罪”“灵魂”等，也是采取这种“比附”的方式处理。以现有的语言系统去承载一种新的文化，也就是通常所说的“旧瓶装新酒”。这必然会面临旧瓶的容量问题，即便容量不是问题，也还会有旧瓶和新酒的排异反应。佛教来华时所遇到的问题与天主教是一样的，那种“格义”和反向“格义”的揣摩拉锯的时间长达几个世纪，而明末清初当天主教来华时，奉教士大夫们故伎重演，遗憾的是，留给他们的时间不多，不能像佛教那样可以得到历史的宽容，从而可以从容面对当时的思想和现实。“译名之争”也反映出儒家天主教徒对天主教的概念和思想在一定程度上的误读，但是如果考虑到传教士和儒家天主教徒共同的耶儒融合的理论立场，这种误读是必然的，也是必要的。这是任何文化对话都不能消除的意义与意义之间的理解距离。儒家天主教徒不把“译名”看成十分严重的问题，说明了那种西方传统的严格定义、逻辑分析思维在中国文化传统里是缺乏的。不过，明末清初儒家天主教徒在建构“天主教化儒学”的过程中，一定程度上

① 贾未舟：《龙与 God，文化误读的典例及比较分析——兼议文化交流中核心概念的翻译问题》，《兰州学刊》2008 年第 9 期，第 153 – 157 页。

开始借鉴和运用西方的这种分析思维。

“译名之争”也反映出汉语言在试图理解以拉丁语和希腊语为代表的印欧语系所承载的天主教教义和教理时的不适应，而且这种不适应并不仅仅是功能性的，而且是结构性的。汉学家谢和耐看到了这一点，这是他断定中国士人不可能真正理解天主教的深层次原因。① 但是，谢和耐并没有看到明末清初的耶儒对话的历史性延伸，也没有从解释学的角度来看待“天主教化儒学”的建构问题。在解释学的视域下，语言从来就不是根本的问题，意义才是根本的，理解的偏见甚至是误读，都是合理的。谢和耐所断定的传教士和奉教人士之间以及两种文本之间的“误读的契合”，从解释学角度看，恰恰也是“视域融合”。“天主教化儒学”可以被看作是解释学的典例。

第三节　“天主教化儒学”建构中的解释学问题

一、明末清初儒家天主教徒和天主教文本间发生了“诠释和理解”问题

从现代解释学的角度上说，明末清初儒家天主教徒和天主教文本间发生了“诠释和理解”问题。有一种观点认为，如同传教士对

① ［法］谢和耐著，耿昇译：《中国与基督教——中西文化的首次撞击》（增补本），上海：上海古籍出版社 2003 年版，第 217 页。

待儒学的“策略性”态度[①]，儒家天主教徒对于天主教文本的策略性解读，或者说过于强烈的儒家本位色彩的解读，能够算作一种解释学立场吗？是否具有过度诠释的嫌疑？

从解释学角度讲，任何理解和文本诠释都必须借助于当时一定的、可以被广泛认可和接受的文化背景或者说语义背景来进行，正如保罗·利科尔所言：“没有任何值得一顾的解释形式不是借用一定时期可达到的理解方式。”[②] 这种文化背景或者语义背景实际上构成了理解者或者诠释者的“先见”。任何新的理解都不可避免以此种“先见”为前提，海德格尔谈道；

> 解释向来奠基于先见（Vorsicht）之中，这种先见从某种可解释状态出发对先有中所获得的东西进行“切割”。……解释奠基于一种先把握（Vorgiff）之中。把某某东西作为某某东西加以解释，这在本质上是通过先有、先见、先把握来起作用的。解释从来不是对先行给定的东西的无前提的把握。……任何解释工作之初都必然有这种先入之见，作为随着解释就已经“设定了的”东西是先行给定的，这就是说是在先有、先见和先把握中先行给定的。[③]

这样，诠释者对于新的文本的理解，就很难不是在特定的“先入之见”中进行的，这种先见、先有、先把握因此构成诠释者的

---

① 比如传教士在对待儒学的方法上，合儒、补儒只是阶段性的，最终是“超儒”。也就是说，传教士对待中国经典和儒学有策略性支配的“过度诠释”的嫌疑，这种嫌疑会冲淡传教士对待儒家经典和儒学的解释学色彩。张晓林认为，传教士的方法恰恰是一种解释学范本。见氏著《天主实义与中国学统——文化互动与诠释》，上海：学林出版社 2005 年版，第 89－114 页。

② 洪汉鼎主编：《理解与解释——诠释学经典文选》，北京：东方出版社 2001 年版，第 247 页。

③ ［德］海德格尔著，陈嘉映、王庆节译：《存在与时间》，北京：生活·读书·新知三联书店 1987 年版，第 181 页。

“前结构”（Vorstruktur），这个“前结构”事实上就是诠释者面对新的文本时所承继下来的不可弭除的“历史和文化传统”，伽达默尔称之为“理解的前视界”。伽达默尔进一步认为，诠释不仅仅是对于文本所包含的意义的解读，理解的过程不仅仅是意义再现的过程，而且还是新的意义再造的过程。这样，对于文本的诠释过程就是一种主观的和客观的、历史的和直觉的重构，也就是解释学中所谓的“视域融合”。

如同来华传教士对于中国古典的解读是一种现代解释学意义上的理解活动，[①] 中国本土儒家天主教徒构建“天主教化儒学”的活动也可以看作一种解释学。李炽昌写道：

> 两个文本在这些中国基督徒皈依的生命经验之处相遇。阅读和解释中国典籍及基督教《圣经》这些正典的方式，以及他们如何创造性地互动、相互融洽地整合，都是值得注意的解释学课题。[②]

这种解释学的解释学处境、理解的历史性、解释学的前理解框架，以及诠释中意义的移植、转化、再造，都在明末清初儒家天主教徒对于一种异质文化的文本及其所包含的传统思想的有意识的、具体的、历史的理解中体现出来。同样地，对于自己本有的中国古典所进行的天主教化的诠释也是如此。但是，不同于传教士来华时已经面对现成的中国庞大的古典系统以及他们已经预备的良好汉语水平，儒家天主教徒并不拥有一个现成的西方古典文化系统。事实上，儒家天主教徒能接触到的西文经典要么没有，要么不具备相应的西文语言阅读能力，这使得这种解释学诠释与理解只是把传教士

---

① 张晓林：《天主实义与中国学统——文化互动与诠释》，上海：学林出版社 2005 年版，第 89 页。

② 李炽昌：《跨文本阅读策略：明末清初中国基督徒著作研究》，收于氏主编《文本实践与身份辨识：中国基督徒知识分子的中文著述 1583—1949》，上海：上海古籍出版社 2005 年版，第 20 页。

介绍过来的天主教教义和教理作为理解的对象。但是从广义的解释学角度看，这并不能构成否认其解释学特征的依据，尽管其解释学特征有可能在一定程度上受到削弱。这样，我们看到，明末清初儒家天主教徒的“解释学式阅读”实际上是一种双向的跨文化解释。如果进一步考虑，宋明以来的新儒学系统实际上也是“援佛入儒”的结果，就比如理学可以用“天理”与“太极”解释中国古典中的“天”与“上帝”，那么明末清初儒家天主教徒用天主教的“天主”（尽管这个词也包含浓重的中国传统色彩）来对应性解读，也并非不可。

二、跨文化解释学与“天主教化儒学”

和单一文化内部的解释学不同，跨文化解释学以跨越单一文化界限的理解和解释为目标和结果。显然，无论是普通解释学还是跨文化解释学，都不是纯粹理论上的智性探究，都有自身生存论上的需要。① 但是比较而言，后者的生存论需要要比前者来得强烈，因为跨文化理解的必要性一般要比普通解释学强。跨文化解释学的生存论需要一是来自人类生存的跨文化处境，此为外在推动；另一是来自人在自我理解上的跨文化信念，此为内在驱动，这两点构成跨文化解释学的生存论需要。若无生存论上的驱动，跨文化解释学就会沦为一般的文化和思想的纯粹知识层面的比较研究。以施莱尔马赫、狄尔泰、伽达默尔等人为代表的普通解释学，无论是方法论意义上的还是本体论意义上的，都是在单一性质文本上而言的，都不足以涵盖跨文化理解领域，因此，跨文化解释学成为普通解释学新的发展阶段。

雷蒙·潘尼卡是跨文化解释学理论建构的集大成者。潘尼卡把解释学视为“克服认知主体和认知对象之间距离的‘艺术和科

① 李炽昌：《跨文本阅读策略：明末清初中国基督徒著作研究》，收于氏主编《文本实践与身份辨识：中国基督徒知识分子的中文著述 1583—1949》，上海：上海古籍出版社 2005 年版，第 19 页。

学’”，这种距离在跨文化解释学视域下有两种含义：除了要克服自身过去和现在之间的距离的“历时解释学”，还要克服不同文化之间文化间距的“历地解释学”。在潘尼卡看来，历地解释学就是跨文化解释学，但是，历地解释学和历时解释学并不冲突，时间的鸿沟存在于空间的鸿沟之中，历时解释学就存在于历地解释学之中。不同的文化有不同的语境和文化特质、不同的视域、不同的可理解性基础。也就是说，跨文化解释学所要揭示的不仅仅是文本和语境，还有文本和语境背后的深层结构。文化间的理解就是要超越对于文本和语境的理解，触及文化的深层结构，这种结构在潘尼卡看来，就是文化最本质、最内在的方面。

把文化理解为一种独特的神话，进而认为这种神话就是文化结构，是潘尼卡关于文化的独特理解，他认为：

> 每一种文化在某种意义上，都可以说成是一个集体在时间和空间中的特定阶段无所不包的神话，它是我们所生活、所存在的世界看似有理和可信的东西。①

这种“神话”对于其内部的人而言是一种不可言喻的自明性，但是神话却隐匿不显现自己，这就给不同文化间的理解造成难题，在一个文化的人看来是自明的、天经地义的观念，对另一个文化的人而言却不是这样。比如说“家”的观念在中国文化中的宗法性在西方人看来就是不可思议的。所以文化间的相遇以及理解，一方面是“去神话化”，另一方面是“再神话化”。前者是对对象文化的理解，这种理解本质上是一种解构的过程，涉及文化最深层次、最优先、最内在的结构，后者是基于两种文化的“去神话化”后再对两种文化进行的融合和再造，也就是“再神话化”，即基于两种文化的融合而产生的新的文化样态。潘尼卡认为，这两个过程是通过

① ［西］雷蒙·潘尼卡著，辛怡译：《文化间哲学引论》，《浙江大学学报》（人文社会科学版）2004 年第 6 期，第 47－54 页。

“对话的对话”（dialogical dialogue）来实现的。

“对话的对话”是相对于“辩证的对话”（dialectic dialogue）而言的。“辩证的对话”本质是理性的判定和选择，“人的逻各斯被赋予一个非凡的、独有的权利，就是借助思维在真理和谬误之间做出区分”①。但是，“辩证的对话”被限制在一种文化的逻各斯之内，难以实现跨文化的突破和跨越，而“对话的对话”本质上是“穿越逻各斯”而达至文化的深层的为理性所不能企及的结构和本质，是更为整全的、有机的、属人的对话，“对话的对话”不否弃理性也不依赖理性，强调“相遇的存在的具体境遇”的内在理解优先于理性的判断。相互的“理解”本身，在这里就像海德格尔哲学一样具有本体论的地位，成为理解历史的效果性。在不断的自我和他者的敞开境遇中，建构包含理解者自身在内的自身文化和对象文化间的“我—你”存在而非“我—他”存在，在这个意义上，跨文化理解由此生成。

这种理解的发生在方法论上还有待于“共同语言”的理解中介的形成，“共同语言”是超越封闭的文化结构内部的天然语言：

> 在任何对话中，都有某种东西在对话各方之外，并在某种程度上高于他们，这种东西把他们连在一起。他们必须谈论某种东西，而这种东西有一种内在的结构，是参加者必须尊重和承认的。但这种东西只是一个中介，不仅向各个参加者传达“思想”，也即可客观化的观念，而且按主题传达他们自身的一部分。换言之，这种东西没有变得独立自存、“客观”，而是见诸其特有的对话的意向性。②

潘尼卡所谓的“共同语言”的功能仅在于中介性和意向性，不

① ［西］雷蒙·潘尼卡著，王志成、思竹译：《宗教内对话》，北京：宗教文化出版社2001年版，第56页。

② ［西］雷蒙·潘尼卡著，王志成、思竹译：《宗教内对话》，北京：宗教文化出版社2001年版，第39－40页。

是客观性、独立性存在，也不是一种独立的语言，倒好像是一种语言的前提性和可能性。这种“共同语言”有点类似于我们常说的信仰和信念的区别。“共同语言”的建构过程就是寻找两种文化的语言之间的“形式相似的等价物”（homeomorphic equivalent），潘尼卡认为这个词不等同于从比较的角度的“类似”：

> 不是仅仅指来自一个传统的概念与另一个传统的概念类似，……两个概念起着等价的作用，指它们在各自体系中占据类似的位置。相应或许是存在论上和功能上的一种相似。①

在生存论和功能论意义上，新的理解才能发生，共同语言的“形式相似的等价物”的寻求只是为更深入地理解和再造创造可能，而不是机械地翻译和等同。按照潘尼卡对文化的定义，一种文化就是一种神话，本质上不可通约，所谓的翻译只是技术性的、知识论意义上的。跨文化解释学不是一个封闭的理论体系，而是一个意义不断生成的过程，也是一个对自身的文化“神话”不断深化的体认以及对对象文化的“神话”“同情的理解”的过程，唯此，文化的“去神话化”和“再神话化”才相得益彰。

明末清初儒家天主教徒的“天主教化儒学”活动，体现出一种跨文化解释学的特征。跨文化解释学体现出一种跨文本阅读策略，这使得明末清初儒家天主教徒的“天主教化儒学”其中包含的解释学问题的理解维度是双向的。也就是说，儒家天主教徒是在同时面对西方、中国的文本以及西方、中国的观念而作双向的阐释，目的是通过这种阐释使得二者离异趋同，走向融合。天主教神学作为一方，中国明末清初时期的儒学作为一方，中国本土儒家天主教徒既是儒家学者又是天主教徒的双重身份，使得他们别无选择，只能一方面通过对古

---

① ［西］雷蒙·潘尼卡著，王志成、思竹译：《宗教内对话》，北京：宗教文化出版社 2001 年版，第 88 页。

代儒学经典的重新诠释，一方面实现对于天主教文本和理论的解释学阅读，这就造成了一种新的中国—天主教混合文本，以及一种新的文化模式和思想体系的产生。伽达默尔曾经就此说道：

> 解释学的工作总是这样从一个世界向另一个世界的转化，从神的世界转化到人的世界，从一个陌生的语言世界转化到另一个自己的语言世界。①

伽达默尔告诉我们，解释学的工作一方面是语言转化过程中的意义转化的过程，另一方面是新的意义的再造过程。明末清初儒家天主教徒“天主教化儒学”所得到的新儒家，就可能是儒家思想发展的新的统绪、新的学统。按照清代学者熊赐履在《学统》中依据正统思想而作的分类，明末清初“天主教化儒学”就像荀子、王阳明等人的思想那样有点离经叛道，大约可归为杂统；纪昀主编的《四库全书总目提要》也把明末清初儒家天主教徒的著作归在杂家类。当然这是从正统的角度看。从儒家发展史的角度看，明末清初儒家天主教徒的“天主教化儒学”实可看作是一种重建儒学学统的尝试。

明末清初“天主教化儒学”思想的创建，虽名为一种跨文化解释学的实践，但是在明末清初历史语境中，这种跨文化的解释学阅读却不是在两种不同文化的文本间展开的，由于在明末清初作为天主教基础文本的《圣经》翻译的缺失，儒家天主教徒是在阅读了一些来华传教士的传教、护教论著后，以他们自己所理解的天主教教义、教理和中国经典文本之间进行互释。在这个意义上，明末清初儒家天主教徒“天主教化儒学”中的跨文化解释学，也呈现出一定的不纯粹性。

明末清初中国文化和西方文化的相遇，文化对话主要在儒学和

---

① ［德］伽达默尔著，洪汉鼎译：《真理与方法》（上卷），北京：生活·读书·新知三联书店1999年版，第142页。

天主教伦理学之间展开，这是经学和神学的相遇①，是一场远远要比单向的解释学复杂的跨文化解释学实践。

承认明末清初儒家天主教徒“天主教化儒学”的解释学立场，就同时应该用历史主义的眼光来看待这种跨文化解释学以及这种跨文本阅读策略。天主教在华的传教实践的中止，并不意味着思想史的理解也停止，那种历史客观主义者也是一种典型的倒果为因。思想史上的对话无关成败，② 关键在于是否发生思想间意义的传递和互动，那种断言“天”“儒”之间的“误读”没有价值，实际上是一种历史客观主义的态度。我们应该以一种相对主义的眼光来看待明末清初儒家天主教徒“天主教化儒学”的思想探索。思想史分析的任务并不在于去寻找真假对错，历史客观主义不可取也不可能，思想史的任务在于解释思想和历史的互动共生，以及这种活动给历史发展所带来的影响和有益的启示。今天的我们，已经能够理性地对待那场四百年前的文化交流运动。

思想史领域内的历史主义的态度也是必要的。历史主义强调问题发生的具体处境，反对以今律古，反对任何历史客观主义的企图，承认思想发生的时间性和历史性，把思想史看作一个连续的整体，并且把思想放入历史的具体情境中去考察其思想史意义。考虑到明末清初耶儒对话的时代局限性，其所生成的“天主教化儒学”固然是一种不算完整的思想形态，但是反教人士那种“正道唯一”的苛全求备的心态实际上是基于特定立场的先入之见的独断，并不利于对问题的真实把握，也不是实事求是的科学态度。

---

① 明末清初的儒学本身表现为汉以来的经学发展，经学本身实际上就是一种中国解释学。见李天纲：《跨文化的诠释：经学与神学的相遇》，北京：新星出版社 2007 年版，第 13 页。

② 天主教来华传教绝不仅仅是一个宗教问题，实际上，由于欧洲错综复杂的宗教—政治冲突，天主教海外传教活动还受到欧洲君主国家“保教权”的制约。保教权是欧洲民族国家政治利益和天主教罗马教会宗教利益相妥协的产物。最初的中国教区的保教权由葡萄牙掌握，以后清代逐渐被法国占据。参见郑淑莲：《从清初宗教政策论天主教在华的政教关系（1644—1722）》，台北：必中出版社 1995 年版，第 97 页。另见顾卫民：《中国与罗马教廷关系史略》，北京：东方出版社 2000 年版，第 23 页。

第五章　明末清初“天主教化儒学”的理论建构

第一节　以耶释儒：儒学基本命题

一、宇宙生成论

（一）传统儒学宇宙生成论

中国古代儒学的宇宙生成论被称为“有机的宇宙生成论”①，以《易》中所表现的阴阳彼此消长为主要形式，以五行观“金、木、水、火、土”中的五大元素相互作用为动力过程，建立起一个“天地之大德曰生”的宇宙有机发展的生命图式。②《易·系辞》有言：“易有太极，是生两仪，两仪生四象，四象生八卦。”③《易·序卦》则进一步解释为“有天地，然后有万物，有万物，然后有男女”④。和此说法相近的是《老子》中所谓：“道生一，一生二，二生三，

---

① 冯天瑜：《中华元典精神》，武汉：武汉大学出版社 2006 年版，第 152 页。

② （魏）王弼注：《周易正义·系辞下》，收于（清）阮元校刻：《十三经注疏》（第一册），清嘉庆刊本，北京：中华书局 2003 年版，第 180 页。

③ （魏）王弼注：《周易正义·系辞下》，收于（清）阮元校刻：《十三经注疏》（第一册），清嘉庆刊本，北京：中华书局 2003 年版，第 181 页。

④ （魏）王弼注：《周易正义·系辞下》，收于（清）阮元校刻：《十三经注疏》（第一册），清嘉庆刊本，北京：中华书局 2003 年版，第 184 页。

三生万物。”[①] 简洁生动地表达出中国古代以《易》为中心的宇宙起源、发展理论。后有西汉大儒董仲舒等融合儒家、阴阳五行家等的理论，建立起以“天人感应”为中枢、以五行作为表层结构、以阴阳作为深层结构的阴阳五行统一体。至宋明，理学家继续发扬光大，在建构“道体”的过程中，比较系统地完成了中国古代儒家宇宙论的建构。其主要观点有：①周敦颐之宇宙太极万物化成观；②易数学派代表人物邵雍之宇宙次序发生观；③理学集大成者朱熹理气本体论宇宙之往复生成演化观。两宋以后经元至明，在宋代宇宙生成论较为完备的基础上，以《易》为中心，补充和发展宇宙生成论者代有其人。

中国古代儒学宇宙生成论一般被认为是儒家学说的宇宙论基础，此学说由《易》发端，至两宋大成，基本理论是古典儒家经典《易》、阴阳五行说、理气本体论的融合。

（二）儒家天主教徒的“宇宙生成论”

自两宋以来，儒者建构自己的理论体系时，都先行梳理宇宙生成论，这已经成为一种理论自觉。尽管从现代宇宙观的角度看，中国古代儒学的宇宙生成论委实只是一种自然哲学假设，但是其中也有像陆象山等“四方上下曰宇，往来古今曰宙”的天才洞见。明末清初的儒家天主教徒在中国儒学传统宇宙生成论和天主教天主创世论的影响下，融合二者，在传统儒学宇宙生成论的框架下，以天主教教理来诠释和补充，构建“天主教化儒学”的宇宙生成理论。其中以早期的儒家天主教徒杨廷筠的著作《代疑篇》《代疑续篇》《天释明辨》《圣水纪言》和徐光启的《天主垂像略说》等为代表。

天主教的宇宙发生论是天主七天创世论，在《旧约·创世记》中，天主教的创世理论简明扼要：有意志的天主有目的性地创造万物，最终创造人类，以彰显自己的能力和荣耀；天主和万物是创造与受造的关系。杨廷筠承认宇宙由一个至高的存在所创造，这个至

---

① 冯达甫：《老子译注》，上海：上海古籍出版社 2006 年版，第 101 页。

高的存在就是“天主”，有的时候，他也会以“天”“全能者”言之。但是杨廷筠，包括其他的儒家天主教徒，虽然接受了天主教的创世论，却对人类始祖亚当、夏娃绝口不提，其中原因可能是他们觉得亚当、夏娃和中国自古认定的始祖比如伏羲氏、轩辕氏等相比，后者在情感上更可信。在《代疑篇》中他描述道：

> 洪荒之初，未有天地，焉有万物？其造无为有，非天主之功而谁功？古经云：天主化成天地，以七日而功完。时则物物各授之质，各赋之生理，予之生机，各畀天神，以保守之，引治之，此乃天主洪恩。自此，物物依其本模，转相嗣续，完其生理，畅其生机。①

杨廷筠首先承认天主是创造者，引文中的古经，就是《旧约》中天主创世记。然后他指出天主“其造无为有”，不仅创生还赋性，“各授之质，各赋之生理，予之生机”。天主下有“天神”，其实就是《圣经》中的天使，杨廷筠用中国传统的“天神”的概念来指称。在这里，杨廷筠已经和宋明以来的指认“理气为天”的理论有很大改变。以明末清初的语境看，杨廷筠描述的天主创生理论有点陌生，因为在明末清初大行其道的宝卷只是认为宇宙是“无生老母”所致，其中的“无”，在《道德经》中作为“有”的根源。完全以人格神的有意志的天主创世，也只是存在于漫诞无稽的中国古代神话故事中。所以说，杨廷筠在明末清初重释儒学宇宙生成论时，明显是“以耶释儒”。

不过，杨廷筠的天主教式的宇宙创生理论并不像他的传教士老师那样完全排斥宋明理学，很多时候也大量运用宋明理学的思想，在《代疑续篇》中有非常经典的一段文字：

---

① （明）杨廷筠：《代疑篇》，收于（明）徐光启、李之藻、杨廷筠著，李天纲编注：《明末天主教三柱石文笺注》，香港：道风书社2007年版。

物汇至多，问谁始造。或云一气所为；或云气中有理；或云偶然遇合，不须造作；或云自然生成，不由主宰。皆求之不得其故，滂为之说也。夫气无知觉，理非灵才。若任气所为，不过氤氲磅礴，有时而盈，有时而竭，有时而逆，有时而顺焉。能吹万不齐且有律有信也？即谓之理，理本在物，不能生物，如无声之在八音，变不胜穷，皆属之理，理在钟鼓管弦，不能自生钟鼓管弦，此人所自明也！若偶然之说，尤属谬妄！天地万物，自古及今，无一僭差，是何作用，可以偶然值者当之乎？金偶然过火则流，火偶然过水则灭，终古不生不克。四行之用，一物不可少，若待偶然相值，物类毁灭久矣。①

杨廷筠在此申明两点：其一，理气在宇宙生成演化中并非不起作用，但是“理本在物，不能生物，如无声之在八音，变不胜穷，皆属之理，理在钟鼓管弦，不能自生钟鼓管弦”；其二，宇宙万物合乎规律有条不紊地运作，不是偶然的。“天地万物，自古及今，无一僭差，是何作用，可以偶然值者当之乎？”他的言外之意是有一个主宰在安排这一切。上述两段引文杨廷筠是在论证一个人格化主宰的存在，第一段引文有点类似于天主教哲学里的目的论论证，后一段有点类似于功能论论证。在此，杨廷筠的论证方法很有利玛窦在《天主实义》里层层推进的分析论证的模样。杨廷筠的宇宙生成论里仍然有宋明理学的影子，在上述两段引文的基础上，他进一步分析道：

天地实有主也，天地主实惟一也。今夫行生法象，灿然而盈目前，此皆天地功用。谓自然乎？谓偶然乎？是皆浅儒臆说，不足置辩。乃格物穷理之士，又举而归诸气，

① （明）杨廷筠：《代疑续篇》，收于（明）徐光启、李之藻、杨廷筠著，李天纲编注：《明末天主教三柱石文笺注》，香港：道风书社 2007 年版。

谓气中自有理，是以理气为造物主也。气无知，理亦非有知，安能自认造物之功？况气乃四元行之一，与水、火、土分司其用，非能自为主。气可为主，将水、火、土争出擅主，而主之权将益裂，宁知四行皆造物主之所生也。生生者在先，为其所生者在后。所生者为主，生之者将置何地乎？若曰气可生物，则到处皆气也。何有在此方生物，在彼方不生物？到处皆气也，何此物有得气而生，有虽得气而不生？则物生之不全属气可知矣。且气既无灵，必不能节宜，安得自有条理？凡以理气称物原者，皆求之不得其故，强为之说也。万物之生，本乎天地，天地有一大主。

杨廷筠用西方的四元素说也就是水、火、土、气取代中国的五行之说，这里也可以看出他的天主教背景。他不认为理气是宇宙万物的创生者，和前一段引文一样，他用的是反证法，说明理气只是第二位的，最后他得出“万物之生，本乎天地，天地有一大主”的逻辑结论。不过，较之于二程和朱熹所讲论的“理”，杨廷筠更多讲“气”。气虽然不是本源，不是造物主，但是气涵盖理，气也是在天主和万物之间的创造因素，不同于朱熹所谓理气不可分但是理要重于气的观点，杨廷筠比较重视气，这一点和张载的气论有点接近。他称“物乃自立者，理乃依赖者”①，而对于周敦颐和邵雍等人的太极理论，杨廷筠则一概回避，这一点和利玛窦是一致的。

综上所述，杨廷筠是把《圣经》中的创世理论和宋明理气观相结合，承认天主的创造者地位，而理与气则与万物混作。杨廷筠没说理气与万物的先后，但是他明确说“物乃自立者，理乃依赖者”。在天主创造万物的方法上，杨廷筠只有一次提到过天主“七天创世

① （明）杨廷筠：《圣水纪言》，收于［比］钟鸣旦、［荷］杜鼎克编：《耶稣会罗马档案馆明清天主教文献》，台北：利氏学社2002年版。

说”[①]，他比较能接受的是承认天主造万物，但是在具体方法上，他却是用中国传统的天与地、理与气的概念，更愿意接受中国传统的理解。在前引文中，杨廷筠就提到“洪荒之初，未有天地，焉有万物？其造无为有，非天主之功而谁功”？关于“无”的观念是佛道两家共同的说法，利玛窦是排佛（道）的，这一点杨廷筠在此表明他对传教士带来的天主教教义和教理的有选择性接受，这也能说明杨廷筠在接受天主教后仍保留的儒家思想惯性。仔细分析，杨廷筠在此仍然用中国传统的“天地万物生于有，有生于无”[②] 的理念来对应天主创生。也就是说，杨廷筠并没有完全接受天主教的天主直接创生理论，而是在“天主”和“有”之间安插了一个中国传统的“无”，所以杨廷筠所谓的宇宙生成论就是“天主—无—有”的发生序列，其中可见其耶儒互释的立场和方法。杨廷筠说道：

原初空无所有，既能以绝无为有。则建立以后，造有，适有，变有，归无，又不过微尘末事，反掌可就。[③]

徐光启在《天主垂像略说》中也有类似说法：

上帝之灵，包乎天地之外，超乎万物之先。既可造无为有，化有为无，则宇宙之大，何所不有？[④]

中国文化中的“无”并非绝对的空，而是非有，用西方哲学的话讲就是“非存在”，非存在并非“不存在”，所有“无”是另一种“有”，非现象意义上的“有”。杨廷筠和徐光启一样，赞美了造

---

① （明）杨廷筠：《代疑篇》，收于（明）徐光启、李之藻、杨廷筠著，李天纲编注：《明末天主教三柱石文笺注》，香港：道风书社 2007 年版。

② 冯达甫：《老子译注》，上海：上海古籍出版社 2006 年版，第 97 页。

③ （明）杨廷筠：《代疑篇》总论，收于（明）徐光启、李之藻、杨廷筠著，李天纲编注：《明末天主教三柱石文笺注》，香港：道风书社 2007 年版。

④ （明）徐光启：《天主垂像略说》，收于（明）徐光启著，朱维铮、李天纲主编：《徐光启全集》（第三册），上海：上海古籍出版社 2011 年版。

物主的全能，接着以中国传统的天地、有无的概念来说明宇宙的生灭变化，但是杨廷筠使用“有”“无”这些概念时其实并没有真正理解“有”“无”的概念在中西文化中的不同。在《圣经》中，天主创世记，按照天主教教义，是真正的“无中生有”，否则不能彰显天主的“全能”。但是杨廷筠显然并未细究其中的差异。张载也认为杨廷筠所谓的“太虚”并不是绝对的“没有”，而是气的聚散，但感觉不到。① 明末清初儒学殿军刘宗周在本体论方面继承了张载的气论，他的话很能说明问题：

> 吾溯之未始有气之先，亦无往而非气也。当其屈也，自无而之有，有而未始有；及其伸也，自有而之无，无而未始无也。非有非无之间而即有即无，是谓太虚，又表而尊之曰太极。②

刘宗周所谓的“当其屈也，自无而之有，有而未始有；及其伸也，自有而之无，无而未始无也。非有非无之间而即有即无”正是表达了一种“有无”之间的流转，和前杨廷筠所述“则建立以后，造有，适有，变有，归无”以及徐光启“既可造无为有，化有为无”非常雷同，与朱熹的宇宙生成无始无终的大循环学说也很相似，朱熹说：

> 动静无端，阴阳无始。说道有，有无底在前；说道无，有有底在前，是循环物事。③
>
> 太极之前，须有世界来，正如昨日之夜，今日之昼耳。阴阳亦一大阖辟也……问：动静无端，阴阳无始。

---

① （宋）张载著，章锡琛点校：《张载集》，北京：中华书局2010年版，第8页。

② （明）刘宗周著，吴光主编：《刘子全书》（卷十一），杭州：浙江古籍出版社2007年版，第67页。

③ （宋）黎靖德编，王星贤点校：《朱子语类》（卷九十四），北京：中华书局1986年版，第2310页。

曰：这不可说道有个始。他那有始之前，毕竟是个甚么。他自是做一番天地了，坏了后又恁地做起来，那个有甚穷尽?①

这个循环往复的过程，也是符合邵雍在《皇极经世》中所刻画的宇宙万物的循环发生，这是和《圣经》中的线性时间观念不一样的循环时间观念。从以上分析中，我们能够很清晰地看到儒家天主教徒以耶释儒、耶儒融合的重释宇宙生成论的方法，他们接受天主教天主创造世界的教义，但是仍然采取中国传统的概念来解释宇宙具体的生成。另外，在时间观上，儒家天主教徒仍然坚持的是中国传统的循环时间观，这也和那种循环史观相匹配，从这一点也可以看到他们和传教士所带来的天主教教义和教理有所不同。

其他还有一些主要的儒学命题，比如万物一体、气化流行、精气为魂等，儒家天主教徒都作出了既不同于传统儒家又不同于传教士的解释。

二、万物一体观

（一）传统儒学万物一体的思想

万物一体的思想的另一种表述方式是天人合一，在传统儒学甚至中国文化体系中，万物一体或者天人合一的思想作为一种哲学观念表达了天与人、人与人、人与物之间一体同仁的关系，具有本体论的地位。万物一体的思想在儒学思想发展史上有两个重要的发展阶段：一是前秦时期，二是宋明时期，尤其是王阳明哲学。最早表达中国人万物一体思想的典籍是《尚书·尧典》：

---

① （宋）黎靖德编，王星贤点校：《朱子语类》（卷九十四），北京：中华书局 1986 年版，第 2368、2377 页。

昔在帝尧，聪明文思，光宅天下。将逊于位，让于虞舜，作《尧典》。

曰若稽古，帝尧曰放勋，钦明文思安安，允恭克让，光被四表，格于上下。克明俊德，以亲九族。九族既睦，平章百姓。百姓昭明，协和万邦。黎民于变时雍。

乃命羲和，钦若昊天，历象日月星辰，敬授人时。分命羲仲，宅嵎夷，曰旸谷。寅宾出日，平秩东作。日中，星鸟，以殷仲春。厥民析，鸟兽孳尾。申命羲叔，宅南交。平秩南讹，敬致。日永，星火，以正仲夏。厥民因，鸟兽希革。分命和仲，宅西，曰昧谷。寅饯纳日，平秩西成。宵中，星虚，以殷仲秋。厥民夷，鸟兽毛毨。申命和叔，宅朔方，曰幽都。平在朔易。日短，星昴，以正仲冬。厥民隩，鸟兽氄毛。

帝曰："咨！汝羲暨和。期三百有六旬有六日，以闰月定四时，成岁。允厘百工，庶绩咸熙。"

帝曰："畴咨若时登庸？"放齐曰："胤子朱启明。"帝曰："吁！嚚讼可乎？"

帝曰："畴咨若予采？"驩兜曰："都！共工方鸠僝功。"帝曰："吁！静言庸违，象恭滔天。"①

这段著名的话记载了古代中国人对于时间和空间如何通过人相互感应、相互统一。人不仅与天象运行而且与鸟兽虫鱼以及万物相感相通，人因此和自然万物融为一体，并随自然节律活动。而且地上的万物和人还与作为主宰意义的"天"保持统一，中国先民最早的敬天保民思想即是来源于此。这种万物一体的思想也是后来的卜筮活动的思想基础，《周易》是战国中晚期对卦辞爻辞的哲学思考，万物一体、天人合一的思想浸润其中：

---

① （唐）孔颖达撰：《尚书正义·尧典》，收于（清）阮元校刻：《十三经注疏》（第一册），清嘉庆刊本，北京：中华书局2003年版，第248页。

彖曰：大哉干元！万物资始，乃统天。云行雨施，品物流形。大明终始，六位时成，时乘六龙以御天。干道变化，各正性命，保合太和，乃利贞。首出庶物，万国咸宁。①

乾元是万物资始，其所衍生的万物各具生理，各安本职，并行不悖，天、地、人、物于是和谐统一。这样圣人依天道立人道，使天人相通、化成天下：

昔者圣人之作《易》也，将以顺性命之理，是以立天之道曰阴与阳，立地之道曰柔与刚，立人之道曰仁与义。兼三才而两之，故《易》六画而成卦。分阴分阳，迭用柔刚，故《易》六位而成章。②

不光是儒家，在《老子》和《庄子》中也充满天人合一、万物一体的思想。后来的《中庸》则推进天道、人道一体和谐：

仲尼祖述尧舜，宪章文武；上律天时，下袭水土；辟如天地之无不持载，无不覆帱，辟如四时之错行，如日月之代明。万物并育而不相害，道并行而不相悖。小德川流，大德敦化，此天地之所以为大也。③

---

①（魏）王弼注：《周易正义·乾卦》，收于（清）阮元校刻：《十三经注疏》（第一册），清嘉庆刊本，北京：中华书局2003年版，第22页。

②（魏）王弼注：《周易正义·说乾》，收于（清）阮元校刻：《十三经注疏》（第一册），清嘉庆刊本，北京：中华书局2003年版，第196页。

③（汉）郑玄注：《礼记正义·中庸》，收于（清）阮元校刻：《十三经注疏》（第三册），清嘉庆刊本，北京：中华书局2003年版，第3529页。

所以：

> 唯天下至诚，为能尽其性。能尽其性，则能尽人之性；能尽人之性，则能尽物之性；能尽物之性，则可以赞无地之化育；可以赞天地之化育，则可以与天地参矣。
>
> 至诚之道，可以前知。国家将兴，必有祯祥；国家将亡，必有妖孽。见乎蓍龟，动乎四体。祸福将至：善，必先知之；不善，必先知之。故至诚如神。①

孟子进一步将万物一体的思想加以发挥，“尽其心也，知其性也。知其性，则知天矣。存其心，养其性，所以事天也；夭寿不二，修身以俟之，所以立命也”②。不过荀子虽也强调天道、人道贯通，但更强调人的主体性，“明与天人之分”，“制天命而用之”。而圣人得天道而“何以不可欺？曰：圣人者，以己度者也。故以人度人，以情度情，以类度类，以说度功，以道观尽，古今一也。类不悖，虽久同理”③。

西汉以来，天人合一、万物一体的思想经过董仲舒“天人相感、合二为一”，到宋明已经成为中国思想文化的基础。张载的气论，朱熹的理论，王阳明的心论，都是建立在万物一体、天人合一的思想基础上，而尤以张载“民胞物与”的提法为著。宋儒意见分歧很大，唯有万物一体的思想为他们的共同特征和中心。④ 而王阳明是明朝中晚期影响最大的思想家，其思想的核心可以看作一体的

① （汉）郑玄注：《礼记正义·中庸》，收于（清）阮元校刻：《十三经注疏》（第三册），清嘉庆刊本，北京：中华书局2003年版，第3528页。

② （汉）赵岐注：《孟子注疏·尽心上》，收于（清）阮元校刻：《十三经注疏》（第五册），清嘉庆刊本，北京：中华书局2003年版，第6026页。

③ （清）王先谦撰，沈啸寰、王星贤点校：《荀子集解》（上），北京：中华书局1988年版，第82页。

④ 陈荣捷：《王阳明与禅》，台北：台湾学生书局1984年版，第12页。

“仁”与“乐”，万物一体论是其心学体系的思想基础。①

（二）儒家天主教徒对万物一体论的理解

传教士对于儒学的万物一体论采取了批判的态度，他们认为万物一体论“简上帝、混赏罚、除类别、灭仁义”。利玛窦在《天主实义》中认为万物一体论将上帝与人、物等同，是简慢上帝之尊。同时说万物都蕴于心，是含糊了万物的本质区别，如果上帝之性与物相比并无殊异，则祭上帝就是祭万物，这是乱“礼”。而且利玛窦认为先儒的万物一体论的提出有特定背景，是为了使愚民“悦取于仁”，所谓的一体实际上是在说“一原”。明末清初另一位重要的耶稣会士艾儒略对万物一体论的理解也大体和利玛窦相近，他在《性学觕述》中从万物之“性”的角度来说明天主之性“其本体超万有而上，至纯至一，绝不可分”。万物皆分自造物主，与造物主“无体无间”，但绝不意味着与造物主“一体”，他把万物一体论限定在原初质料的层次，但是又与王廷相和张载的“气论”有所不同，关键是元气论不仅仅是质料意义上的，而且是同时承担着无形有形世界的生灭变化的贯通功能。客观上讲，传教士实际上并没有准确理解儒学的万物一体论，他们误读了儒学的万物一体或者一性的内涵，把儒学之天也就是万物自然诠释为具有超越地位的天主，把人、物相通的和谐感与内在统一说成是机械等同，从而把儒学的哲学思辨降格为自然科学的层次。传教士对于万物一体论的解读基于天主教教义的立场，是一种策略性的误读。

儒家天主教徒在面对“万物一体”这一中国重要传统思想时，发现自己又一次处于理论上的两难境地，在对待“孝”“忠”“敬”等儒学命题时，传教士和儒家传统之间的理论差异难以妥协，儒家天主教徒于是以同述异，力证耶儒原同，追求耶儒融合。

儒家天主教徒对传统儒学万物一体论的理解基本上是以传教士

---

① 陈立胜：《王阳明的“万物一体论”——从“身—体”的立场看》，上海：华东师范大学出版社 2008 年版，第 1 – 11 页。

的解释为基础。他们追随传教士，加入了天主教，天主教的一些基本教义和教理是不能怠慢的。杨廷筠也像艾儒略一样，认识到物性、人性与天主性的本质区别：

> 儒先之言，自有作为。为隘视吾身者，守其一膜，与天地万物绝不相关。泛视天地万物者，任其惨舒荣悴，与吾身绝不相涉，是以自私自利，相戕相贼，宁知原来同一炉治。故明儒特醒之曰：是吾一体，分虽殊而理则一，派虽别而源则同。如见入井之孺子而怵惕，见堂下觳觫而不忍，见窗前之草与自家生意一般，皆实境、实情，惟仁者见其然焉。然云以之为体，则彼亦一体，此亦一体，不可强而同，明矣。①

杨廷筠不像传教士把传统儒学万物一体论下降到质料的层次，他承认万物一体论的要点在于人与天地万物之间由于道理上或者情感上可以彼此相通，而能实现它们之间相互感应、相互同情的性质，这是奉教士大夫和传教士对万物一体论的看法所不同的地方。但是说到万物之“性”，仍然是各不相同，在天主教教理的角度，正如利玛窦所言：“性也者，非他，乃各物类之本体。”② 人与万物能够彼此区别就是因为各自“性体”不同，这种“性体”就是植物、动物、人具有不同的生魂、觉魂和灵魂。人所具有的“灵魂”和动物的“觉魂”、植物的“生魂”的区别就在于人的灵魂具有理性自觉的能力，能够自由选择，也能够深入事物的本质，动物虽也有灵但是不自知，也不能充分发挥和使用这种能力。杨廷筠认为，先儒所谓万物原来“同一炉治”，“是吾一体，分虽殊而理则一，派虽别而源则同”，似是在说朱熹的理一分殊之论，朱熹之“理”就

---

① （明）杨廷筠：《代疑篇》，收于（明）徐光启、李之藻、杨廷筠著，李天纲编注：《明末天主教三柱石文笺注》，香港：道风书社2007年版。

② ［意］利玛窦：《天主实义》，收于朱维铮主编：《利玛窦中文著译集》，上海：复旦大学出版社2001年版。

是利玛窦所谓之“性”，但是杨廷筠认为人与万物相互感应、相互同情只是“仁者见其然焉”，然而“云以之为体，则彼亦一体，此亦一体，不可强而同”，也就是说能相互感通并不能说同一“性”，同一“理”。

明末清初佛教浸染学界，佛教轮回之说也隐含着万物一体的理论。儒家天主教徒补儒易佛，不接受佛家的人性和动物之性相等同之论。明末清初儒家天主教徒刘凝就借用孟子驳斥告子之“犬之性，犹牛之性；牛之性，犹人之性矣”来认定佛教的轮回说是“乱性”。杨廷筠认为，既然人性和万物之性不同，人与天主之性不等同也是这个道理，即便是尧、舜这些圣人也是不能和天主之性相同的：

> 知物之与人，即知人之与天主矣。天主之性，不可名言。即一体三位，与《性薄录》之“十二性”，一时不能遂悟，久久或可推求，虽谓人性能穷天主之性，则亦未敢矣。尝谓人有三世：母腹一世，出胎一世，归天堂一世。在胎不盈一掬，自谓至适，不知人世之宽也；出胎见天覆地载，方骇广大无比，又不知天堂之无穷无际也。天堂之于人世，人世之于母胎，广狭不同量矣。此人性、天性之别也。学者不明此理，徒见一体之说，脍炙已久，袭舛承讹，遂至泛滥无极。卑者认物为我，与众生轮回，既无了脱之期；高者认主迂远，谓福尽复降，宁有敬事之念？误认一体，流弊至是，不可不深辨也。①

上述引文可以明显看出，杨廷筠用天主教教义来驳斥佛教的轮回说时也基本上否定了传统儒学的万物一体说，不过他用母胎、人世、天堂之别来类比说明人性、天性不同，似乎论证上并不恰当。

① （明）杨廷筠：《代疑篇》，收于（明）徐光启、李之藻、杨廷筠著，李天纲编注：《明末天主教三柱石文笺注》，香港：道风书社2007年版。

但正如上面所叙述的，杨廷筠并不否认人与万物、天主之相通相感性，另一奉教人士王家植进一步把这种相感相通性说成是三者“心”之相同性，但并不是完全在“本性”意义上的“同”：

> 世无二理，人无二心，事无二善，仰无二天，天无二主。谓利子之异，为吾人之常，岂不可乎？即木仲子所演十规，木仲子之心也，利子之心，人人之心也，亦天主之心也。①

在这里，儒家天主教徒王家植再次使用了明末清初传教士和奉教、友教人士们广为信奉引用的陆九渊“东海西海、心同理同”之语，来说明传教士否定的万物之相感相通甚至具有相同性，通过回避“一体之性”来谈“一体之心”，儒家天主教徒还在用“以同述异”的方法来以耶释儒。

第二节　以耶释儒：儒学本体性概念

一、天观

“天论”在整个中国思想史上具有重要的地位，由“天论”演化出的天道论以及天道—人道的互动演化体系，承担着中国古代思

① （明）王家植：《题〈畸人十篇〉小引》，收于（明）李之藻编：《天学初函》，台北：台湾学生书局1986年版，第112－113页。

想中的宇宙发生论和本体论的功能，是儒家思想的根基。①

儒学的“天论”比较复杂，每个时期变化多端，歧义性较大，大体而言，中国儒家古代“天论”有两个阶段：一是孔子、子思一系以前的超越化的阐释取向②，二是宋明时期对于“天”的内在化阐释取向③。明末清初受程朱理学熏陶的儒士普遍坚持天命与心性、天与理并融。④ 儒家天主教徒“亲古儒，斥近儒”其中一个重要内容就是对于“古儒”天论的回归。他们批判当时反教儒士将“天”“理”等同的观点。

---

① 明代大儒陆世仪有言：“读四书五经，古人无时无事不言‘天’。孔子言，‘知我其天’‘天生德于予’‘获罪于天’。孟子言，‘知天事天’‘顺天者存’‘逆天者亡’。《春秋》言‘天命天讨’。《礼》称‘天则’。至于《易》《诗》《书》三经，则言天甚多，又有不可枚举者。”“天”不仅是原始信仰的对象，也是中国古代道德、伦理和人性论的基础，即《中庸》中所谓“天之所以命我何”。语见氏著，张伯行编：《陆桴亭思辨录辑要》，北京：中华书局1995年版，第25页。“天”论在明末清初思想上的重要性也可以从反教人士的言论中体现。他们认为孔孟“天之说何所不足”，语见（明）祩宏：《天说》，收于夏瑰琦编：《圣朝破邪集》（卷七），香港：建道神学院1996年版，第322页。明末清初儒者黄贞斥道：“凡可以乱吾圣贤之教，无所不用其极而无忌惮焉。其最受朱紫疑似者，莫若上帝、天命、天五字，狡夷以为甚得计者在此。”语见（明）黄贞：《尊儒亟镜叙》，收于夏瑰琦编：《圣朝破邪集》（卷七），香港：建道神学院1996年版，第157页。天主教传教士内部译名之争，包括以后的“中国礼仪之争”无不与“天”论相关，参阅李天纲：《中国礼仪之争：历史·文献和意义》，上海：上海古籍出版社1998年版。

② 主要体现在《诗经》《尚书》等古代经典中，以及《论语》中神秘主义、人文主义交织的天命观，《中庸》中“为物不贰、生物不测”以“诚”为中心的创生原则和规则以及“上天之载、无声无臭”“郊社之礼，所以事上帝也”的神秘主义天道观。

③ 以朱熹对天的阐释最具代表性，基本上他以“理”释“天”，但也不会是利玛窦等人说的物质主义和无神论，对中国文化有深入了解的莱布尼兹和沃尔夫就把朱熹的哲学阐释为一种自然主义神学。对于《中庸》“天命之谓性”，朱熹解释道：“命，犹令也；性，即理也。”语见（宋）朱熹撰：《四书章句集注》，北京：中华书局1983年版，第17页。朱熹注《论语》“获罪于天，无所祷也”为“天即理也”，“天之所以为天者，理而已。天非有此道理，不能为天，故苍苍者即此道理之天”。语见（宋）黎靖德编，王星贤点校：《朱子语类》（卷二十五），北京：中华书局1986年版，第621页。

④ 反教儒士强烈反对天主教所谓的“心外有天”“性外有天”之论，李璨认为“未闻心外有天也”，“见天于此性焉尔，存养外非别有天可事也”，主张性外无天。语见（明）李璨：《辟邪说》，收于夏瑰琦编：《圣朝破邪集》（卷五），香港：建道神学院1996年版，第271－272页。许大受则有“天人平论，性外无天”之论。语见（明）许大受：《圣朝佐辟》，收于夏瑰琦编：《圣朝破邪集》（卷五），香港：建道神学院1996年版，第198页。

说到儒家天主教徒所回归的“古儒”的“天论”，在儒家的范围内，不包括孟子的心性论和荀子的自然天论，它们二者都是对孔子以前具有有神论色彩的神秘主义“天论”在一定程度上的反动。儒家天主教徒在思想的回溯中越过宋明天理论以及夹杂了阴阳五行思想的汉代“天论”，试图复活上古朴素的天道信仰，援耶入儒，对“天论”进行新的诠释。

（一）何者为天

“天”以及天人关系论是中国文化史上的基本主题。但是不管是中国古代人格神的“天”，还是天理之“天”、心性之“天”，抑或苍茫自然之“天”，都很少有究竟“何者为天”的追问。杨廷筠说：“古来经典，只教人‘钦天’‘奉天’‘知天’‘达天’，未尝明言何者为天。”① 李之藻也批评道：

> 儒者本天。然而二千年来，推论无徵，漫云存而不论，论而不议；夫不议则论何以明？不论则存之奚据？②

后来的朱宗元也有此种看法：

> 知天事天，大较不殊，三代而降，虽言知天，实未殚乎知之奥秘；虽言事天，实未尽乎事之礼则。③

在传教士以耶释儒方法论的影响下，儒家天主教徒附和耶稣会士“天”“儒”融合的总体策略，用天主教教义释“天”，受西方

---

① （明）杨廷筠：《代疑续篇》，收于（明）徐光启、李之藻、杨廷筠著，李天纲编注：《明末天主教三柱石文笺注》，香港：道风书社2007年版。

② （明）李之藻：《译〈寰有诠〉序》，收于徐宗泽：《明清间耶稣会士译著提要》，上海：上海书店出版社2006年版，第152页。

③ （清）朱宗元：《天主圣教豁疑论》，收于（明）徐光启等撰，吴相湘主编：《天主教东传文献续编》（第二册），台北：台湾学生书局1986年版，第54页。

知性思维方式的影响，不再像先儒那样回避“何者为天”的问题，并且对天的功能以及天人互动的方式有了新的理解。

明末清初儒家天主教徒对于儒学“天”观的阐释追随耶稣会传教士将“Deus”释为天主，等同于儒家经典里的“天”与“上帝”，他们明确以“天主”为“人格化真神”，类似于“大父母”，韩霖在《铎书》中说得最为明确：

> 吾人要知天为大父母。《诗》云：“悠悠昊天，曰父母且。”非苍苍之天也。上面有个主宰，生天、生地、生神、生人、生物，即唐虞三代之时，五经相传之上帝。今指苍苍而言天，犹以朝廷称天子也。中有至尊居之，岂宫阙可以当天子乎？①

“大父母”的说法其实也来自天主教，② 韩霖明确认为“非苍苍之天也。上面有个主宰，生天、生地、生神、生人、生物”不是自然无生气的，就像他说的：“岂宫阙可以当天子乎？”在明末清初的宋明理学正统的思想环境中，很显然是不接受那种在天之上更复有“主宰”的说法的，③ 他们认为那种人格化主宰的神性观念已经在中国思想史的发展中被抛弃，人格化主宰的说法不符合当时的思

---

① （明）韩霖著，孙尚扬、肖清和等校注：《〈铎书〉校注》，北京：华夏出版社2008年版，第60－61页。

② 比如天主教也称“天主”为“天父”，称玛利亚为“圣母”。不过中国文化传统中也有把至高存在以“父母”来象征，比如父母官，中国皇帝也被认为是国家的父亲。

③ 明末清初守旧儒士反对天主教，很重要的方面就是反对其“至天之上，复加一主”的主张。语见（明）黄问道：《辟邪解》，收于夏瑰琦编：《圣朝破邪集》（卷五），香港：建道神学院1996年版，第267页。杨光先的说法更有代表性：“万物所尊者，惟天；人所尊者，惟帝。人举头见天，故以上帝称天焉，非天之上又有一帝焉。”语见（清）杨光先：《辟邪论》，收于夏瑰琦编：《圣朝破邪集》（卷五），香港：建道神学院1996年版，第343页。当然，明末清初儒士反天主教“天”论，主要是以程朱理学的角度为依据的，程朱理学就认为“天若专言之，则道也，若分言之，以形体谓之天，以主宰谓之帝”。此处所言之主宰，其实仍是理。所以他们主张，天就是主宰，也就是理，不可再在理上复加一主宰。

想环境。

儒家天主教徒则鲜明地认为“天上有主”，杨廷筠说道：

> 诚思天何以动，地何以静，日月星辰何以运行，风雨云雷何以变化，山何以峙，川何以流，四行何以生克，飞潜动植何以生长、何以收藏，物何以蠢，人何以灵，何以各循其轨，各安其类，无相假借，无相凌夺？此必有大主化成其间，不待智者能知之也。海中一舟过焉，帆樯整理，即不见其人，知有操舟者在也。空中一矢过焉，发必中的，即不见其人，知必有运矢者在也。或云大生广生，自然而然，不由主宰，此又见其末不见其本，不可不亟论者。①

杨廷筠运用大量常识类推的方法来论证“天上必有主宰”，这主宰安排万物，各循其轨，各安其类，世界于是井井有条。受天主教天主创生教义的影响，杨廷筠进一步认为，天主不仅管理这世界，而且是这个世界的创生者，为儒学天道观添加“创世记”理论，这也是儒学历史上头一回。这种“创生”已经不是《易》里“天地之大德曰生”的有机生成主义，而是有明确的造物主的创造：

> 洪荒之初，未有天地，焉有万物？其造无为有，非天主之功而谁功？古经云：天主化成天地，以七日而功完。时则物物各授之质，各赋之生理，予之生机，各畀天神以保守之，引治之。此乃天主洪恩。自此，物物依其本模，转相嗣续，完其生理，畅其生机。人第云天地之功，不知天地无功，天主命之，百神司之，即天地定位，谁非天主

---

① （明）杨廷筠：《代疑篇》，收于（明）徐光启、李之藻、杨廷筠著，李天纲编注：《明末天主教三柱石文笺注》，香港：道风书社2007年版。

造成？知其自然，不知有使之自然者，岂探本之论乎？①

张赓也说：

昔孔融驳郑康成谓其臆多曰：“证案大较，要在五经四部书，如非此文，近为妄矣。”此语圣人复起断不能易。今事天之学，儒者或明或昧，宁敢低以为邪，天非苍然色象，自有个主宰人，多习而不察，惟西方圣人古来相传，称谓天主是乃确当尊称。朱晦翁注曰，传曰“帝者，天之主宰，实与之符矣，五经四部书只言天下显言，天主盖从简语法，如世俗称府主县主，从简呼某府某县云耳，非真说天便了也。”恭看经书，若易称乾元之大乃统天，则文字之祖，原以天之上为有统之之者矣，故说卦传指言曰：“帝”，而晦翁训注是也，“上帝之称于天主正同义只异字耳”。诗雅称昭事上帝，颂称上帝，是只书舜典称类于上帝，汤语称惟皇上帝，降衷于下民，礼记亦称上帝，其飨而吾夫子称郊社之礼，不言事天事地，直指谓事上帝历按古圣周不共道此，上帝阁不共畏此，上帝阁不共事此，上帝证案五径夫既昭然，而天主之称天主之奉亦无复有疑者。惟是天主径诫吾济，以畏难不克遵乃尔作违心语，至诬其有悖孔孟也，夫孰知其欲诬天主教，先自诬孔孟也乎，今孔孟书具在试错举其论天论学章义，一一添证天主经诫，是符非符。②

前文谈到儒家天主教徒的“古学倾向”时，以徐光启为代表的明末清初奉教士大夫受西学“究其所以然”的思维方式影响，“不

① （明）杨廷筠：《代疑篇》，收于（明）徐光启、李之藻、杨廷筠著，李天纲编注：《明末天主教三柱石文笺注》，香港：道风书社 2007 年版。

② （明）张赓：《天学证符引》，［比］钟鸣旦、［荷］杜鼎克编：《耶稣会罗马档案馆明清天主教文献》（第八册），台北：利氏学社 2002 年版。

徒论其度数而已，又能论其所以然之理”。杨廷筠于此“探本之论”，知“使之自然者”，其背后的“第一原因”就是创世又管理万物的“天主”。他们借“天学”通“六经”，又由经学而“知道”。他们从耶儒融合的动机出发，援耶入儒，耶儒原同，明确以天主教的“天主”等同于中国经典中的“天”。

（二）天之功能

中国传统的道德劝诫在明末清初已经丧失说服力，功过格、现世报的说法大行其道，其实体现了一个伦理失范、约束失当的时代人们道德自救的诉求。功过格、现世报的流行思想也从另外一个角度说明佛教的来世报应观念也同时失去说服力。徐光启在为天主教辩护而作的《辩学章疏》里很清楚地说道：

> 臣尝论古来帝王之赏罚，圣贤之是非，皆范人于善，禁人于恶，至详极备。然赏罚是非，能及人之外行，不能及人之中情。又如司马迁所云：颜回之夭，盗跖之寿，使人疑于善恶之无报。是以防范愈严，欺诈愈甚。一法立，百弊生，空有愿治之心，恨无必治之术。于是假释氏之说以辅之，其言善恶之报在于身后，则外行中情，颜回盗跖，似乎皆得其报。谓宜使人为善去恶，不旋踵矣。奈何佛教东来千八百年，而世道人心未能改易，则其言似是而非也。说禅宗者衍老庄之旨，幽邈而无当；行瑜伽者杂符录之法，乖谬而无理。①

千百年前的佛教“世道人心未能改易，则其言似是而非”，而儒学政治已经“空有愿治之心，恨无必治之术”，所谓的说禅宗者“衍老庄之旨，幽邈而无当”，行瑜伽者“杂符录之法，乖谬而无

---

①（明）徐光启：《辩学章疏》，收于（明）徐光启著，朱维铮、李天纲主编：《徐光启全集》（第三册），上海：上海古籍出版社2011年版。

理”。徐光启认为天主教则：

> 盖彼国诸人，皆务修身以事上主，闻中国圣贤之教亦皆修身事天，理相符合。是以辛苦艰难，履危蹈险，来相印证，欲使人人为善，以称上天爱人之意。其说以昭示上帝为宗本，以保救生灵为切要，以忠孝慈爱为功夫，以迁善改过为入门，以忏悔涤除为进修，以升天真福为作善之荣赏，以地狱永殃为作恶之苦报。①

儒学的德性伦理以及儒教的立德之教，其功夫论的途径是道德自觉下的修养，但是明末清初颓废靡奢的社会现状使儒家天主教徒觉得有必要在传统的道德修养之外寻求外在的道德权威，在这种外在的道德权威下建构普遍有效的道德规范体系。儒家天主教徒把天主教“天堂、地狱、审判、灵魂、来世”的观念移植到儒学体系中，在传统儒家修身的基础上重建道德世界的理论基础。韩霖的“敬天”、王徵的“畏天”，都是把“天主”作为道德赏罚、来世报应的总主宰，韩霖在《铎书》中言道：

> 请看好刚使气，动辄凌人者，几人善终？若乃柔恶之人，笑里藏刀，暗中放箭，自谓得计，明眼人静观细微，一一遭天刑，遭奇祸，即不然，亦必受地狱永苦。②

王徵一生都在追寻“天命所在”的答案，他曾经出入佛老，并且有关于道家的著述，后来王徵读到传教士庞迪我带来的在福建传教的艾儒略的《七克》，深为折服。他要寻求一“真神”，“自可束

① （明）徐光启：《辩学章疏》，收于（明）徐光启著，朱维铮、李天纲主编：《徐光启全集》（第三册），上海：上海古籍出版社2011年版。

② （明）韩霖著，孙尚扬、肖清和等校注：《〈铎书〉校注》，北京：华夏出版社2008年版，第94页。

我心神，不致走放，可训至不愧不怍无难也”①。在和庞迪我在京师晤面后，他觉得自己长久以来关于信仰和人生的本质有了答案，天主教教义和教理的超越性和伦理的严格性，给他深深的震撼：

余于是洗然若有以自新也，洒然若有以自适也，而又愀然若无以自容也，曰：嗟乎！今而后余始知天命之有在矣，余始知天命之果不爽矣，余始知天命之真可畏矣。②

王徵所谓的“天命之有”就是天主教的“天主”，这天主真“可畏”。他在《畏天爱人极论》中很明确地运用天主教的一些基本术语来表达一种新的基于“天”命的道德观，一种找到信仰后的重生：

夫吾辈不知天命，不知真正大主之可畏，即妄自谓我为善而不为恶也，我不敢信。乃既知有天命之可畏矣，而悠悠忽忽，日复一日，为善不诚且不坚，去恶不猛且不力者，正不知此身后天堂地狱，上无所望，下无所畏焉耳。倘诚真知其必有，即不望天堂乎，宁能不畏地狱也耶？……故知命君子，怀刑与怀德之念并急。怀刑者不但畏世主之赏罚，实以畏天主之赏罚。而怀天刑之念，正其“畏天命”之实功耳。③

王徵认为，作为创世的“主宰”的天主的权威是绝对的：

---

① （明）王徵：《畏天爱人极论》，收于宋伯胤编著：《明泾阳王徵先生年谱》（增订本），西安：陕西师范大学出版社2004年版。

② （明）王徵：《畏天爱人极论》，收于宋伯胤编著：《明泾阳王徵先生年谱》（增订本），西安：陕西师范大学出版社2004年版。

③ （明）王徵：《畏天爱人极论》，收于宋伯胤编著：《明泾阳王徵先生年谱》（增订本），西安：陕西师范大学出版社2004年版。

主而冠之以天，则一尊而更无两大。讵但一人、一家、一国之主，莫之敢并，即一世之共主，千万世之共主，莫不在其统领纲维中，同受其赏罚也者。纵生知安行之圣，出有入无之神，亦不过全能中所造万类之一类。①

王徵“主而冠之以天，则一尊而更无两大”的说法有点接近于一神论。在中国文化传统中并没有非常严格的一神信仰，中国文化中关于“神”的观念和普通的“鬼”的观念只是功能性的区别。实际上，自上古以来，多神信仰、多圣杂祀是非常普遍的。多神信仰使得中国人的信仰世界不够纯粹和神圣。儒家天主教徒承认古书中的“上帝”“天”的观念所对应的神灵是唯一的，天主是唯一的至高主宰，反对泛祀百神。杨廷筠就认为泛祀百神只是“漫信乡俗”，不够庄重，把“一时缪举”，“久做当然”：

西学不事百神，非不敬神，正是敬神之至。今人漫信乡俗，或以意之所重，众之所推，使立为神。一时缪举，久做当然，慢亵神明，莫此为甚。非卓然不惑，安能定见不摇也。②

客观上讲，杨廷筠指出了中国人的信仰中很不好的一方面，那就是“漫信乡俗”“慢亵神明”，这种信仰上的缺陷也是中国道德律令缺乏绝对性和普遍性的一个根源，它使得中国人对自己的主观随意的信仰难以确认，也使得有了那种实用理性随意裁量道德的标准和效果。这种极端的后果就是：中国人表面上都信仰一种神，可是心中都有自己的神，都读圣贤书，听圣贤教导，却都把自我当成准绳。在这个意义上讲，杨廷筠是极有见地的。对于明末清初的道德

---

① （明）王徵：《畏天爱人极论》，收于宋伯胤编著：《明泾阳王徵先生年谱》（增订本），西安：陕西师范大学出版社2004年版。

② （明）杨廷筠：《代疑篇》，收于（明）徐光启、李之藻、杨廷筠著，李天纲编注：《明末天主教三柱石文笺注》，香港：道风书社2007年版。

乱象，儒家天主教徒为儒学和社会树立绝对的信仰，应该说是有价值的。对于中国人“逢神必拜”“神化世人”的现象，他们也极力反对：

夫人知事其父母，而不知天主之为大父母；人知国家有正统，而不知天主统天之为大正统也。不事亲不可为子，不识正统不可为臣，不事天主不可为人。试观今之世，小吏聊能阿好其民，便称父母，建祠立像，布满郡县，而佛殿神宫遍市弥山不止也，岂其天主至尊，无一微坛瞻礼敬事之乎？以化生天地万物大公之父，又时时主宰安养无上之共君，群世人而莫之仰，莫之奉也，不将无父无君至无孝至无忠乎？①

另一儒家天主教徒张赓在批判理学的基础上也把天主作为伦理和人性的根据：

晦翁以丧尽礼、祭尽诚为德之厚，曾知薄德等辈亦岂不尽力于丧祭者？且上人致厚丧祭，何必遽能化民？民德如何是厚？九族既睦，又且百姓相亲，故可云厚。今民共趋于薄者，未知人我之生，其远始同一大父母耳。倘能谨凛死候，便不敢忘远始而爱人如己矣。此一爱人如己，彼亦爱人如己，德宁不归于厚乎？按《家语》，孔子曰：庸人者，心不存慎终之规，而卒云五凿为正心，心从而坏，则慎终原非为亲终言明甚。忝玩自悟。”②

---

① （明）王徵：《畏天爱人极论》，收于宋伯胤编著：《明泾阳王徵先生年谱》（增订本），西安：陕西师范大学出版社 2004 年版。

② （明）张赓：《天学证符 · 证镇终章》，收于［比］钟鸣旦、［荷］杜鼎克编：《罗马耶稣会档案馆明清天主教文献》（第八卷），台北：利氏学社 2002 年版。

因此：

> 单言一天，天只空悬一形色，如何堪畏。说天及命，当知天上果有灵明活动的主宰操权施命。赏君子罚小人，毫厘不爽，安得不畏。但天命无声无臭，小人以目所不见为虚诞，故虽天怒天渝，犹敢驰驱。此等小人乃是极大智慧、报绕机辨，自负心性即天。而世上大人及圣言直现，貌以为出己下者，而孰知其获罪于天。天主之所必诛正此人乎。孔子曰“小人不知天命而不畏也”，似为小人出脱语，实为小人哀怜。生世不知，到知时后失；生世不畏，到可畏时痛哉，无及矣。①

总之，儒家天主教徒是要重新把“天”作为人性论的根源以及道德的依据。

（三）天与人

天与人关系如何？在明末清初儒家天主教徒的著作中，有两种比较有代表性的说法：其一是韩霖《铎书》中的“敬天爱人”，其二是王徵《畏天爱人极论》中的“畏天爱人”。明末清初儒家天主教徒大多以“敬天爱人”来总揽天主教教义，“敬天爱人”的思想显然是从中国古代儒教“敬天保民”而来。周初，这一基本的治国方针认为上天将“天命”赋予那些有德之人，那些有德之人“以德配天”，追求天与人以及世间人与人的和谐。不过以“人德”为枢机的脱胎于殷商人格化真神信仰的周初“天”观，应该仍保留有对至上神的“敬畏”。此种“敬畏”的实质已经不再是殷商时代的心理上的“恐惧”，而是由尊敬和爱戴所带来的“畏惧”。韩霖进一步指出此“敬”实“畏”，着重渲染“天主”的祸福赏罚，以此来规

① （明）张赓：《天学证符·证三畏章》，收于［比］钟鸣旦、［荷］杜鼎克编《罗马耶稣会档案馆明清天主教文献》（第八卷），台北：利氏学社2002年版。

范和调节世俗的道德和现实生活：

> 请看好刚使气，动辄凌人者，几人善终？若乃柔恶之人，笑里藏刀，暗中放箭，自谓得计，明眼人静观细微，一一遭天刑，遭奇祸，即不然，亦必受地狱永苦。①

此种“畏”，有点类似于对父母亲的“敬畏”，此“敬”来自“公正”与“爱”，韩霖将天主教的“天主”说成是大父母，即为此意：

> 使徒知畏主，主不见，何畏焉？惟真知天上有主，明鉴其私，且权其生死，而报偿至公，将内外上下，必有所畏，以禁其念之邪。……夫天心至公，赏罚祸福至当。均是人也，而富贵贫贱不同，必与其人善恶丝毫不爽……非小心翼翼，对越在天，即行善具归无用。凡为恶者，至人所不知而始大；为善者，至人所不知而始真。……盖造物主聪明神圣，至明至公，察人所恶，表里纤悉毕见，岂若世人肉目可以伪善哉？②

宋明儒学将“天”释为“理”，居“敬”主“静”，强调对于“天”的内在化阐释，对于其间由爱而生的“畏”就被消除了。明末清初儒家天主教徒强烈反对宋儒的诠释，以先秦超越之天、神性之天、创生之天作为“天”的基本含义，以对接天主教的至上神。

王徵作《畏天爱人极论》，认为孔子在《论语》中“君子有三畏：畏天命，畏大人，畏圣人之言”，“小人不知天命而不畏也”正是说明孔子仍然保留有古儒对于人格神“天主”的敬畏感，因此种

① （明）韩霖著，孙尚扬、肖清和等校注：《〈铎书〉校注》，北京：华夏出版社 2008 年版，第 94 页。

② （明）韩霖著，孙尚扬、肖清和等校注：《〈铎书〉校注》，北京：华夏出版社 2008 年版，第 94 页。

“敬畏”，才有“君子中庸，小人反中庸”之论。君子之德很重要就是由“畏”而有“中庸之盛德”。王徵明确突出“畏天”的重要性，他的可贵之处还在于，在中国思想史上，他创造性地提出“畏天”的前提在于“知天”：

> 夫天下事，苟欲知之，未有不留心究徹而遽能晓然也者。况天命何事，有未曾一留心焉而能即知者乎？夫不知，而胡以曰畏也？不畏而胡以自免于小人？君子、小人，只在一念畏不畏分途，此其际不甚严哉！①

王徵的“夫不知，而胡以曰畏也”体现出一种很西化的思维方式，和中国传统那种存而不论、论而不精的化约思维习惯有很大不同，想必他也是受《天主实义》那种逻辑析理的理解方法的影响。他认为君子与小人之别，就在于是否“知天命”，“知天命”也就是贯通天人。天之所命，命之所系，其所谓“畏”，不是无知的“恐惧”，而是发乎内心的“敬畏”。但是知天命是很不容易的，即便是“天纵之圣”的孔子，也是“五十而知天命”，孔子“五十”前后截然不同的生命境界正是由于他在一生的感悟和追求中最终“知天命”，明明白白“天生德于予”，因而“畏天命”才不是恐惧中的领受而是理解性的承担。王徵还进一步强调，若要“知天命”，则“天”与“命”实不可分：

> 只以天言：说理得，说道得，说苍苍亦得。天而系之以命，则律令虚威，有以所命之者，则必有所以出。是命者所谓主也，有不敢不畏者在矣。

王徵“是命者所谓主也”，实是更突出被“畏”之“主”，“畏

① （明）王徵：《畏天爱人极论》，收于宋伯胤编著：《明泾阳王徵先生年谱》（增订本），西安：陕西师范大学出版社2004年版。

天命”根本而言就是“畏天主”。这样王徵所谓的“天主”，就是中国人所说的“天”，就是韩霖在《铎书》中所说的“大父母”。

以此可知，韩霖所谓“敬天”实质是因爱而敬，因敬而畏。韩霖云：“敬者，尊无二上之谓，凡神圣无可与之比者。”① 为何要“敬天”？因为“盖天既生人，即付以性，与禽兽不同。自生时至死后，皆天造成、培养、管辖之，时刻不离，有求斯应，善有永赏，恶有永罚，总是爱人之意。所以吾人第一要敬天”②。敬天源自“天”之恩泽、“天”之所爱，所以“敬”的前提是“爱”，儒家思想中的“敬天”即是天主教的“爱天”，利玛窦在《天主实义》中说道：

> 夫仁之说，可约而以二言穷之，曰：爱天主，为天主无以尚；而为天主者，爱人如己也。行斯二者，百行全备矣。然二亦一也，笃爱一人，则并爱其所爱者矣。③

天主教的基本教义就是“爱”，《圣经》上说“天主爱世人”，“爱”是基督宗教信仰的基本特征。韩霖于此抓住了天主教信仰的根本，把中国文化中的“敬天”阐释为天主教的“爱天”，进而“爱人”。韩霖进一步说：

> 尊敬者，畏爱二情之所发也。然二情不并容，畏情胜，爱情必衰。畏者，小人之心也；爱者，君子之德也。尊敬者，尤当以爱情为主。④

---

① （明）韩霖著，孙尚扬、肖清和等校注：《〈铎书〉校注》，北京：华夏出版社 2008 年版，第 64 页。

② （明）韩霖著，孙尚扬、肖清和等校注：《〈铎书〉校注》，北京：华夏出版社 2008 年版，第 60 页。

③ ［意］利玛窦：《天主实义》，收于朱维铮主编：《利玛窦中文著译集》，上海：复旦大学出版社 2001 年版。

④ （明）韩霖著，孙尚扬、肖清和等校注：《〈铎书〉校注》，北京：华夏出版社 2008 年版，第 67 页。

韩霖区分“畏爱二情”，似乎和王徵的“畏天爱人”中的“畏天”的理解不尽相同。韩霖把“畏”解为“小人之心”，也就是我们常说的“无知的恐惧”，而“爱”为“君子之德”，也就是由于理解体认到“天”的公义与恩典所产生的“爱”。但其实我们细究王徵的“畏天”便知，韩霖的“敬天”源于“爱天”，“爱天”源于“知天”，而王徵也强调“畏天”的前提是“知天”，由于“知天”，此种“畏”便不是无知的恐惧，同样是理解天主之“爱”、天主之“功”而产生的“敬畏”。所以无论是韩霖的“敬天”，还是王徵的“畏天”，都应该作“敬畏”解。

韩霖和王徵对于“天”的“敬畏”的情感解释在中国思想史上具有重大意义，非常接近于西方基督宗教和哲学里的“由于有知和爱戴所产生的敬畏之情”，是对中国文化传统中单纯的心理和自然主义意义上对于“天”的“畏惧”情感的一次巨大的超越，这又涉及西方伦理学中的自由意志问题。

同时，韩霖的“敬天爱人”和王徵的“畏天爱人”之说也是对于中国传统文化里天人关系以及伦理秩序的一种巨大超越。天人关系在儒家思想的发展历程里衍化出不同的含义，自《易经·乾卦》之“与天地合其德”、《庄子》之“与天为徒”、《中庸》之“与天地参”等观念的演化，天人合一是最高追求，这一点在宋明儒学那里达到顶峰。揆诸天人合一的思想发展史，天人合一的方法无外乎两种，在先秦以前，中国古代思想里并无天主教“创生”的理论，但作为人格神主宰意义上的“天”对于人有绝对的支配地位，人当然处于一种绝对的依附和被动的地位。东周乱世，周文疲敝，礼崩乐坏，人文主义思想抬头；至宋儒，“天”被阐释为无意志、无情感的“天理”，而人也失去了完整的生存整体，被抽象为“人欲”。儒家的天人关系，便不再是一种超越与被超越的关系，而是“天理”与“人欲”的对峙，宋儒的这种天人关系的内在化阐释，使得天人关系成为一种相互融摄、平行的关系。

儒家天主教徒对于中国传统的“天”的重新阐释，一个很重要的方面就是如何看待天人关系，从天主教教义的角度就是“天主—

人”的下行关系。按照天主教教义，天主是创造者，人是被创造者，人作为受造物，他的存在、属性都是天主所赋予的，在《天主实义》里，利玛窦就是从天主赋性论的角度来理解天人关系的。神人关系的基本就是神之“造”与人之“受造”，神人关系就是“爱”。首先是“天主爱世人”，然后是人对天主的爱，接着是爱邻居、爱陌生人甚至是爱仇人的“博爱”，是天主的爱让一切的爱成为可能，也是天主的爱使得“天人合一”成为可能。儒家天主教徒也看到了天主在天人关系中的绝对支配地位，杨廷筠说：“天主全能、大智、至善、万福，既超人性之上，必思通己所有，以与人共。”① 王徵则以天主为“第一仁者”②，他们都能看到天主在天人关系中的支配地位。

若只是以“天主—人”关系取代“天人”关系，以及强调“天主”在天人关系中的支配地位，就只是在重复先秦之前那种原始信仰。我们从韩霖的“敬天”和王徵的“畏天”之前的“知天”，便隐约感到明末清初的儒家天主教徒已经为中国古老的“天人”关系引入西方伦理学和基督宗教中重要的“自由意志”理论。③

天人关系中自由意志的引入，使得人在天面前不再是完全被动无知的状态，人可以像王徵所说的那样去“知天”，以及像韩霖所谓的那样尊敬地“敬天”。进一步，人可以不再枯坐静待“天命”，而是起而效之、起而行之、期而改之，也就是所谓的要达到此种天主教的超人性的“天人合一”，必有超性之功夫，“欲求超性之荣乐，非励超性之功夫，不可也”④。此种超性之功夫就是效法天主，

---

① （明）杨廷筠：《天释明辨》，收于（明）徐光启等撰，吴相湘主编：《天主教东传文献续编》（第一册），台北：台湾学生书局 1986 年版。

② （明）王徵：《仁会约》，收于宋伯胤编著：《明泾阳王徵先生年谱》（增订本），西安：陕西师范大学出版社 2004 年版。

③ 关于明末清初儒家天主教徒“天主教化儒学”建构中所引入的“自由意志”思想，参见本章第四节天主教化儒学“新论域”部分。

④ （明）杨廷筠：《代疑篇》，收于（明）徐光启、李之藻、杨廷筠著，李天纲编注：《明末天主教三柱石文笺注》，香港：道风书社 2007 年版。

人只有“仰副天主爱人之至仁”，才能“行其爱人之实功”。① 天主之爱是无目的、无私、无我的，是源于天主自身的。人效法“天主”，就是要像天主照自身形象造人一样，完全效法天主的公义与无私。王徵说：“天主至善，无德不备，吾侪所当效法。”“于以体其爱人之心以相爱。”② 这些说法和周初“以德配天”的思想有些相近，但也只是方法论上的相近。在行为主体上，儒家天主教徒的“天人”互动关系的行为主体已经扩大为一切爱天主的人，而在周初的思想语境中，普通人在宗法家长制的结构中既没有信仰的能力，也没有效法的自觉性。人爱天主、效法天主以成公义也不同于儒家尤其是宋儒所谓的“道德自觉”。事实上，儒家天主教徒并不完全反对宋儒“道德自觉”的思想，但是正如前文引述徐光启在《辩学章疏》中指出的，“道德自觉”并没有杜绝“颜回之夭，盗拓之寿，使人疑于善恶之无报”的现象。这样，重新加强天的超越性向度，为人性和道德实践寻找终极的依据和根源，是儒家天主教徒的“效法天主”与“以德配天”以及“道德自觉”理论的不同之处。

但是，明末清初儒家天主教徒以耶儒融合为特征的“天论”，更多地是在讲创造主以及操控赏罚大权的主宰意义上的“天”，天主教“天主论”的重要内容——救赎论意义上的天主则付之阙如。这当然是他们有意识选择的结果，不过，这也从另一方面表明明末清初儒家天主教徒“天主教化儒学”建构时的主观性。

明末清初儒家天主教徒理解和接受天学并不是被动的，也不完全是西方的科学在中国传播的副产品，他们的著述表明，他们是带着问题意识主动去参与这场中西文化交流的。他们重释中国的“天论”，是他们融合耶儒、重构儒学的一部分，耶儒融合和会通是天主教化儒学建构的基本方法。通过以上的分析可知，儒家的“天

---

① （明）王徵：《仁会约》，收于宋伯胤编著：《明泾阳王徵先生年谱》（增订本），西安：陕西师范大学出版社 2004 年版。

② （明）王徵：《畏天爱人极论》，收于宋伯胤编著：《明泾阳王徵先生年谱》（增订本），西安：陕西师范大学出版社 2004 年版。

论”和天主教的“天主”的内涵和外延实际上存在着同一性，也存在着差异性，但是二者还远远不是绝对的矛盾和冲突，儒家天主教徒用的是一种可以叫作“比附”的手法，把天主教的“天主”等同于儒家的“天”，作为他们建构天主教化儒学、重建儒学学统的基础。

二、太极、理、性

“太极”一词见于《易·系辞》“易有太极”，在儒学尤其是到宋儒那里具有本体论的含义。周敦颐曰“无极而太极”，把太极当作宇宙的终极本原和本体。利玛窦依据天主教创世论，反对天主之上还有太极，反对把太极当作宇宙本原，儒家天主教徒接受传教士们的主张，坚持天主创世论，不认为天主出乎于太极。但是他们在重构“太极”这一概念时，没有像传教士那样把宋儒的太极论完全否定，而是把太极理解为一种原始质料意义上的“元质”：

> 天主始造天地，当夫列曜未呈、山川未奠之时，先生一种氤氲微密之气，充塞饱满。而世内万有，由此取材，此之谓太极。①

朱宗元受张载气论的启发，把太极理解为一种“气”，无知无觉，因此在太极之上必还有本体，太极作为一种质料意义上的“元质”，当然不可能像天主那样有灵有知：

> 大抵圣贤经史，其精义多与圣教默合，而后儒诠疏，反多浑淆，如“太极生两仪”之谓。试问太极有知觉乎？则必曰无有。太极有灵明乎？则必曰无有。太极能赏罚

① （清）朱宗元：《答客问》，收于［韩］郑安德编，楼宇烈顾问：《明末清初耶稣会思想文献汇编》（第五卷第三十二册），北京：北京大学宗教研究所2004年版。

乎？则必曰不能。故闻祭上帝也，未闻祭太极；闻畏天命矣，未闻畏太极。①

不过相对于传教士们只是把作为“元质”的太极当作一种低级的质料，而且是天主所创造的，儒家天主教徒似乎把这种“元质”的地位拔得很高，这体现出儒家天主教徒和传教士们在对待儒家传统时的不同：

太极者，最先之谓也。如草木之有种子，人物之有元质，天之所以为天，地之所以为地，是谓天地根，是谓太极。②

比较《道德经》“谷神不死，是谓玄牝。玄牝之门，是谓天地根”中老子“天地根”的用法，③ 可见儒家天主教徒朱宗元在接受了天主教后仍然保有儒家传统思想的痕迹。“最先之谓”“种子”“天地根”这些说法对于“太极”的描绘，仍然有“准本原”的意味，虽然“太极”已经不能“实创”，但至少还有赋予万物“潜在形式”的可能。即便是有这种赋予万物“潜在形式”的可能，这种“最初之元质”仍然不能与全知、全善、全能的天主相提并论，关于朱宗元谓太极“如草木之有种子”，刘凝如此说道：

太极为胚胎攸肇，非人心之藏识即太极之本体之谓。“物物一太极”者，言万物太极元质以成形，岂太极为理，与灵明而藏于人心之谓？④

---

① （清）朱宗元：《拯世略说·自叙》，收于［韩］郑安德编，楼宇烈顾问：《明末清初耶稣会思想文献汇编》（第五卷第三十四册），北京：北京大学宗教研究所2004年版。

② （清）朱宗元：《拯世略说·自叙》，收于［韩］郑安德编，楼宇烈顾问：《明末清初耶稣会思想文献汇编》（第五卷第三十四册），北京：北京大学宗教研究所2004年版。

③ 冯达甫：《老子译注》，上海：上海古籍出版社2006年版，第13页。

④ （清）刘凝：《觉斯录》，收于［韩］郑安德编，楼宇烈顾问：《明末清初耶稣会思想文献汇编》（第五卷第二十三册），北京：北京大学宗教研究所2004年版。

刘凝也认为太极不具备天主“灵明”“物质”“形式”三种创世的能力，而“昔人云太乙、太素、太朴、太质、太初、太极、无极、无声无臭、虚空大道、不生不灭，种种名色，莫非形容道妙”①。太极只是描述形容“道妙”也就是“道体”创造原初质料“元质”的种种类同的“名色”之一而已。

再来说“理”。宋儒认为“天即理”，把先秦以来意蕴丰富的“天”以形而上的“理”来代替，“理”是朱熹所谓的“不可以聚散言”的宇宙万物之根基，具有本体论地位。利玛窦在《天主实义》中驳斥理学家的理气论，儒家天主教徒杨廷筠也说：

> 物汇至多，问谁始造？或云一气所为；或云气中有理；或云偶然遇合，不须造作；或云自然生成，不由主宰。皆求之不得其故，滂为之说也。夫气无知觉，理非灵才。若任气所为，不过氤氲磅礴，有时而盈，有时而竭，有时而逆，有时而顺焉。能吹万不齐且有律有信也？即谓之理，理本在物，不能生物，如五声之在八音，变不胜穷，皆属之理，理在钟鼓管弦，不能自生钟鼓管弦，此人所自明也！若偶然之说，尤属谬妄！天地万物，自古及今，无一僭差，是何作用，可以偶然值者当之乎？金偶然过火则流，火偶然过水则灭，终古不生不克。四行之用，一物不可少，若待偶然相值，物类毁灭久矣。人惟不明此理，第认物自生自长理气之中，如鱼在海中一般，反视天梦梦，若与我邈不相干。②

杨廷筠反对以“理”为“天”，其理由和论证过程与利玛窦如出一辙。

---

① （清）刘凝：《觉斯录》，收于［韩］郑安德编，楼宇烈顾问：《明末清初耶稣会思想文献汇编》（第五卷第二十三册），北京：北京大学宗教研究所2004年版。

② （明）杨廷筠：《代疑篇》，收于（明）徐光启、李之藻、杨廷筠著，李天纲编注：《明末天主教三柱石文笺注》，香港：道风书社2007年版。

再来比较儒家天主教徒何世贞和反教儒士杨光先的相互反驳论证，何世贞基于天主教立场反对宋儒理气论，而杨光先在《辟邪论》中则基于正统理气论反对天主教中的“天主”。① 何世贞在《崇正必辩》中说：

> 既言天是万事、万物、万理之大宗，将视理与事物等类，则理自为理，天自为天，判然二矣，安得复云天即是理，不几前后立说之矛盾乎？且所云天为有形之理，理为无形之天，夫一物而异其名，犹可言也，乃一物而并异其实，一则有形，一则无形，如黑白粗精之不相类，轻重妍媸之不相合，则余未闻可二而一也。余乃正告之曰：理也者，道也。道体无为，必待其人而后行，况乎必赖天主而后有？天地因之而成覆载，万物因之而成化育，万事因之而成经纶康济与夫忠孝廉节。理岂有形可指，有数可稽，有限量而可穷极耶？乃云理之外，更所谓理，一何视理之体用，若是其浅鲜也！且彼既云天为万事、万物、万理之大宗，又云天即是理，然则并曰天即是事、天即是物，不几亦以为可乎？多见其袭宋儒之句，此真以辞害义也。天与理，胡可混言哉！②

何世贞认“理”为“道体”，“天”为始祖，“理”“天”若黑白、粗精一样不相类，而且理在物中，当然也不可能造物，而“天主”即天，“天地因之而成覆载，万物因之而成化育，万事因之而成经纶康济与夫忠孝廉节”。这样的“理”只会是天主所造之物之“理”，孰重孰轻，高下立判。何世贞认为反教人士杨光先沿袭宋儒陋见，以辞害义，混淆“天”与“理”本质性的区别。

---

① （清）杨光先：《不得已》，收于［韩］郑安德编，楼宇烈顾问：《明末清初耶稣会思想文献汇编》（第五卷第二十三册），北京：北京大学宗教研究所 2004 年版。

② （清）何世贞：《崇正必辩》，收于［韩］郑安德编，楼宇烈顾问：《明末清初耶稣会思想文献汇编》（第五卷第四十二册），北京：北京大学宗教研究所 2004 年版。

最后是“性”。宋儒言“性”，一是天命之性，一是气质之性。前者以“理”言性，是整全、纯粹、绝对的“善”，也就是程朱理学的“性即理”；后者依附于前者，因为人欲的缘故，气质之性不是纯粹的“善”，而是气化之“物”的层次。天主教教理以“灵魂”“觉魂”“生魂”为人、动物、植物的本质属性，也就是说，“性”是万物的本质属性。程朱理学认为“性即理”，而利玛窦认为“性”和“理”是不同的层次，性是性，理是理，性是事物的本质属性，而理只不过是物之属性之一种。人的本质是“灵魂”，具有独立性，而“理”只是物之“属性”，具有附寄性。明末清初天儒间关于“性”的论辩集中在《中庸》“天命之谓性，率性之谓道，修道之谓教”三句话，儒家天主教徒在理解“天命”时等同于“天主”，是“天主”赋畀“性”，这样，“性”就与“理”一样不再具有本体论的地位，而是从属于“天主”的存在。张星曜说道：

> 《中庸》道率于性，则皆本于天，而人不能自为一道。既不能自为一道，则修道之教亦惟就降衷之性，去其过不及之差，以归于中，合于天而已，更何有三教?①

何世贞也有类似说法：

> ……言性而不言命，非知性之本。吾人读《易》，第知以天性明乾义，万物之生，皆资之以为始。抑知乾元之性，君子体之足以长之者，果谁为命之乎？洵非于穆不已、纯一无二之天主，不克有是命也。②

何世贞把“命”作为“性”之本，又把“命”理解为“于穆

---

①（清）张星曜：《天儒同异考》，收于［韩］郑安德编，楼宇烈顾问：《明末清初耶稣会思想文献汇编》（第五卷第三十七册），北京：北京大学宗教研究所2004年版。

②（清）何世贞：《崇正必辩》，收于［韩］郑安德编，楼宇烈顾问：《明末清初耶稣会思想文献汇编》（第五卷第四十二册），北京：北京大学宗教研究所2004年版。

不已、纯一无二之天主”。只有敬虔“天主”，修行天主之教，方能够“穷理尽性”，方能达“君子体之足以长之”的天命之“本性”。此教即是从“性教”到“书教”再到“宠教”的“天主教”：

> ……性出于天，率之则为道，修之则为教。《中庸》首原天以为端，而继之戒惧慎独，即所谓敬天、畏天也。……后人之有理，而不知理之所从出。……自天与人日远，非背理而驰，则习理而玩，于是性教不已，继之书教；书教不已，继之宠教。①

刘凝认为“上帝临汝，徒曰理之可敬可畏，恐敬畏亦有时矣”②，正是要在此种“宠教”下，人才能恢复善之本性。明末清初儒家天主教徒虽然接受了天主教的原罪说，但是仍然坚持孟子善恶皆从性出、善顺从本性、恶逆忤本性的说法，他们在引入“天主”的他律后，把孟子的自律道德复性论改造为他律道德复性论。从一开始只言“天地之性”，到天主教伦理式的复性论，儒家天主教徒谈“性”的路径和结果同谈“太极”和“理”是一致的。

---

① （清）刘凝：《觉斯录》，收于［韩］郑安德编，楼宇烈顾问：《明末清初耶稣会思想文献汇编》（第五卷第四十二册），北京：北京大学宗教研究所2004年版。

② （清）刘凝：《觉斯录》，收于［韩］郑安德编，楼宇烈顾问：《明末清初耶稣会思想文献汇编》（第五卷第四十二册），北京：北京大学宗教研究所2004年版。

第三节　以耶释儒：儒学伦理性概念

一、孝观

（一）传统儒学孝观

孝的观念在中国文化史上有一个从宗教伦理到实践人文伦理再到政治伦理的发展过程。孝这一观念最早源于西周的宗法传统。周人感于“天命靡常”，思考统治的稳固问题，除了“以德配天命”，突出人事的作用，再有就是在强化文王、武王功业的基础上进一步将其神化，把氏族的父亲形象宗教化为全体的偶像崇拜，里面混杂着父孝与父神的双重象征。在《国语·周语》中有“孝，文之本也”的说法，可见孝在周时甚至可以作为文化的基础。

在《论语》中，孔子进一步说“孝弟也者，其为仁之本与”（《论语·学而》）。孔子的“仁”有多重含义，但是“仁者爱人”是根本，如果“孝”是为仁之本，那么“亲亲”就是爱的起点和根本，也就是儒家所谓的差等之爱，所以在《论语》中，孝仍然固守在家庭的范围内。孔子把孝道解说成“无违”，主要是为了维护家庭的和顺。此外，孔子的孝的观念还有“物养”和“色养”的区别，这样就把“孝顺”进一步提升到“孝敬”的高度。① 但是孔子反对“愚孝”，其“事父母几谏”之论，可见他不主张绝对服从。

① 《论语·里仁》“三年无改于父之道”体现的是“孝顺”，“事父母几谏”夹杂着“孝顺”和“孝敬”，《论语·为政》“今之孝者，是为能养，至于犬马，皆能有养。不敬，何以别乎？”是说孝之“物难”和“色难”之别，色难里也包含着“敬”“爱”之情。见（魏）何晏注：《论语注疏》，收于（清）阮元校刻：《十三经注疏》（第五册），清嘉庆刊本，北京：中华书局2003年版，第5367页。

孔子所谓的孝道限于宗族家庭范围内,① 孝在德目里也不是首要的，在君子、成人、称士等关键问题上，孝德都是次要的。② 真正把孝德无限放大和提升的是《孟子》。《孟子》把《论语》中孔子创立的“贤贤”原则重新放在“亲亲”原则之下，作为价值评判标准。《孟子》说：“事，孰为大？事亲为大。”③“孝子之至，莫大乎尊亲。”④ 又说：“亲亲，仁也；敬长，义也；无他，达之天下也。”⑤ 这样，事亲、尊亲、亲亲是最高道德原则。“人人亲其亲，长其长，而天下平。”⑥“尧舜之道，孝弟而已矣。”⑦ 这样，孝道就成为一种泛道德主义。《孟子·离娄下》列举不孝者有五，又说“不孝有三，无后为大”。赵岐注曰：“于礼不孝者有三，谓阿意曲从，陷亲不义，一不孝也；家穷亲老，不为禄仕，二不孝也；不娶无子，绝先祖祀，三不孝也。三者之中，无后为大。”⑧《孟子》中提出的人际关系的“五伦”即“父子有亲、君臣有义、夫妇有别、

---

① 《论语·子路》：子贡问曰：“何如斯可谓之士矣？”子曰：“行己有耻，使于四方，不辱君命，可谓士矣。”曰：“敢问其次？”曰：“宗族称孝焉，乡党称弟焉。”（魏）何晏注：《论语注疏·子路》，收于（清）阮元校刻：《十三经注疏》（第五册），清嘉庆刊本，北京：中华书局2003年版，第5448页。

② 忠、孝是两种范围不同的德目，《论语》中只有一处把忠、孝关联，在《论语·为政》中，“季康子问：使民忠以劝，如之何？子曰：临之以庄，则敬；孝慈，则忠；举善而教不能，则劝”。朱熹注解“孝慈，则忠”为“孝于亲、慈于众，则民忠于己”。也就是说，忠只是统治者孝慈的结果，而不是愚忠。（魏）何晏注：《论语注疏·为政》，收于（清）阮元校刻：《十三经注疏》（第五册），清嘉庆刊本，北京：中华书局2003年版，第5347页。

③ （汉）赵岐注：《孟子注疏·离娄上》，收于（清）阮元校刻：《十三经注疏》（第五册），清嘉庆刊本，北京：中华书局2003年版，第5919页。

④ （汉）赵岐注：《孟子注疏·万章上》，收于（清）阮元校刻：《十三经注疏》（第五册），清嘉庆刊本，北京：中华书局2003年版，第5954页。

⑤ （汉）赵岐注：《孟子注疏·万章上》，收于（清）阮元校刻：《十三经注疏》（第五册），清嘉庆刊本，北京：中华书局2003年版，第5955页。

⑥ （汉）赵岐注：《孟子注疏·离娄上》，收于（清）阮元校刻：《十三经注疏》（第五册），清嘉庆刊本，北京：中华书局2003年版，第5919页。

⑦ （汉）赵岐注：《孟子注疏·告子下》，收于（清）阮元校刻：《十三经注疏》（第五册），清嘉庆刊本，北京：中华书局2003年版，第5971页。

⑧ （宋）朱熹：《四书章句集注》，北京：中华书局1983年版，第286－287页。

长幼有序、朋友有信”，也把体现孝道的“父子有亲”拔置首位，孝道从原有的对于老年家庭成员的尊重、敬爱、赡养和祭祀的本意被大大强化为一切道德和行为的基础和标准。

在《孝经》中，忠、孝开始并举混同，公德、私德完全混淆，孝道开始蜕为愚忠、愚孝。《孝经》说孝是“天之经”“地之义”“民之行”，① 政治目的就是以孝劝忠、以孝尽忠、以孝治天下，“始于事亲，中于事君，终于立身”②，“孝悌之至，通于四海，光于神明，无所不通”③，设计了一个从孝开始、忠孝混同、到天下治的奇特逻辑。其中除了庶人之孝“谨身节用，以养父母”尚不违孝之本义，其他均为政治张目。与之相对应，《忠经》则有“君子行其孝必先以忠”之论。④ 历代统治者也非常看重《孝经》，《孝经》在唐代被尊为经书，南宋以后被列为《十三经》之一，孝道观念深入人心。在孝道观念的基础上，在有宗法社会特征的中国，三纲五常得以衍生，儒家伦理的道德观念走向政治化、宗教化，孝道于是具有巨大的社会功能，经过历代加持，孝道也成为中国人心理文化结构的重要组成部分。⑤ 徐复观就说：

> 以儒家为正统的中国文化，其最高的理念是仁，而最有社会实践意义的却是孝（包括悌）。⑥

---

① 胡平生译注：《孝经译注》，北京：中华书局 1996 年版，第 12 页。

② 胡平生译注：《孝经译注》，北京：中华书局 1996 年版，第 1 页。

③ 胡平生译注：《孝经译注》，北京：中华书局 1996 年版，第 34 页。

④ 卢付林注译：《忠经·孝经》，武汉：湖北辞书出版社 2007 年版，第 23 页。

⑤ 儒家并非没有意识到孝道的僭越所带来的理论和实践的不良后果，于是有“从道不从君”“从义不从父”的“谏诤”传统，这使得中国人时常陷入“忠孝不能两全”的巨大冲突之中。

⑥ 徐复观：《中国孝道思想的形成、演变及其在历史中的诸问题》，收于氏著《中国思想史论集》，上海：上海书店出版社 2004 年版，第 131－139 页。

（二）天主教孝观

明末清初天主教传教士来到华土，他们发现中西文化的一个巨大的矛盾和冲突点就是关于孝这一观念。天主教也并不是不注重孝，十诫中第五诫就是“当孝敬父母”①。此处的“孝敬”译文，对应的拉丁文是“honoro”，仅表示尊敬之意，远远要比中国文化语境中“孝敬”的含义单薄。在《新约》中，耶稣也提到孝敬父母的诫命，② 但是耶稣显然把对于天主的爱放到更重要的地位。他说：“我实在告诉你们，人为上帝的国，撇下房屋，或是妻子、弟兄、父母、儿女，没有在今世不得百倍，在来世不得永生的。”③ 他甚至更激烈地说：“我来，是叫人与父亲相疏，女儿与母亲相疏，媳妇与婆婆相疏。人的仇敌，就是自己家里的人。爱父母过于爱我的，不配做我的门徒。爱儿女过于爱我的，不配做我的门徒。”④ 当然，天主教并不是反对孝敬父母，但是耶稣是要把儒家式的建立在血缘之上的“亲亲”“爱有差等”改造为“泛爱众”，即博爱，并且爱天主要高于爱父母，爱的本质在于爱天主。⑤

利玛窦也感觉到了“天”“儒”在孝道问题上的巨大不同，在《天主实义》中，他策略性地运用“合儒”路线来解决宗教信仰和儒家伦理之间的冲突，明确肯定“五伦”“三纲”：

> 平庸治理，惟竟于一，故贤圣劝臣以忠。忠也者，无二主谓也。五伦甲乎君臣，君臣为三纲之首，夫正义之士

① 《旧约圣经·出埃及记》20：12，思高圣经学会本。

② 《新约圣经·若望福音》19：19，思高圣经学会本。在《旧约圣经·申命记》5：16 里也有关于孝的记载：“应照上主你的天主吩咐你的，孝敬你的父母，好使你能享高寿，并在上主你的天主赐给你的土地内，获享幸福。”《圣经》中关于孝的言论很少，也说明天主教把对于天主的信仰放在第一位。

③ 《新约圣经·路加福音》18：29－30，思高圣经学会本。

④ 《新约圣经·玛窦福音》10：35－37，思高圣经学会本。

⑤ ［英］詹姆士·里德著，蒋庆译：《基督的人生观》，北京：生活·读书·新知三联书店 1998 年版，第 20 页。

明此行此。①

他接着提出“超儒”的方案，就是在“五伦”之上加上一“大伦”，即对天主的认识和信仰。“大伦”在“五伦”之上：

国主于我相为君臣，家君于我相为父子，若使比乎天主之公父乎。世人虽君臣父子，平为兄弟耳焉，此伦不可不明矣。②

利玛窦在此已经表明了对于王权和父权的否定，他进一步否定孟子提出的在中国社会影响巨大的“不孝有三，无后无大”的说法。利玛窦认为有后无后并不应该成为道德评判和社会评判的标准：

譬若有匹夫焉，自审无后非孝，有后乃孝，则娶数妾，老于其乡，生子甚多，初无他善可陈，可为孝乎？学道之士，平生远游异乡，辅君匡国，教化兆民，为忠信而不顾产子，此随前论乃大不孝也。③

利玛窦用反证法对“不孝有三，无后为大”观念的否定，也是天主教明末清初来华后中国士人对其攻击和诋毁最多的方面，中国人不理解他们背井离乡，远离祖国、亲人的行为，认为这是“无父无君”。有明一代，自洪武帝始，以孝治天下，变本加厉，《教化榜文》以孝为根本，所颁《圣谕六言》第一即是“孝顺父母”，可见

① ［意］利玛窦：《天主实义·引言》，收于朱维铮主编：《利玛窦中文著译集》，上海：复旦大学出版社 2001 年版。

② ［意］利玛窦：《天主实义》，收于朱维铮主编：《利玛窦中文著译集》，上海：复旦大学出版社 2001 年版。

③ ［意］利玛窦：《天主实义》，收于朱维铮主编：《利玛窦中文著译集》，上海：复旦大学出版社 2001 年版。

对孝道的重视。

天主教对于中国孝道文化的修正和否定，引起明末清初士人的反拨，表明天主教和儒家伦理之间的巨大冲突，也使得徐光启在《辨学章疏》中所谓天主教“无一言不合忠孝大旨者”并不完全是实情，明末士大夫陈侯光在《辨学刍言》中的言论很具代表性：

> 此真道在迩而求诸远者也。父兮生我，母兮鞠我，孝惟爱吾亲已矣。惟辟作福，惟辟作威，忠惟敬吾已矣。爱亲仁也，敬长义也，天性所自现也，岂索之幽远哉？今玛窦独尊天主为世人大父、宇宙公君，必朝夕慕恋之、钦崇之。是以亲为小而不足爱也，以君为私而不足敬也，率天下而为不忠不孝者，必此之言夫。且余览玛窦诸书，语之谬者非一，姑摘其略以相正。玛窦之言曰：近爱所亲，禽兽亦能之；近爱本国，庸人亦能之；独至仁君子，能施远爱，是谓忠臣、孝子与禽兽、庸人无殊也。谬一。又曰：仁也者，乃爱天主。则与孔子“仁者人也，亲亲为大”之旨异。谬二。又曰：人之中虽亲若父母，比之天主，犹为外焉。是外孝而别求仁，未达一本之真性也。谬三。又曰：宇宙有三父，一谓天主，二谓国君，三谓家君，下父不顺其上父，而私子以奉己；若为子者，听其上命，虽犯其下者，不害其为孝也。嗟乎！斯言心亦忍矣。亲虽虐，必谕之于道；君虽暴，犹勉之至仁。如拂亲抗君，皆藉口于孝天主，可乎？谬四。又曰：国主与我相为君臣，家君于我相为父子，若比天主之公父乎？以余观之，至尊者莫若亲，今一事天主，遂以子比肩于父，臣比肩于君，而悖论莫焉，复云此伦之不可明者，何伦也？谬五。①

---

① （明）陈候光：《辨学刍言》，收于夏瑰琦编：《圣朝破邪集》（卷五），香港：建道神学院1996年版。

陈候光属于反教士人，他在《辨学刍言》中所列利玛窦之五谬，实在可以看作中国儒家伦理道德和天主教道德的总体差异，其中大部分都谈到孝道的问题，他认为天主教“拂亲抗君，皆藉口于孝天主”，他的论断可与孟子“无君无父，是禽兽”相呼应。实际上，明末清初天主教来华所遇到的伦理和道德困境，和千年前佛教初来所遇见的文化环境是一样的，但是佛教却成功地实现本土化并深深地影响了中国文化和社会，天主教却没有此好运，一个很重要的原因就是当佛教的伦理和教义同中国文化尤其是儒家伦理发生冲突时，佛教往往以自身的妥协来消弭此种紧张和反动，甚至以带有佛教色彩的孝论来迎合中国传统。而以利玛窦为代表的传教士却采取一种比较权宜的态度：能含化的就含化，能比附的就比附，也就是会通的方法；不能的，尤其是原则性的问题，就明确反对。明末清初耶稣会来华的几十年中，中国礼仪之争还未爆发，尽管反教运动也时有发生，也有诸如龙华民等人对利玛窦的会通路线表示反对，但是整体而言，还不至于发展到威胁天主教在华生存的程度，所以以利玛窦为代表的传教士还可以坚持会通和批判并重的路线。明末清初的儒家天主教徒正是在此语境下展开对“孝”这一重要观念的重释的。我们看到，他们师从传教士的会通路线，采取的是耶儒融合、回避矛盾的中庸之道，力图弥合天主教和儒学在孝道方面的冲突和紧张。

（三）儒家天主教徒孝观重构

1. 天主即“大父母”，爱天主为第一要义

利玛窦在《天主实义》中对儒家伦理的“五伦”概括接受，不过他在“五伦”之上加了个“大伦”，就是对天主的信仰和爱。儒家天主教徒在重释“孝”观时，也纷纷以中国传统文化中的“大父母”的称谓来称天主教的“天主”，他们这样做的目的无外乎是减弱天主教和中国孝道文化之间的紧张。利玛窦首先提出“三父”的说法：

凡人在宇内有三父：一谓天主，二谓国君，三谓家君也。逆三父之旨者，为不孝子也。天下有道，三父之旨无相悖；盖下父者命己子奉事上父者也，而为子者顺乎一，即兼孝三焉。天下无道，三父之令相反，则下父不顺其上父，而私子以奉己，弗顾其上，其为之子者，听其上命，虽犯其下者，不害其为孝也；若从下者逆其上者，固大为不孝者也。国主于我相为君臣，家君于我相为父子。若使比乎天主之公父乎，世人虽君臣父子，平为兄弟耳焉。此伦不可不明矣。①

杨廷筠就跟着称呼天主为“吾人大父母也”：

即云，“父母生我”，而天有赐衣食以全父母之生；“师保成我”，而天又赋灵性以受师保之成。恩不更大乎？故儒教以为大父母而西国以为一真主。不可不认，不可不感，即不可不事。事者如子之事父母，体其心而已。体其心而循理，作善父母，岂有不喜，岂有不降福？不体其心而逆理，作恶父母，岂有不怒，岂有不降殃？故曰“事亲如事天”，又曰“及尔出王”“及尔游衍”。安在其不相通也？②

另一儒家天主教徒张赓在《天学证符》中也称天主为“大父母”，每个人不分贵贱都是兄弟姐妹：

世间不敬爱大父母，故不敬爱大父母同生之人为胡、为越，即胞兄弟非兄弟矣。奉主教者此亦一敬恭，彼亦一

---

① ［意］利玛窦：《天主实义》，收于朱维铮主编：《利玛窦中文著译集》，上海：复旦大学出版社2001年版。

② （明）杨廷筠：《圣水纪言》，收于［韩］郑安德编，楼宇烈顾问：《明末清初耶稣会天主教文献汇编》（第五卷第三十六册），北京：北京大学宗教研究所2004年版。

敬恭。虽极极巡之人皆如一体，奚舍兄弟乎？大西司教诸君子越九万里而来，与绝不相识等，如兄如弟总是行此恭敬之德，不但有邻且兄弟多多许矣。莫构胞生作兄弟也。益自人视之我兄弟非尔兄弟，自大父母之主视之，等是同生，等是一家，等是一团骨肉。彼其自绝于天者乃自人，不顾与之做兄弟耳。然则君子将奈之何，勿忧勿患，毕竟以恭敬，徐收之而已。①

儒家天主教徒称“天主”为“大父母”，其实也有中国传统宇宙论的根据。中国古代《易经》《老子》等经典里就有天地父母的观念，相当于张载《太极图说》中乾（天）坤（地）化生万物的阴阳相生的原则，乾为父，坤为母，他把乾坤当作宇宙万物的父母。②天主教传统也称呼天主为“天父”，但是没有“天母”的说法，虽然来华传教士利玛窦、艾儒略、庞迪我等人有时在讲道时也使用“父母”的称呼，③ 但是只是举例，并未将其作为天主的别称。上文论及，利玛窦等人在对待中国孝道的问题上采取的是有赞有弹的两面做法，不反对中国人行孝，但是对于和天主教教义相冲突的观点比如说“不孝有三，无后为大”就据理反驳。中国本土儒家天主教徒出于中国文化传统中固有的中庸心态，对于传教士认为很严重与天主教教义相冲突的部分存而不论，避而不谈。比如说对于“不孝有三，无后为大”的根深蒂固的传统教训，儒家天主教徒是非常看重的，王徵、徐光启等人就是因为子嗣的压力在信仰的问题上一波三折。在明末清初中国文化较之于外来文化仍处于强势地位的社会环境中，很少有儒家天主教徒会完全遵循他们传教士老师的教导，

---

① （明）张赓：《天学证符·证四海兄弟章》，收于载［比］钟鸣旦、［荷］杜鼎克编撰：《耶稣会罗马档案馆明清天主教文献》（第八卷），台北：利氏学社 2002 年版。

② （宋）张载著，章锡琛点校：《张载集》，北京：中华书局 2010 年版，第 62－63 页。

③ 比如，利玛窦在《天主实义》中说：“今天下万国，各有自然之诚情，莫相告谕，而皆敬一上尊。被难者吁哀望救，如望慈父母焉。”见氏著《天主实义》，收于朱维铮主编：《利玛窦中文著译集》，上海：复旦大学出版社 2001 年版。

他们会觉得不失儒者的身份、不完全改变儒者的存在方式又可以“沐浴天恩”实在是两全其美之道。他们从“天儒原同”的理念出发，也完全不会觉得这么做有什么不妥。这是一种非常典型的中国式的中庸心态。把天主教的“天父”称作中国式的“大父母”，就是这种心态的最好表现。因为天主教的第一要义是“爱天主”，而儒家伦理的“孝”仍然是基于宗法血缘关系的“差等之爱”，这种冲突的解决方案，只消把“父母”的外延扩大，在生身父母之上再加个“大父母”，就可以解决。这种解决方案在中国其实也有先例可循，同时把天称作“大父母”有中国传统宇宙论的根据。① 忠、孝混同其实也是这么一个思路，很简单，就是把忠的对象“君主”置换成“君父”就可以，中国人也习惯于把官员称作“父母官”，“天子作民父母，以为天下王”②，也是要以父权形象来实现有效的“垂拱而治”，“忠、孝不能两全”的问题也可以有效消解。无独有偶，“师”的尊严形象也是可以用“父权”形式来加强的，俗语中所谓“一日为师，终身为父”的说法正是如此。杨廷筠深谙其中道理，在上述引言中就把中国文化中的尊者“天地君亲师”都混同，并且把天的公德和权威放在“父母、师者”之上。“恩不更大乎?”这样对于生身父母的孝顺就和对天主的爱本质上是一回事，也不存在矛盾；反而，天主的爱，也就是“大父母”的爱“以全父母之生”，“以受师保之成”，“事亲如事天”就水到渠成。杨廷筠还进一步解释道：

> 今人止视天主至高至尊，与己邈不相亲，不知在人世。则论名分，天主视人无非其子，无贵贱，无贤愚，皆一大父所处。故谓之大父母，尊而且亲，无人可得而远之。

---

① ［意］柯毅霖著，王志成等译：《晚明基督论》，成都：四川人民出版社 1999 年版，第 342 页。

② （汉）孔颖达传：《尚书正义·洪范》，收于（清）阮元校刻：《十三经注疏》（第一册），清嘉庆刊本，北京：中华书局 2003 年版，第 415 页。

杨廷筠在此是说“大父母”绝不是“与己邈不相亲”，“大父母”“尊而且亲”，而且“天主视人无非其子，无贵贱，无贤愚”，在尊、亲的基础上更能有生身父母很难达到的“公义”。在这里很能体现杨廷筠的天主教背景，因为“无非其子，无贵贱，无贤愚”是超越了儒学的“差等之爱”，走向“不独亲其亲，不独子其子”①的大同社会，也就是天主教的“博爱”和“天国”，从中我们会看出杨廷筠“孝”观的天主教色彩。

杨廷筠把天主教的天主称为“大父母”，耶稣会传教士和中国本土一般信徒都委婉接受，有学者评论道：

> 在儒家思想中，“大父母”一词与中国的宇宙创始论有关，这种理论是建立在阴阳观念基础之上的。把宇宙视为自己的父母，意味着这样的伦理意义，即把众人视为自己的兄弟姐妹。……“大父母”一词也有另外一层含义：父母与孩子之间的关系表达了天主和人类之间的关系：“天之养人如父母养子。”同样的关系也表达了与天主的密切性。②

韩霖在《铎书》中也将天主教的“天主”唤作“大父母”。当然，“大父母”这一称谓的前提是：把中国古代经典里的“天”或“上帝”人格神化，认为其是有意志、有情感的活神。《铎书》是一部以乡约形式诠释明太祖朱元璋“圣谕六言”的著作，儒家天主教徒韩霖在此书中不留痕迹地用天主教教理来诠释儒家的一些基本教

---

① （汉）郑玄注：《礼记正义·礼运》，收于（清）阮元校刻：《十三经注疏》（第三册），清嘉庆刊本，北京：中华书局2003年版，第3080页 。

② ［意］柯毅霖著，王志成、思竹、汪建达译：《晚明基督论》，成都：四川人民出版社1999年版，第342页。

导。① 在谈及“天”与“大父母”的关系时，韩霖说：

圣人之言，言近旨远。今人闻孝顺父母，只当平常之语，谁人不知？不知中间包含道理渊深广大！吾人要知，天为大父母。②

韩霖以天为“大父母”，包含两层含义：其一，天，“非苍苍之天也。上面有个主宰，生天、生地、生人、生物，即唐、虞三代之时五经相传之上帝”③。这是说韩霖已经把中国古经中的上帝等同于天主教的“天主”。其二，唯有如此，人格化的天主才可能成为“大父母”。他接着说：

盖天既生人，即付以性，与禽兽不同。自生时至死后，皆天造成、培养、管辖之，时刻不离，有求斯应，善有永赏，恶有永罚，总是爱人之意。④

这是《中庸》首句“天命之谓性，率性之谓道，修道之谓教”的天主教意味的翻版。在说明“天主”也就是“大父母”的功德后，韩霖说：

所以吾人第一要敬天。敬者，尊无二上之谓，凡神圣

① 有明一代，诠释“圣谕六言”的文献众多，大儒罗汝芳也曾从纯粹儒家道统的角度诠释过，这和韩霖的天主教角度形成风格迥异的解释学文本。参见徐思源：《从〈铎书〉看儒耶对话的真正题域和天主教带来的新主题》，收于赵建敏主编：《天主教研究论辑》（第四辑），北京：宗教文化出版社 2007 年版，第 177 – 178 页。

② （明）韩霖著，孙尚扬、肖清和等校注：《〈铎书〉校注》，北京：华夏出版社 2008 年版，第 60 页。

③ （明）韩霖著，孙尚扬、肖清和等校注：《〈铎书〉校注》，北京：华夏出版社 2008 年版，第 60 页。

④ （明）韩霖著，孙尚扬、肖清和等校注：《〈铎书〉校注》，北京：华夏出版社 2008 年版，第 61 页。

无可与之比者，因敬天而及于爱人。①

此处之“所以吾人第一要敬天”，韩霖巧妙地把对父母的孝顺置换成对天主的“敬”，此“敬”“大父母”即是爱生身父母。而且，韩霖把天主教的“爱天主”很自然地拔置到爱父母之上，爱天主才是第一。

2. 天主教色彩的“色养”

韩霖接着又表示，“此则皇上为大父母”，“七尺之身，皆祖宗与今皇所教养也”。要像爱天主、爱父母那样爱皇上之大父母，“若只图富贵饱暖，不思报效朝廷，便是罪人”②。韩霖在这里又回到了中国式的“孝忠混同”。这样人就有“三父”：天主、皇上、生身之父，也就是天父、皇父、生父。韩霖在《铎书》中花了很大篇幅引用《曾子》《孝经》中的话语以及大量的历史典故来说明为何要孝顺父母，也反对僧道那种惑堪舆、风水的做法，并严厉指责那种因为各种借口不孝顺父母的行径。③ 韩霖所说的孝包括两个方面：首先是养父母的身，也就是“物养”。韩霖说：“竭己之力，罄家之有。凡有棉帛，父母未衣，不忍先着体；凡有美味，父母未食，不忍先入口；有事服劳，岁时庆祝；不幸有疾，医药调治，这便是养父母的身。”④ 一般情况下，物养是可以做到的，比较难做到的是让父母“心舒”，就是养父母的心，也即韩霖孝论的第二个方面——“色养”。韩霖在这里引用了《论语》中孔子“今之孝者，是谓能

① （明）韩霖著，孙尚扬、肖清和等校注：《〈铎书〉校注》，北京：华夏出版社2008年版，第61页。

② （明）韩霖著，孙尚扬、肖清和等校注：《〈铎书〉校注》，北京：华夏出版社2008年版，第63页。

③ （明）韩霖著，孙尚扬、肖清和等校注：《〈铎书〉校注》，北京：华夏出版社2008年版，第64－65页。

④ （明）韩霖著，孙尚扬、肖清和等校注：《〈铎书〉校注》，北京：华夏出版社2008年版，第63页。

养，至于犬马，皆能所养，不敬，何以别乎”① 的教训，说明有“敬”有“爱”才是真正的“孝”。有趣的是，他还引用了明末清初“教会三柱石”之杨廷筠引导父亲使其信仰天主教的故事来说明带有天主教色彩的“色养”。② 在礼法分明、等级森严的中国，鼓聒父亲改教是大逆不道的事情，同时也是违背了儒家孝道基本的要求也就是“顺”，杨廷筠禁食也是对儒家“身体发肤，受之父母，不敢毁伤，孝之始也”③ 的教导的违背，但韩霖认为“此尤超世之大孝”④，这是很明显地以天主教的教义来改造传统的孝道思想。

杨廷筠的“色养”事迹其实也是另一种意义上的对于“愚孝”的超越。《论语》中孔子说：“事父母几谏，见志不从，又敬不违。”虽然孝的基本含义是“顺”，也就是“不违”，但是孔子强调“几谏”，《论语·颜渊》有一场对话：

> 齐景公问政于孔子，孔子对曰：“君君，臣臣，父父，子子。”公曰：“善哉！信如君不君，臣不臣，父不父，子不子，虽有粟，吾得而食诸？”⑤

这段话一般解为孔子“正名”，但其实也隐含着孔子强调君臣、父子互为条件和前提，也就是君义臣忠、父慈子孝的道理。杨廷筠

---

① （魏）何晏注：《论语注疏·为政》，收于（清）阮元校刻：《十三经注疏》（第五册），清嘉庆刊本，北京：中华书局 2003 年版，第 5348 页。

② 此典故是说杨廷筠想让他父亲皈依天主教，但是其父不肯。于是杨廷筠就每天只吃一顿饭，不停地祷告，最终感动了他父亲，使其皈依了天主。参见（明）李九功：《勤修一鉴》，收于（明）徐光启等撰，吴相湘主编：《天主教东传文献三编》（第一册），台北：台湾学生书局 1984 年版，第 495－497 页。又一说杨廷筠引导入教的是其母亲，参见丁志麟：《杨淇园先生超性事迹》，收于［比］钟鸣旦、［荷］杜鼎克、黄一农、祝平一等编：《徐家汇藏书楼明清天主教文献》（第一册），台北：方济出版社 1996 年版。

③ 胡平生译注：《孝经译注》，北京：中华书局 1996 年版，第 1 页。

④ （明）韩霖著，孙尚扬、肖清和等校注：《〈铎书〉校注》，北京：华夏出版社 2008 年版，第 64 页。

⑤ （魏）何晏注：《论语注疏·颜渊》，收于（清）阮元校刻：《十三经注疏》（第五册），清嘉庆刊本，北京：中华书局 2003 年版，第 5440 页。

的父亲和他一样曾经念佛，“负其所学，未归正教”，于是“京兆（杨廷筠官名）委屈开喻，不得，则至斋嘿祷于天，每日一饭，久而臞甚”。[①] 杨廷筠颇有“事父母几谏，见志不从，又敬不违”的味道，这说明接受了天主教信仰的儒家天主教徒已经意识到《孟子》以后愚孝的不足，在反对愚孝的方法上也足够高明。

另外，对于“不孝有三，无后为大”这一中国传统家庭伦理，明末清初儒家天主教徒对这个被传教士所反对的观念，内心是充满矛盾的。作为中国传统社会的官宦阶层，这个问题不仅涉及个体，也涉及家族，甚至涉及整个社会的观瞻。[②] 徐光启曾为“去妾”的问题而发出这样的感叹：十诫中，唯独难守的是禁止娶妾。[③] 徐光启关于“去妾”的矛盾和两难是因为后嗣的问题，因为娶妾很大一个原因就是为了延续香火，徐光启就因为只有一个儿子而在入教问题上有很长时间的迟疑。[④] 王徵也是因为子嗣的问题被迫娶妾又因为天主教信仰原因数度休妾，[⑤] 后自绝于天主堂，也让他的“精白一生事上帝，全忠全孝更无疑”成为空叹。明末清初儒家天主教徒的思想和实践表明，他们内心是希望在自己成为“纯正的天主教徒”的同时，也能维持儒家本位的存在方式。

明末清初“天”“儒”之间关于中国传统家庭伦理的冲突，要么是理论层面的，要么是仅仅构成个体的入教门槛，那种大规模的

---

① （明）韩霖著，孙尚扬、肖清和等校注：《〈铎书〉校注》，北京：华夏出版社2008年版，第64页。

② 《孟子·尽心上》说：“孩提之童，无不知爱其亲者，及其长也，无不知敬其兄也。亲亲，仁也；敬长，义也。无他，达之天下也。”经历这一社会化过程，各安其位，各安生理，社会秩序得以长久维护。见（汉）赵岐注：《孟子注疏·尽心上》，收于（清）阮元校刻：《十三经注疏》（第五册），清嘉庆刊本，北京：中华书局2003年版，第5938页。

③ 黄一农：《明末中西文化冲突之析探：以天主教徒王徵娶妾和殉国为例》，收于《世变、群体与个人：第一届全国历史学学术讨论会论文集》，台北：“国立”台湾大学历史学系1996年版，第218－234页。

④ 刘耘华：《诠释的圆环——明末清初传教士对儒家经典的解释及其本土回应》，北京：北京大学出版社2005年版，第313页。

⑤ 黄一农：《儒家化的天主教徒：以王徵为例》，收于氏著《两头蛇：明末清初的第一代天主教徒》，上海：上海古籍出版社2006年版，第130－175页。

论辩和冲突尚未发生，由于耶稣会传教士始终采取利玛窦的学术传教的会通路线①，也由于明末清初正处于社会动荡、人心颓废的内外交困时期，很多“天”“儒”之间的理论矛盾被掩盖起来。但是到了康熙年间的“中国礼仪之争”时期，被掩盖的矛盾集中爆发。“中国礼仪之争”很重要的一个内容就是“祭祖”问题，这是和“孝”的观念很相关的。

在对于孝的观念的重释中，儒家天主教徒回避了会引起天主教和儒学冲突的方面，比如“不孝有三，无后为大”的说法，对中国传统的皇帝的父亲形象也是一笔带过，把《孝经》中忠、孝混同的做法也轻描淡写，而对于孝顺父母的必要性则大书特书，又将天主教的“第一要义爱天主”的基本原则贯穿其中，并且置“大父母”于父母即君父与生身父母之上，“天”“儒”融合会通的色彩非常明显。

二、仁爱观

（一）儒学传统仁爱观与天主教圣爱观

1. 儒学仁爱观之人性与差等性

爱既是伦理道德范畴里的核心观念和信念，也是宗教理论及其实践里的核心观念和信念，也就是说，爱既具有伦理性、道德性，也有宗教性，体现出人类深沉博大的情感，在这一点上儒家文化和天主教文化是一样的。但是由于二者在人性论、宇宙论、伦理关系结构、一般伦理行为过程等方面有所不同，故表现出有差异的理论和实践旨趣。

儒家的爱源于“仁”，故“仁爱”并称。“仁”字东周以来已

---

① 利玛窦死后，他的教区负责人的职位由龙华民担任，龙华民和利安当是后来康熙年间“中国礼仪之争”的始作俑者，他们坚持天主教的“纯洁性”和“真教唯一”，反对变通和妥协中国文化。参见李天纲：《中国礼仪之争：历史·文献和意义》，上海：上海古籍出版社1998年版，第32－46页。

有，但从一种美德上升为做人的最高准则及包括爱在内的道德行为的动力，以至成为一种学说，则自孔子始。不过，《论语》中的“仁”，充满今天所说的“处境伦理”的特征，很难找到相同的“仁”的含义，比如樊迟三次问仁，孔子三次回答都不尽相同。① 像这种因人、时、地、事不同而说法不同的情况《论语》里比比皆是，“仁”的含义变现在境界、动力、原则等诸多方面。《论语》中谈“仁”最多的还是从德目的角度谈，“先难而后获”“爱人”“敬”“忠”是仁，“恭”“宽”“信”“敏”“惠”也是仁，在《论语》中也有“清”不是“仁”，“忠”不是“仁”的说法。② “仁”的这种伦理处境的特色当然和孔子的方法论相关，其含义的多岐并不妨碍“仁”作为孔子思想体系的基础。也就是说，孔子的“仁”在《论语》中具有情感本体（李泽厚语）的地位。从德目的角度来说，“仁”既是一种德行，也是德行的总纲，涵摄其他德行，不外乎修己和治人两个方面，也就是私德和公德。“仁”在《论语》中含义丰富，其中最基本的含义也是最基本的德行是：“仁者，爱人。”③ 孟子也说：“恻隐之心，仁也。”④

《论语》以后，《孟子》《荀子》《大学》《中庸》虽然也提到“仁”，但是已经不居于中心地位。⑤ 至宋明时期将“仁”之概念发扬光大的，首推张载。张载云：

---

① 孔子的回答分别是修身角度的“仁者先难而后获”（《论语·雍也》），人际角度的“仁者爱人”（《论语·颜渊》），修养角度的“居处恭，执事敬，与人忠，虽之夷狄，不可弃也”（《论语·子路》）。分别见（魏）何晏注：《论语注疏》，收于（清）阮元校刻：《十三经注疏》（第五册），清嘉庆刊本，北京：中华书局2003年版，第5383、5437、5446页。

② （魏）何晏注：《论语注疏·公冶长》，收于（清）阮元校刻：《十三经注疏》（第五册），清嘉庆刊本，北京：中华书局2003年版，第5375页。

③ （魏）何晏注：《论语注疏·颜渊》，收于（清）阮元校刻：《十三经注疏》（第五册），清嘉庆刊本，北京：中华书局2003年版，第5438页。

④ （汉）赵岐注：《孟子注疏·告子上》，收于（清）阮元校刻：《十三经注疏》（第五册），清嘉庆刊本，北京：中华书局2003年版，第5389页。

⑤ 孔子之后，谈“仁”不多，但皆以“仁”说为基础，《孟子》中心是谈心性之上的“义”，《荀子》是“礼”，《大学》是三纲领、八条目，《中庸》是“诚”。

乾称父，坤称母。予兹藐焉，乃混然中处。故天地之塞，吾其体；天地之帅，吾其性。民吾同胞，物吾与也。……尊高年，所以长其长；慈孤弱，所以幼其幼。①

张载于《西铭》中未对“仁”之概念有所发挥，唯云“害仁曰贼”。但是上引文却包含儒家之爱从“差等之爱”向博爱扩展的意味（关于这一点，下文在论述儒家天主教徒的“爱”观时，会有比较详细的分梳，理学家和儒家天主教徒对这段著名的话语诠释有很大不同）。程颐对于“仁”学亦有贡献，似琴瑟张子。程颐《识仁篇》：

学者须先识仁。仁者浑然与物同体。义礼知信，皆仁也。识得此理，以诚敬存之而已，不须防检，不须穷索。②

程颐又以“手足痿痹为不仁”，而“仁者以天地万物为一体，莫非己也”，若“手足不仁，气已不贯，皆不属己”。他认为，只有圣人才能博施济众，“仁”乃圣人之功。程颐从理学出发，认为“生之性，便是仁”，“四德之元，犹五常之仁”。程颐实际上把孔子基于“情”本体的“仁”理解为“性”本体，他以爱为“情”，以性为“仁”：

孟子曰：恻隐之心，仁也。后人遂以爱为仁。爱自是情，仁自是性，岂可专以爱为仁？……退之（即韩愈，本书注）言：博爱之谓仁。非也。仁者固博爱，然便以博爱为仁则不可。③

---

① （宋）张载著，章锡琛校：《张载集》，北京：中华书局2010年版，第62－63页。

② （宋）程颐、程颢：《二程集》（一），台北：汉京文化事业有限公司1983年版，第134页。

③ （宋）程颐、程颢：《二程集》（二），台北：汉京文化事业有限公司1983年版，第135页。

朱熹继续程颐的“仁”“情”二分的理解，在其《仁说》中云：“盖仁之为道，乃天地生物之心，即物而在。”① 朱子因此释“仁”为“心之德爱之理”，“爱是仁之情，仁是爱之性”。“理是根，爱是苗。仁之爱如糖之甜、醋之酸。爱是那滋味。”② 这是典型的理学家的逻辑。理学家是把孔子“仁”之本体拆解为性与情的本末关系，不过纵观“仁”学说之发展，尽管对“仁”的地位有不同对待，但是“仁”与“爱”的链接是无可否认的，“爱”或是“仁”，或是“仁”的表现，仁者的基本要求是“爱”，以“仁爱”并称，庶几无误。

儒家的仁爱是基于普遍人性而来，人性论构成儒家仁爱思想的基础。《易·乾卦》言：“君子体仁足以长人。”又有“安土敦乎仁，故能爱”。《中庸》说“仁者，人也”，“成已，仁也”。《大学》还谈到政治中的人性之爱：“为人君，止于仁。”《孟子·离娄上》说：“民之归仁也，犹水之就下，兽之走圹也。”同时，仁爱还是家庭、社会、国家的基本原则和方法。《论语·学而》中讲：“孝弟也者，其为仁之本与?”《孟子·尽心上》中说：“仁之实，事亲是也。”血缘之爱是仁爱的最初也是最基础的爱，将这种爱加以发挥，可以调度社会：“道千乘之国，敬事而信，节用而爱人，使民以时。”（《论语·学而》）孟子更说：“先王有不忍人之心，斯有不忍人之政矣。以不忍人之心，行不忍人之政，治天下可运之掌上。”可见，仁爱之情是儒家伦理处理国家、社会、家庭关系的基本方法。

但是，基于普遍人性的儒家仁爱却有明显的时代局限性，儒家仁爱是基于普遍人性的差等之爱。其一，仁爱之情的主体性不同。孔子就认为“君子学道则爱人，小人学道则易使也”。血缘之爱或者说家庭之爱是人共同的，但是仁爱之情进一步扩充的话，就显示

---

① （宋）朱熹：《仁说》，见陈荣捷编著：《中国哲学文献选编》，南京：江苏教育出版社 2006 年版，第 503 页。

② （宋）黎靖德编，王星贤点校：《朱子语类》（卷二十），北京：中华书局 1986 年版，第 447 页。

出儒家仁爱的主体的差等性。只有君子才配仁爱之情，小人就似乎达不到这个境界了。儒家经典里普遍把仁者与君子等同，比如：

唯仁人为能爱人，能恶人。①

君子之于物也，爱之而弗仁；于民也，仁之而弗亲。②

我未见好仁者恶不仁者。好仁者无以尚之；恶不仁者，其为仁矣，不使不仁者加乎其身，有能一日用其力于仁矣乎？我未见力不足者。盖有之矣，我未之见也。③

所以《孟子》就认为：“尧舜之仁，不遍爱人，急亲贤也。”小人达不到仁，所以“学道则易使也”，所以也就没有真正的仁爱。他们的爱仅仅限于基本家庭伦理之爱，而不是仁爱，达不到亲贤的层次。儒家仁爱从普遍人性出发，却得出不普遍的“爱”。

儒家“差等之爱”的另一个表现是仁爱的层次不同，爱的程度也不同。儒家以“父子、兄弟、君臣、夫妇、朋友”这“五伦”作为一切伦理和社会关系的总纲和基础，具体的要求对应就是“亲、序、义、别、信”。但是这“五伦”并不是并列的关系，而是亲疏有别的，于是相应的仁爱程度也是不同的。“五伦”中的前“两伦”，即“父子、兄弟”构成“五伦”的基础和前提，《论语》中讲“孝弟也者，其为仁之本与”，说孝悌是五伦之本，基于孝悌的爱是首要的、第一位的。最早关于“五伦”的认识和实践也是来自家庭血缘这一基本宗法社会的基础。《尚书·尧典》中最早提出

---

① （汉）郑玄注：《礼记正义·大学》，收于（清）阮元校刻：《十三经注疏》（第三册），清嘉庆刊本，北京：中华书局2003年版，第3635页。

② （汉）赵岐注：《孟子注疏·尽心上》，收于（清）阮元校刻：《十三经注疏》（第五册），清嘉庆刊本，北京：中华书局2003年版，第6018页。

③ （魏）何晏注：《论语注疏·里仁》，收于（清）阮元校刻：《十三经注疏》（第五册），清嘉庆刊本，北京：中华书局2003年版，第5438页。

“修其五教”：

百姓不亲，五品不逊，汝为司徒而敬敷五教，五教在宽。①

“五教”就是以宗法家族为本位的父、母、兄、弟、子五种血缘关系。这五教在《左传·桓公六年》也被强调了重要性，具体说来就是这五种家庭关系要做到“父义、母慈、兄友、弟恭、子孝”。在《论语》中，孔子强化了“孝”这一观念的重要性，并且由“孝”推出社会关系伦理“四伦”：

贤贤易色，事父母，能竭其力；事君，能致其身；与朋友交，言而有信。虽曰未学，吾必谓之学矣。②

孟子则推广为“五伦”：

圣人有忧之，使契为司徒，教以人伦。

父子有亲，君臣有义，夫妇有别，长幼有序，朋友有信。

孟子“五伦”是儒家人伦的最高概括，他认为人伦是社会伦理的基础，也是教化的根本：

学则三代共之，皆所以明人伦也。人伦明于上，小民

① （汉）孔颖达传：《尚书正义·尧典》，收于（清）阮元校刻：《十三经注疏》（第一册），清嘉庆刊本，北京：中华书局2003年版，第249页。

② （魏）何晏注：《论语注疏·学而》，收于（清）阮元校刻：《十三经注疏》（第五册），清嘉庆刊本，北京：中华书局2003年版，第5336页。

亲于下。①

舜明于庶物，察于人伦，由仁义行，非行仁义也。②

家庭血缘伦理向外扩散，就形成儒家奇特的同心圆结构的伦理层次，最内就是父子、兄弟、夫妇，其次是君臣、朋友，再次是人与自然，分别对应着血亲家庭关系之爱、一般社会关系之爱、人与自然万物之爱，这是儒家“己欲立而立人，己欲达而达人”的推己及人的爱的秩序观，是基于孝悌亲情的爱的等级观。我们常说的儒家亲疏有别、爱有差等就是在儒家伦理结构层次上而言的。

2. 天主教圣爱之神性与无差等性

德国宗教伦理学家卡尔·白舍客在《基督宗教伦理学》中认为，三个超性之德，即信、望、爱，是基督宗教徒宗教生活的最高价值。其中，爱德是三个超性之德的枢机。③ 在《圣经》中表示爱的希腊词语有四个，分别是：Agape（圣爱）、Stergo（亲爱）、Eros（欲爱）、Philia（友爱）。其中，Agape 是其他爱的根源。

这当然是宗教逻辑。宗教，尤其是一神论的宗教，强调创造者与受造物的本质区别，承认至上神的临在性，是包括爱的观念和行为在内的一切存在的前提和根源。基督宗教，包括天主教里的“爱”的根源在于天主自身。《圣经》说：“天主就是爱。”④ “诸天藉耶和华的命而造，万象藉他口中的气而成。”⑤ 这是作为三位一体第一位格的天主的爱。作为第二位格的耶稣，依照道成肉身理论，实质上，耶稣在人间所做的一切，都来源于天主。不过在《新约》里，耶稣的形象不再是严厉、暴虐、法力通天的《旧约》天主的形

① （汉）赵岐注：《孟子注疏·滕文公上》，收于（清）阮元校刻：《十三经注疏》（第五册），清嘉庆刊本，北京：中华书局 2003 年版，第 5886 页。

② （汉）赵岐注：《孟子注疏·离娄下》，收于（清）阮元校刻：《十三经注疏》（第五册），清嘉庆刊本，北京：中华书局 2003 年版，第 5919 页。

③ ［德］卡尔·白舍客著，静也、常宏译：《基督宗教伦理学》（第二卷），上海：上海三联书店 2002 年版，第 19 页。

④ 《新约圣经·若望一书》4：8，思高圣经学会本。

⑤ 《旧约圣经·智慧篇》33：6，思高圣经学会本。

象，而是卑微的肉身形象。如果说《旧约》里人与耶和华的关系是靠基于律法的信仰来维系的，那么在《新约》中耶稣的形象则是基于爱的信仰。《新约》中记载的关于耶稣救人、治病、传道等事迹都是天主爱的表现，耶稣关于邻舍、仇敌、发怒、起誓、离婚、施舍等诸多教导都是耶稣爱的表现，正如他说："你们听见有话说：'当爱你的邻舍，恨你的仇敌。'只是我告诉你们，要爱你的仇敌，要为逼迫你的人祷告。"① 天主教的救赎说、天堂地狱说、末日审判说都在彰显耶稣以爱的方式所体现的天主的神圣的爱，也就是圣爱。②

人与天主之间的爱是垂直的，由神而来，却不是单向的，天主教徒的爱来自天主，是天主的要求："使基督因你们的信，住在你们心里，叫你们的爱心有根有基。"③ 天主要求信徒的爱是两个层次的："你当尽心尽性爱你的天主。其次也相仿，就是要爱人如己。"④ 这是天主教的第一诫命，耶稣教导的爱，其一是爱天主，其二是爱别人。耶稣关于爱的教导在《圣经》里比比皆是，以至于有的人说，包括天主教在内的基督宗教本质上是一个"爱"的宗教。这种爱的本质和来源是神（圣）爱。

如果说儒家的仁爱的结构层次是基于血亲联系的同心圆式的结构，那么天主教里的圣爱就是十字架结构，其中竖向的是自上而下由天主及人的圣爱以及由人对天主的自下而上的爱，横向的是人与人之间的爱。和儒家之爱不同的一点是，天主教之爱并没有扩展到自然万物，这和儒家的爱扩展到"仁民而爱物"的层次不同。这是和希腊—希伯来思想传统中的机械自然观相一致的，从这个意义上

---

① 《新约圣经·玛窦福音》5：43－44，思高圣经学会本。

② 圣爱的说法实际上是指神爱，这里有一个翻译的误读问题。严格地说，在中国文化传统中，神和圣并不是一个层次的存在，圣是中国士人修身成道的最高境界，宋儒周敦颐所谓的"人希贤、贤希圣、圣希天"正是此意。而中国文化中的神也不是西方宗教意义上的绝对超越的神，严格地讲，神和鬼是都是人死后的不同层次的状态，而圣则是人在世的最高状态。

③ 《新约圣经·以弗所书》3：17，思高圣经学会本。

④ 《新约圣经·若望福音》14：16－18，思高圣经学会本。

讲，天主教是纯粹的人的宗教。

除了和儒家人性之爱的本质不同，神性本质的天主教之爱和其宣称的“公教”一样，普世性的天主教所标榜的爱是无差等的爱，这表现在天主对人的爱的无差等，正如《圣经》所宣称的“天主爱世人”，这种超越了种族、地域、性别的爱可谓一种“博爱”。儒家之基于人性之爱按照其理论逻辑，也最终要达到“泛爱众”“天下大同”的层次，但是在历史和现实实践中始终是一个无法实现的乌托邦。对于儒家伦理的反思和批判是明末清初士大夫接受天主教的一个突破口，当意识到包括中国化佛教和儒家伦理在内的明末清初伦理困境后，徐光启等人渴望一种新异的伦理架构能够补充和改造儒家伦理。

（二）明末清初儒家天主教徒“爱”观重构

明末清初儒家天主教徒以天主教教义和教理对于儒家仁爱思想的改造和重构表现在三个方面。

1. 对儒家之“天”的人格化改造

对儒家之“天”进行人格化改造，以体现天主对于人的爱。在中国文化传统中，“天”具有多重维度的含义，到明末清初经过宋儒的理学化改造，其人格神主宰的形象已经模糊，同时佛教文化的浸染使得来世报应的观念深入人心，直接现世感受“天”之爱就是一件很困难的事情，尽管明末清初“现世报”的思潮也很流行。奉教人士中，官至大学士的福建缙绅叶向高的话最为经典：

> 世儒非不口口言天，而实则以天为高远，耳目不接。若西氏言天，直以为毛里之相属，呼吸喘息之相通，此于警醒人世，最为亲切。①

---

① （明）叶向高：《苍霞余草·西学十诫初解》，转引自［比］钟鸣旦著，何丽霞译：《可亲的天主：清初基督徒论“帝”谈“天”》扉页，台北：光启出版社1999年版。

前文已论述过，诸多儒家天主教徒回到古儒，将“天”人格神化，比如将天主解为“大父母”，这为儒家天主教徒理解天主自上而下的“圣爱”作了情感上的铺垫。李九功说：

> 一天雨露，不闻善人、恶人之天；一心慈祥，何分爱我、仇我之类。①

李九功认为天主对人的爱是一样的，每一个人，不管是善人、恶人，爱我、仇我，都是天主的儿女，他谈到了天主爱人的其中表现，非常接近于天主教教义的水平：

> 主之爱人，而令之为善，无所不至，原非父母所得并也。盖其令人为善者有七。初畀以灵性之明之德，使知所趋避善恶，一也。复命天神以护守之，引掖之，二也。录有经典以训迪之，三也。代生圣人司教，以发明大道，四也。时默启而辅佑之，五也。亲降人世，为人表仪，六也。代受难救赎，令人自新，七也。有此七恩者，至矣尽矣，父母不能分毫与者矣。……主实欲使人尽善，而终不强人为善，非力之有限，理实不可强，强之为善不出本情，亦非其人之德，功全在主矣。全在主，则人不可赏，无赏则无以征爱，故不若不强，愈以显其大爱也。②

理解天主之爱的关键在于明白十字架救恩，也就是天主教教义中的救赎说。相较于明末清初早期耶稣会入华时关于基督论的较少谈论，明末清初后期随着天主教传教的深入，基督论尤其是救赎论也逐渐被儒家天主教徒所认识和接受，尽管相较于“天主”而言，

---

① （明）李九标：《口铎日抄》，收于［比］钟鸣旦、［荷］杜鼎克编：《耶稣会罗马档案馆明清天主教文献》（第七册），台北：利氏学社2002年版。

② （明）李九功：《问答汇抄》，收于［比］钟鸣旦、［荷］杜鼎克编：《耶稣会罗马档案馆明清天主教文献》（第八册），台北：利氏学社2002年版。

“耶稣基督”比较不容易在古儒中找到对应。基督救赎被认为是天主爱世人的最大表现，基督用自己的无罪之身代替世人罪恶，救赎世人，这些天主教教义在明末清初已经逐渐被很多儒家天主教徒所接受和理解。比如李九功就说：

> 今天主之爱吾人也，不惟日保存安养之，且并其至尊至贵之身，亦畀以于我，爱孰大焉。……五谷以养肉躯，耶稣圣体以养吾之灵魂，但五谷之养人也，必化为人之精血，时称为养，而圣体之降临也，必与吾之灵魂，浑合而惟一，何养如之?①

以上是明末清初儒家天主教徒以耶儒融合的“圣爱”重构儒家仁爱观的第一步。与其说是重构，倒不如说是补充，因为儒家思想里的救赎论和天主的普爱是不存在的。

2. 从“畏天”到“爱天主”

按照中国儒家的传统，只有敬天保民、畏天之说，爱天的说法几乎没有，而《尚书·汤誓》中所谓的“予畏上帝”这样的话语则比比皆是。“天”在中国人心中正如前引叶向高语是“以天为高远，耳目不接”。《论语》中说君子有三畏：畏天命、畏大人、畏圣人之言。② 等级森严、伦理严格的中国传统社会，下一级对上一级只能有“畏”，而不敢有“爱”。“天”就是这个等级制的顶级的存在。天“作善降之百祥，作不善降之百殃”，掌握赏罚明治的最高权力，“惠迪吉，从逆凶”，为维护正统而严加管束。以至于儒家的“仁爱”与其说是“发乎情”，倒不如说是伦理的要求，当然这也和儒家视域下的人不是“纯粹个体”有关。

而且就中国文化传统而言，经典里关于畏、敬和爱之情的讨

---

① （明）李九功：《问答汇抄》，收于［比］钟鸣旦、［荷］杜鼎克编：《耶稣会罗马档案馆明清天主教文献》（第八册），台北：利氏学社 2002 年版。

② （魏）何晏注：《论语注疏·季氏》，（清）阮元校刻：《十三经注疏》（第五册），清嘉庆刊本，北京：中华书局 2003 年版，第 5477 页。

论，其实践者是指向贤者、君子的，跟一般的民众无关。比如《论语》中所谓的“仁者爱人”“君子有三畏”，《礼记·曲礼上》所谓的“贤者狎而敬之，畏而爱之。爱而知其恶，憎而知其善”的说法，① 都只是在表达一种君子之德。所以明末清初“儒家天主教徒”的“爱”观重构中关于“爱天”的部分，其中一项就是要把“爱”的主体是君子贤达的社会上层转变为全体人，这一点也是受天主教教义影响的结果。比如韩霖在《铎书》中谈到尊敬长上这一部分时，就对“畏”“爱”二情的主体进行了划分，他说“畏者，小人之心也；爱者，君子之德也”。② 不过，周游四方、见多识广的韩霖深刻了解到明末清初仆役问题的新变化，③ 富甲一方的韩霖在入教后赈灾捐济，甚至放散奴仆。在《铎书》中，他列举了两个奴仆因为忠诚而得到主人尊敬的典故，④ 说明主仆和谐互爱的重要性，他不光要求士大夫懂得爱，也要求那些奴仆、卑幼之人懂得去爱。尽管作为上层社会的韩霖并无意去挑战儒家尊卑秩序，但是韩霖意识到下层人民如果懂得爱，而不仅仅是“畏”，能更好地维护儒家尊卑秩序。虽然韩霖是从功能论的角度去理解“爱”的主体扩大的必要性，但是其中受天主教影响而发生的转化是很明显的。这样，爱的主体和表现就不仅仅是君子道德的范畴，而是一种普遍的道德要求了。

上引文“贤者狎而敬之，畏而爱之。爱而知其恶，憎而知其善”中，把爱的前提看作“畏”，韩霖认为传统的将“畏”“爱”二情并融是不可能的，他说：

---

① （汉）郑玄注：《礼记正义·曲礼上》，收于（清）阮元校刻：《十三经注疏》（第三册），清嘉庆刊本，北京：中华书局2003年版，第2703页。

② （明）韩霖著，孙尚扬、肖清和等校注：《〈铎书〉校注》，北京：华夏出版社2008年版，第78页。

③ ［美］包筠雅著，杜正贞、张林译：《功过格：明清社会的道德秩序》，杭州：浙江人民出版社1999年版，第2页。

④ （明）韩霖著，孙尚扬、肖清和等校注：《〈铎书〉校注》，北京：华夏出版社2008年版，第76－78页。

然二情（指畏、爱）不并容，畏情盛，爱情必衰。①

真正的“爱”是不能由“畏”生发出来的，“畏”是出于对对象——包括天、地、君、亲、师等上者的畏惧，“畏”情盛，“爱”情必衰。韩霖在此作了社会心理学分析，主张将“畏”情转化为“敬”情，即尊敬之情，他强调：

尊敬者，犹当以爱情为主。②

有了此尊敬之情，韩霖认为“爱”情就可以发生，“予畏上帝”，“畏”天、地、君、亲、师才能也应该成为“爱”天、地、君、亲、师，尤其是“爱”天。韩霖进一步说：

上主益发切爱，亲自降生，宣扬教妙，而于所当知当行，盖发泄无余蕴矣，是曰爱教。③

白舍客在《基督宗教伦理学》中说：“对天主的全心全意的爱是通过遵从雅威（即耶和华，本书注）的诫命和权威来实现的。”④天主教教义尤其是《新约》中强调“畏”“爱”二情的统一而以“爱”情来涵摄敬畏，韩霖才将中国传统的“畏天”之情改造成“敬天”之情，而“尊敬中，爱情尤重”。⑤

---

①（明）韩霖著，孙尚扬、肖清和等校注：《〈铎书〉校注》，北京：华夏出版社2008年版，第76页。

②（明）韩霖著，孙尚扬、肖清和等校注：《〈铎书〉校注》，北京：华夏出版社2008年版，第64页。

③（明）韩霖、段衮：《辨教论》，收于［韩］郑安德编，楼宇烈顾问：《明末清初耶稣会思想文献汇编》（第三卷第三十二册），北京：北京大学宗教研究所2004年版。

④［德］卡尔·白舍客著，静也、常宏译：《基督宗教伦理学》（第二卷），上海：上海三联书店2002年版，第107页。

⑤（明）韩霖著，孙尚扬、肖清和等校注：《〈铎书〉校注》，北京：华夏出版社2008年版，第64页。

明末清初另一儒家天主教徒李九功在对待“畏”“爱”二情上，比韩霖少了个“尊敬”的环节，他强调“畏”“爱”二情为“二德”，是对《旧约》中公义天主和《新约》中慈爱天主的呼应：

人生事主，惟有畏、爱二德，为进修之两翼，升天之两梯也。然必常存想天主之公义，而后畏心以生；常存想天主之仁恩，而后爱情以发。①

李九功认为“畏”先“爱”后，是时间次序上的差别，不太同于韩霖所谓的“爱情尤重”，“畏情”是“爱情”的前提，“畏情”是必要的：

称天主者，则如家有家主，国有国主。而国主、家主，皆由此主监临之。实为大父上君，主宰天地万物之公主。乃知生我、存我此主，训我、诲我此主，莅治我、罚我此主。

这是顺应中国传统的“予畏上帝”，他进一步把“畏”“爱”二情理解为主仆关系，更强调“畏”的前提性，但也强调“畏情”要由“爱情”来表现：

人有望尊客来访者，必走一仆，先往见之，远见车盖回报，俾主人宴客需也。今人欲爱慕吾主，非卒然而能也，求其预报之仆，谁乎？经云：圣德必从敬畏始。是敬畏者，爱慕之仆也。则欲求爱慕，非先敬畏，其道无由也。②

---

① （明）李九功：《慎思录》，收于［比］钟鸣旦、［荷］杜鼎克编：《耶稣会罗马档案馆明清天主教文献》（第九册），台北：利氏学社2002年版。

② （明）李九标：《口铎日抄》，收于［比］钟鸣旦、［荷］杜鼎克编：《耶稣会罗马档案馆明清天主教文献》（第七册），台北：利氏学社2002年版。

“畏”“爱”二情时间上的先后关系，并不意味着“畏”情要高于“爱”情。在这个问题上，明末清初儒家天主教徒都认定“爱”情要重于“畏”情。但是如何消弭“畏”情与“爱”情之间的紧张关系，韩霖是通过引入“尊敬”之情来达到的，而李九功则充分利用了明末清初儒家天主教徒追随传教士把“天”解读为“大父母”的方便——因为天主爱我们如子女，我们当然也要爱天主如父母：

> 视天主为父，而期尽子职，必竭精诚，虽至于致命，亦所不辞。①

对父母的爱天经地义，山高海深，父母与孩子的关系虽然其中也有“畏”，但是这种“畏”的内在是“爱”：

> 畏者，惧己得罪天主，必为主所罚，故兢兢求赦不暇。比如僮仆有过，惧其主之挞之也，因恳切求宥，是亦僮仆之畏尔。爱则一片真挚之心，不忍稍犯主命，万一有过，纵主不我责，我且无地而自容者。譬之子事父母，亦有违忤，即父母怜不加责，而子且痛悔求赦，必得亲新而后即安。夫自天主一也，由畏而发者，僮仆之怀也，由爱而发者，孝子之心也，子等其奚择焉。②

李九功在此比较了“畏”“爱”二情的性质，一种是“惧”，一种是“挚”。“惧”是一种低层次的感情，带有功利性质和机会主义，而“挚”则是高层次的，是原始的也是真切而不带回报、没有算计的。天主爱世人，是无私的，是如父母般慈爱无边的；人爱天

---

① （明）李九功：《慎思录》，收于［比］钟鸣旦、［荷］杜鼎克编：《耶稣会罗马档案馆明清天主教文献》（第九册），台北：利氏学社 2002 年版。

② （明）李九标：《口铎日抄》，收于［比］钟鸣旦、［荷］杜鼎克编：《耶稣会罗马档案馆明清天主教文献》（第七册），台北：利氏学社 2002 年版。

主，爱之内没有恐惧，爱把恐惧驱逐于外，[①] 就如同“孝子之心”。李九功用“孝”这一中国传统大德来比拟人对天主的爱，深化了“孝”的超性思维。可见，他虽然认为“畏”情是“爱”情的前提，但是“爱”情却是“畏”情的归宿和实现，在此意义上讲，“爱”情高于“畏”情，“畏”天由此走向“爱”天。

明末清初儒家天主教徒“爱”观重构中，王徵是一个不可忽视的人物，这是因为王徵所撰写的几本关于耶儒融合的崇教著作，都是关于天主教圣爱观的，其中比较重要的一是《畏天爱人极论》，一是《仁会约》。王徵关于圣爱观的论述在《畏天爱人极论》中主要是谈“爱”观的第二部分，也就是人对天主的爱，第一部分天主对人的爱则谈得较少，而对于第三部分也就是人对人的爱，王徵在理论上的建树不多。但是《仁会约》却是关于人对人的爱的践履的可贵探索。这里谈王徵，主要是《畏天爱人极论》中的人爱天主部分，以及《仁会约》中爱的践履。

王徵圣爱观论述的方法是拟同法，这也是明末清初儒家天主教徒在用天主教教义重构儒学时惯用的方法，这种方法是把新的思想纳入旧的言说框架中，并且赋予旧的话语系统以新的意义。这和佛教入华时僧侣所运用的格义法雷同。这种方法比较能够使得源文化迅速深入对象文化的话语体系中去，但是也可能导致语词意义由于内涵和外延的改变而意义不清。

王徵就是用拟同法把天主教第一诫命中的“爱主你的天主”，以中国儒家经典里惯有的“畏天命”来同配。“畏天命”来自《论语·季氏》，王徵用“畏天命”一语阐述人对天主的爱。这里的天命就是天主以及天主所创造和操纵的命运，这种命运不是未知的，是可知的，也只有可知才能真正领受，这就是王徵所谓的知天命与畏天命。王徵说：

---

① 《新约圣经·若望福音》14：18，思高圣经学会本。

焉有不畏天而可希天？又焉有不知天命而能畏天？①

这里有点儿循环论证的感觉，这二者的关系有点类似于天主教教义里所谓的“明白十字架救恩与得救”。天主教教义强调信徒对于天主救恩的明白接受。这就是西方教父神学里著名的自由意志问题，只有经由自身选择和理解的十字架救恩才是符合天主的意愿的，才是真正的信仰和拯救。王徵似乎并没有机会读到西方复杂的神学，但是王徵关于知天命与畏天命的关系的论述，使得我们知道王徵所谓的“畏”并不是一种对于天主的无知的恐惧。王徵说：

夫不知，而胡以曰畏也。②

不知（天主）不能说是真正的“畏”，王徵所说的“畏”，并不是消极的、盲目的恐惧感。而是一种敬畏感。在这一点上，王徵的理解和韩霖、李九功并无二致。这种敬畏与敬虔使得在天主对其救赎计划进行自我揭示时，人能领会并回应，真正畏天者，就要认信天主乃生天、生地、生人、生物之大恩主，而不是理学家的天理以及中国古典中的没有情感的苍苍之天。在这个意义上讲，对天主的“畏”可以说是智慧的开始。③ 王徵的知天、畏天使得王徵将天主教的圣爱观和中国文化传统相结合，产生了一种真正的宗教情感。

王徵在《畏天爱人极论》中说到畏天命时，大量铺陈了对畏地狱的论述。天主教的天堂地狱说对于明末清初的中国人来说并不算是太新奇的学说，对于中国社会已经浸淫日久的佛教也有一套极乐世界的说套，但是明末清初破败的道德世界说明了佛教的无能为

---

① （明）王徵：《畏天爱人极论》，收于宋伯胤编著：《明泾阳王徵先生年谱》（增订本），西安：陕西师范大学出版社 2004 年版，第 135 页。

② （明）王徵：《畏天爱人极论》，收于宋伯胤编著：《明泾阳王徵先生年谱》（增订本），西安：陕西师范大学出版社 2004 年版，第 119 页。

③ 《旧约圣经·约伯记》28：28，思高圣经学会本。

力。儒家天主教徒大事声张天主教的天堂地狱说，也是给明末清初麻痹的精神和道德世界一记棒喝。在《畏天爱人极论》等著作中，王徵多次谈到“天主之仁”，“仁”是一种爱的情感，但是王徵把这种中国文化的“仁”转化成天主教的“公义”。也就是说，天主包含了“仁”与“公义”两方面：一是展现天主无私、屈尊地爱世人，一是出于公义对世界基于德行的赏罚。王徵的天堂地狱说完全照搬利玛窦、艾儒略等人著作中的说法，并无任何创新之处，王徵以为天主的这种“仁爱”与“公义”，和中国古典中所谓的“作善降之百祥，作不善降之百殃”若合符节。

和李九功、李九标在《慎思录》《口铎日抄》中大量谈及基督论不同，韩霖和王徵基本上不涉及基督论，他们谈的是天主论，究其原因，和明末清初的基督论宣讲不足有关。① 李九功出生于明末清初末期，由于天主论和基督论在形象和方式上的差异，在谈论“爱”观时，基督论比天主论更有理论上的适用性。另外，王徵除了在《畏天爱人极论》《仁会约》等论著中有“天主教化儒学”“爱”观的论述，他还组织了慈善性质的、带有天主教色彩的组织“仁会”，实行爱的践履，富有成果和特色。杨廷筠也在江南有类似的善举。

3. 从儒家“差等之爱”到天主教“邻人之爱”

儒家伦理体系中，仁爱是由内向外、由家庭血亲之爱向社会扩散的同心圆结构，实质上讲，儒家“仁爱”观是一种差等之爱，早期儒墨论争时这一点已经揭明。

明末清初儒家天主教徒习惯于把天主称为“大父母”，既然天主为我们共同的“大父母”，那么人人都是兄弟姐妹，都应当彼此相爱。借助于天主的中保与联结，儒家天主教徒意识到中国传统儒家亲疏有别的等差之爱的局限。杨廷筠在《代疑篇》和《代疑续

① 柯毅霖认为十七世纪二十年代前后是一个分水岭，其前较多谈天主论，其后随着传教活动的深入，基督论逐渐广布。参见［意］柯毅霖著，王志成等译：《晚明基督论》，成都：四川人民出版社 1999 年版，第 2 页。

篇》中就经常引用张载在《西铭》中儒家仁爱延伸和扩散至万物的一段经典语录，来表明中国传统里也有天主教的普世之爱：

> 乾称父，坤称母。予兹藐焉，乃混然中处。故天地之塞，吾其体；天地之帅，吾其性。民吾同胞，物吾与也。大君者，吾父母尊子；其大臣，宗子之家相也。尊高年，所以长其长；慈孤弱，所以幼其幼。圣，其合德；贤，其秀也。凡天下疲癃残疾、茕独鳏寡，皆吾兄弟之颠连而无告者也。“于时保之”，子之翼也。“乐且不忧”，纯乎孝者也。……存，吾顺事；没，吾宁也。①

张载把“大君”“大臣”“高年”“孤弱”等人都称为“父母子”，人视天主为“父母”，也应该视所有人如兄弟姐妹，“皆吾兄弟之颠连而无告者也”，甚至视一切生灵与己为同类。杨廷筠在为庞迪我《七克》所作的序中以及《代疑续篇》中多次引用张载的话语：“‘钦崇天主’即吾儒‘昭事上帝’也，‘爱人如己’即‘民吾同胞’也。”在《代疑续篇》第二十章“区爱”篇中，他作了精神行为之神爱和物质行为之形体之爱的区分。② 前者就是以圣爱导人向善、抚慰苦痛，后者则是在其组织的慈善组织“仁会”中济危救困、尊老扶幼。杨廷筠把爱天主、爱人如己以及爱自己叫作“敬天”“爱人”“克己”。他认为真心爱天主，必无两视，必爱人如己；以此爱己，即以此爱人，以此爱人，即以此爱天主，于是爱天主、爱人、爱己成为一种非常自然的爱的秩序和过程，于是乎人人相亲，民风敦厚，天下太平。

虽然已经是天主教徒但是仍具有儒者身份的杨廷筠依然排斥墨家关于兼爱的主张，他认为墨家的主张和天主教的爱人是不同的。在《代疑续篇》中，他认为墨子毫无区别的“兼爱”是无“父”。

---

① （宋）张载著，章锡琛校：《张载集》，北京：中华书局2010年版，第62－63页。

② （明）杨廷筠：《代疑续篇》，收于（明）徐光启、李之藻、杨廷筠著，李天纲编注：《明末天主教三柱石文笺注》，香港：道风书社2007年版。

这说明在杨廷筠的思想意识里面仍有根深蒂固的儒家立场，尽管他也可能已意识到天主教的“爱人如己”与儒家的差等之爱有着根本不同。

相较于明末清初早期的杨廷筠，后来的李九功兄弟在“爱人”这个问题上的天主教改造就要系统、深入得多。同杨廷筠一样，李九功、李九标也认为爱天主就要推及爱他人，爱天主就必须爱天主所爱，行天主所行，以天主之心为心：

> 人之爱天主也，尤宜尽心于爱人，如不爱人，其非爱天主者也。何也？吾主之降生受难也，原为爱人，如我遇人而不加爱焉，是不以天主之心为心，尚得为爱天主者乎？①

天主既为“大父母”，天下人就都是天主的子女，按照天主教的术语说是“肢体”，都是我的兄弟姐妹，都应一视同仁。而天主的爱是不分亲疏善恶的，爱“爱我及加恩于我者”自是应该，也当为“薄我及仇我之人”而祈祷。李氏兄弟的论述已经完全超出儒家亲疏有别的爱，不仅仅是爱邻人，甚至要爱自己的仇敌。而且这种爱应该像天主白白给予我们的恩典一样是无条件的、不求回报的：

> 我等学道之人……必力行善事，不求人知，夫人不知者，天主已知之，人世所未报者，天主终必报之，故今日经言有云：诸凡施舍者，左手施之，亦不使右手知之也。②

李九功、李九标兄弟进一步把“爱人”分为三个层次：

---

① （明）李九标：《口铎日抄》，收于［比］钟鸣旦、［荷］杜鼎克编：《耶稣会罗马档案馆明清天主教文献》（第七册），台北：利氏学社2002年版。

② （明）李九标：《口铎日抄》，收于［比］钟鸣旦、［荷］杜鼎克编：《耶稣会罗马档案馆明清天主教文献》（第七册），台北：利氏学社2002年版。

有利爱，有情爱，有仁爱。盖爱之因己而发者，谓之利爱，是因彼人有利益于我，而后爱之者也，此爱即恶者亦有之。爱之因人而发者，谓之情爱，是因彼人为我亲戚故旧，而后爱之者也，此爱即愚者亦有之。惟爱因天主而发者，谓之仁爱，盖己与天下之人，皆天主所生，既爱天主，安有不爱天主所生之人。故仁爱者，必合天下极疏极远之人，而均爱之者也。此爱惟圣贤能之。①

李氏兄弟认为，只有“仁爱”是“爱人”这一层次中最高的爱，“仁爱”是因为爱天主而爱一切世人。李氏兄弟用儒家“仁爱”一词来指称天主教的第三个层次也就是“爱人”，实是匠心独运的耶儒融合之举。不过他们认为，儒家的“仁爱”恰恰达不到这个层次，因此是须要天主教改造的。至于“利爱”和“情爱”，即使是恶者和愚者也能做到，是完全达不到圣爱的层次的。② 因此，李氏兄弟着意重新梳理儒家的“仁爱”，以达到天主教圣爱的要求。

当李九功认为“仁爱”是指天主教第一诫命“爱主你的天主，并爱人如己”时，大概他也知道此“仁爱”并非那个儒家传统的“仁爱”。儒家传统的“仁爱”尽管经过层层推衍也能达到天下一家、泛爱万物的水平，但是其维护尊卑长幼、维护宗法等级秩序的本质是不变的。本质上讲，儒家的爱分为很多层次，不像天主教那样“爱人如己”地对待任何对象一视同仁，比如作为儒家“仁爱”的发生论基础、源于血缘亲情的“亲爱”只是对于亲人而言，“仁爱”的第二层结构——对贤达、长者的爱是“敬爱”，对待“同门曰朋、同志曰友”的“民胞”则是“友爱”，对待万物的“物与”

---

① （明）李九标：《口铎日抄》，收于［比］钟鸣旦、［荷］杜鼎克编：《耶稣会罗马档案馆明清天主教文献》（第七册），台北：利氏学社 2002 年版，第 78 页。

② 李九功认为情爱“人之常情，虽非不正，犹狭而未弘也”，而私爱“诱人以欲，赞人于非，邪而悖正，似爱而实憎也”。见（明）李九功：《慎思录》，收于［比］钟鸣旦、［荷］杜鼎克编：《耶稣会罗马档案馆明清天主教文献》（第九册），台北：利氏学社 2002 年版，第 191 页。

则是“泛爱”。所有的这些“仁爱”的层次结构都受严格的伦理原则和秩序支配，正所谓“父子有亲、君臣有义、夫妇有别、长幼有序、朋友有信”，如果脱离了自身的伦理范围，“爱”的方式、程度都会发生异化，进而引发社会秩序的崩溃。那么“亲爱”可能变成“溺爱”，“敬爱”可能成为“谄媚”，“友爱”可能成为“朋奸”。儒家并不反对爱“邻人”“陌生人”，但是反对把“邻人”和“陌生人”与亲人、朋友、贤人等关系混淆。所以孔子主张“以德报德”“以直报怨”，反对“以德报怨”，① 就是他明白各安生理、各尽本分的“絜矩之道”②。规矩燮然，就是当这种“秩序”之爱能践履且能够“发而皆中节”时，整个社会才能达到“和”。从这个角度讲，天主教主张的爱恶人和仇人的没有原则的爱是和儒家伦理完全相悖的。

即便儒家也有“己欲立而立人，己欲达而达人”③“老吾老，以及人之老；幼吾幼，以及人之幼”④“四海之内皆兄弟”⑤“民胞物与”“心同理同”之心气与豪情，但也有“华夷之别”“非我族类，其心必异”⑥“道不同不相为谋”⑦ 的偏狭，李九功认为儒家“仁爱”本质上讲仍只是“情爱”“利爱”的层次，因为这种“仁爱”基于一己之私、血缘、家族、地域、种族、亲疏、类别，是

① （魏）何晏注：《论语注疏·宪问》，收于（清）阮元校刻：《十三经注疏》（第五册），清嘉庆刊本，北京：中华书局2003年版，第5455页。

② 《大学》有言：“上老老，而民兴孝。上长长，而民兴弟。上恤孤，而民不倍。是以君子有絜矩之道也。”见（汉）郑玄注：《礼记正义·大学》，收于（清）阮元校刻：《十三经注疏》（第三册），清嘉庆刊本，北京：中华书局2003年版，第3633页。

③ （魏）何晏注：《论语注疏·雍也》，收于（清）阮元校刻：《十三经注疏》（第五册），清嘉庆刊本，北京：中华书局2003年版，第5383页。

④ （汉）赵岐注：《孟子注疏·梁惠王上》，收于（清）阮元校刻：《十三经注疏》（第五册），清嘉庆刊本，北京：中华书局2003年版，第5796页。

⑤ （魏）何晏注：《论语注疏·颜渊》，收于（清）阮元校刻：《十三经注疏》（第五册），清嘉庆刊本，北京：中华书局2003年，第5438页。

⑥ （晋）杜预注：《春秋左传正义·成公四年》，收于（清）阮元校刻：《十三经注疏》（第五册），清嘉庆刊本，北京：中华书局2003年版，第4127页。

⑦ （魏）何晏注：《论语注疏·卫灵公》，收于（清）阮元校刻：《十三经注疏》（第五册），清嘉庆刊本，北京：中华书局2003年版，第5470页。

“等差之爱”。①

李九功以天主教“圣爱”来改造儒家“仁爱”，不同于王徵，他仍旧沿用“仁爱”一词，这也是儒家天主教徒“补儒”方法的体现。以天主教“圣爱”改造儒家“仁爱”，首先就是要以“天主”为“中保”，打破儒家伦理中的“等级秩序”：②

> 视天主为父，而期尽子职，必竭精诚，虽至于致命，亦所不辞。③

> 视世人如兄弟，深体大父之心，惟务相爱，若己贵，则必图泽贱；己富，则必推泽贫。④

由于有了天主的“中保”，此前限制儒家“仁爱”的种种隔阂，比如血缘、家族、地域、种族、亲疏、类别等皆消弭殆尽，在一个“大家”共同体中，“视天主为父”，“视世人如兄弟”，贵贱富贫都无分彼此，于是天主教所谓的“邻人之爱”和儒家所谓的“亲人之爱”的鸿沟不复存在。李九功并不是要否定儒家“仁爱”，但是儒家的“仁爱”体系必须以天主教的“圣爱”来加持和补充。儒家虽然也有“敬天爱人”之说，但它的本质仍然是世俗性的，基于性善之说，不是天主赋性，只是就此善性的修习，因此仅为“因性之功”。此“因性之功”是世俗道德和伦理的极致和表率，亦是个人在现世所能达到的最高境界，在天主之救赎计划展示和施行之前，

---

① （明）李九功：《慎思录》，收于［比］钟鸣旦、［荷］杜鼎克编：《耶稣会罗马档案馆明清天主教文献》（第九册），台北：利氏学社2002年版，第195页。

② “中保”一词见《新约圣经·提摩太前书》2：5，原文是“在天主与人之间，只有一位中保，乃是降世成人的耶稣基督”，意思是指耶稣基督作为人与天主之间的中介和桥梁使天主、人相和。

③ （明）李九功：《慎思录》，收于［比］钟鸣旦、［荷］杜鼎克编：《耶稣会罗马档案馆明清天主教文献》（第九册），台北：利氏学社2002年版。

④ （明）李九功：《慎思录》，收于［比］钟鸣旦、［荷］杜鼎克编：《耶稣会罗马档案馆明清天主教文献》（第九册），台北：利氏学社2002年版。

儒家之“因性”之功可为天主教“超性”[①] 之修教的进阶和铺垫，天主教“超性”之修教：

> 神贫、圣贱、爱仇，本超性之修。[②]

这样就把天主教之“超性”加诸儒家“因性”之上，而不废儒家“仁爱”之现世价值，李九功找到了耶儒融合的辩证之道，既可以缓解背教指责之焦虑，又可以维护天主教教义的神圣性。

（三）爱的践履

明末清初儒家天主教徒对天主教救赎论的理解在信徒在世善行与天主救赎之间的关系上非常具有儒家的色彩。按照阿奎那关于天主恩典的理论，天主的恩典是绝对的，人的任何善行都不能和这一恩典比较，人的得救完全是由于恩典的救赎，后来的加尔文主义进一步发展为“预定论”。不过十六七世纪欧洲天主教神学的最大变化就是基督人性的发现以及神恩神人合作说的提出，这似乎是对欧洲宗教改革的有限回应。这使得天主教的救赎理论更强调人的善功的参与，更注重信徒的实修，这一点和明末清初佛教净土宗强调实修的思想以及民间社会“命由我做，福自己求”的功过格思想是相通的。明末清初儒家天主教徒对于天主教救赎理论的理解和神恩神人合作说有点类似，具有非常浓厚的儒家理论和中国社会的特色。明末清初社会功过格活动特别流行，功过格就是一种“现世报”，通过在世的行为决定现世的命运，而儒家自古以来就有福善祸淫的现世教导。自宋明以来，儒家士大夫的道德实践就渗透着儒家这一教导，确认人可以通过自己的德行为自己“立命”。儒家天主教徒强调“爱的践履”，其理论基础可以说是儒家经世传统、明末清初

---

① 按照天主教神学的说法，“因性”的说法是指属世、属人的本性，“超性”则是指属灵、属神的超人性。

② （明）李九功：《慎思录》，收于［比］钟鸣旦、［荷］杜鼎克编：《耶稣会罗马档案馆明清天主教文献》（第九册），台北：利氏学社 2002 年版。

功过格活动、实学思潮、儒教福善祸淫教导以及天主教有条件圣爱说的结合。

王徵所立的天主教慈善组织名为“仁会”，这个名字本身就极具儒家特色。《仁会约》中所述立会宗旨为：“夫西儒所传天主之教，理超意实，大旨总是一个仁。仁之爱用有二：一爱天主万物之上，一爱人如己。真知畏天命者，自然爱天主；真能爱天主者，自然能爱人。”具体工作：“救饥、衣裸、施诊、葬死、舍旅、饮渴七端为急务。”其中可见很明显的耶儒融合的印记。“仁会”是天主教徒的全国性组织。杨廷筠组织“兴仁会”，实行信徒互助，还大力设立义馆，像耶稣会所立学校一样使信徒免费接受教育。当时还有福州“普终会”、泉州“贞会”、永春“主保会”、福清“圣母会”“天神会”。上海地区拥有天主教背景的“文人会”，却是以科举成功为目标的社团。① 明末清初儒家天主教徒所建立的慈善组织和中国的善堂性质不同。中国的善堂一般是以血缘为基础纽带的同宗同族、同行同乡的组织，而“仁会”是以信仰为纽带的天主教组织。从社会学意义上讲，儒家天主教徒的慈善组织和明末清初同样非常普遍的“乡约”以及古老的中国善堂相比，它们的救助、结社的社会功能是一致的。② 儒家天主教徒强调和躬行“爱的践履”，表明他们加入天主教后不改儒家实修、经世传统。

在明末清初的耶儒对话中，亚里士多德的思想并没有缺场，因为作为天主教官方正统神学的托马斯主义本身就包含亚里士多德的很多思想。在很多方面，儒家天主教徒都是通过传教士接触并接受了亚里士多德的很多思想。有意思的是，明末清初儒家天主教徒的“爱”观重构却是例外。在明末清初的耶儒对话中，亚里士多德的德性伦理学著作并没有得到译介的机会，不过，这并不意味着亚里士多德的德性伦理学在明末清初耶儒对话中的完全缺场。鉴于天主

① 李天纲：《早期天主教与明清多元社会文化》，收于氏著《跨文化的诠释：经学与神学的相遇》，北京：新星出版社 2007 年版，第 354 页。

② 孙尚扬、［比］钟鸣旦：《1840 年前的中国基督教》，北京：学苑出版社 2004 年版，第 248、250－251 页。

教神学——伦理学奉为正统的托马斯主义对亚里士多德思想的继承，耶稣会等修会的神学——伦理学思想中当然也包含很多亚里士多德思想的内容，以传教士为老师的儒家天主教徒也间接地接触到了亚里士多德的伦理学，当然也包括亚里士多德其他的诸如逻辑学的思想。明末清初儒家天主教徒韩霖的《铎书》中就有大量关于亚里士多德伦理学的借鉴，比如亚里士多德的中道思想、其以“智”为首的德目表，以及以行为目的作为判断善恶的标准。

但是奇怪的是，在亚里士多德伦理学中占很重要地位的友爱观，在明末清初儒家天主教徒所写下的融合耶儒的思想文本中却很少见到。利玛窦第一本中文著作是《交友论》，本身就是为与建安王的友谊而作，明末清初友教人士冯应京、瞿太素等人为之作序，儒家天主教徒李之藻将之收录于其所编撰的《天学初函》中，另外，《四库全书》中也有记载，其重要性可见一斑。在《交友论》辑录的一百则格言中，据台湾学者方豪的研究，大量是欧洲古代思想家的语录，其中包括柏拉图的《吕西斯篇》、西塞罗的《论友谊》、奥古斯丁的《忏悔录》《论交友》等，但并没有直接引用亚里士多德的作品，这是一个非常奇怪的现象。要知道，《交友论》除了少数格言是关于宗教的外，绝大多数是从世俗的角度论述友爱之道的，而耶稣会士利玛窦对亚里士多德的思想和方法的使用在其很多中文著作中大量出现，唯独对世俗理性的亚里士多德的友爱论思想几乎没有。

友爱思想在中国儒学“五伦”中处于末伦，这大概也表示朋友之伦在儒家人伦秩序中的重要性不如其他。但是在明末清初，由于社会腐败、学风疲敝、思想动荡，作为五伦之末的朋友之伦开始受到重视，文人结社、结党、讲学非常普遍，泰州学派、东林党及以后的复社、几社等政治—学术型组织间的朋友之谊，倡导平等，反对封建等级，便是最好的证明。利玛窦在《交友论》中就有“吾友必仁，则知爱人、知恶人”，“友之乐多于义，友乃难矣”等论述，以此来唤起明末清初士大夫对朋友之伦的重视。明末清初儒家天主教徒以耶儒融合为特征的“爱”观重构，在对儒家“差等之爱”的改造中，就有基于天主教“邻人之爱”而对普世之博爱的论述，但是其中并没有非常明确地谈到友爱观，尽管我们可以说，天主教的博爱观思想与亚里士多德友爱观肯定有渊源。这可以被认作亚里士多德友爱思想对明末清初儒家天主教徒“爱”观重构的一定意义上的影响。

不过亚里士多德友爱观与中国传统五伦之“朋友之伦”本质上具有很大的差异。亚里士多德友爱观不像柏拉图把“爱”理解为一种善的缺乏而又追求美善的“欲”，而是理解为“就是某种德性，或者是赋有德性的事情，或者说是生活的东西，谁也不愿意去过那种应有尽有而独缺朋友的生活”①。这样，作为德性的友爱就是一种理性的情感，这与亚里士多德所谓“人作为政治的动物，天生要过共同生活”② 的论调是合拍的。儒家伦理的“朋友之伦”只是在左丘明“同师曰朋，同志曰友”的意义上讲的，是一种私人伦理，而亚里士多德的友爱观作为古希腊城邦政治必不可缺少的公共伦理层面，是把任何两个人之间相互吸引的关系都称作“友爱之德性”，甚至包括父母、夫妇、兄弟之间的亲情关系，这大大超出了儒家对友爱理解的范围，不过儒家“朋友之伦”和亚里士多德友爱观都具有世俗理性的特征。明末清初儒家天主教徒的“爱”观重构没有把友爱当作重点，甚至没能明确提出，大约是和明末清初严峻的社会、思想环境的轻重缓急有关，尽管包括儒家天主教徒在内的明末清初士大夫们重建“朋友之伦”在当时成为一种具体的要求，但是儒家天主教徒对友爱问题的理解却可能被天主教的博爱意识给遮蔽掉。更何况，亚里士多德的友爱观与政治理性的理论和实践性相关，跟明末清初信仰、救世等迫在眉睫的任务相比，远远不是明末清初儒家天主教徒所亟待解决的。这使得亚里士多德友爱观对明末清初儒家天主教徒的“爱”观重构的影响不是很大。

---

① ［古希腊］亚里士多德著，苗力田译：《尼各马可伦理学》，北京：中国人民大学出版社 2003 年版，第 163 页。

② ［古希腊］亚里士多德著，苗力田译：《尼各马可伦理学》，北京：中国人民大学出版社 2003 年版，第 202 页。

三、君子和圣人

君子和圣人是儒家思想和实践的“理想人格”。① 周敦颐一句“人希贤，贤希圣，圣希天”道尽其中奥妙，贤、圣、天成为一种递进序列，是儒家最高的修身目标，此种境界就是“天人合一”，其中隐含着作为个体的儒家知天、成天。知天的途径没有规范可循，但是领受“天”所赋予之“命”而“合一”是不二路径。不同于汉儒“外王”之学，宋儒特别强调“内圣”之学，即所谓“半日读书，半日静坐”，克己精修，内仁外礼。明末清初儒家天主教徒接受了天主教，他们也就把原先神秘的“天”置换成人格主宰之“天主”，这样，孔子所谓的“畏天命”就成为“畏天主”。孔子说“不知命，无以为君子”，儒家天主教徒就被比附成“不知天主，无以为义人”。

“义人”是天主教中知神、爱神的人。和儒家传统中君子/小人之别不同，天主教教义中是义人/罪人的二元结构。但是义人和罪人并不是固定的，他们是上下流动的，这一点和早期儒家传统中所具有的先天阶级成分不同。② 但是在天主教教义中，义人并不是没有罪，③ 而是能够通过认识罪、信神以除罪而在天主面前称义。朱

---

① 儒家将理想人格区分为圣人、贤人、君子以及仁人、大丈夫、成人等不同的层次序列，并赋予每一种人格以不同的内涵。儒家理想人格实际上也是一种人伦人格、道德人格、自由人格。参见刘辉：《儒家理想人格略论》，《社会科学战线》2005 年第 4 期，第 229－232 页。

② 春秋中期前，“君子”“小人”二词，仅用作对两大人群身份的描述。“君子”指统治者，包括天子、国君、大小贵族和各级官吏等。“小人”指被统治者——劳动阶层、庶民百姓。这是古代传统意义上的“君子”“小人”的内涵。春秋中后期，“君子”“小人”概念的传统含义虽然还在使用，但出现了与传统概念本质不同的新内容，即开始承担道德与文化素质诉求。这个深刻的新因素呈现出顽强、鲜活的生命力。战国时期，《易传》明确而正式地提出了“君子之德”，不仅如此，君子概念内涵在本质意义上也获得了深刻的跨越式发展。“君子”基本成为一种道德人格存在，与人的出身已经没有必然联系。

③ “义人”一词在《圣经》中的英文为“the righteous”，这个词和“just man”意义等同，都强调“神的审判下的人的正义性”，带有很强的基督宗教意味。

宗元在回答什么是天主教的“义人”时说：

所谓义人者，信爱天主，被服其教，时省时悔，时解时补，不使罪积于躬者也。[①]

朱宗元所谓的“信爱天主，被服其教”是指信仰理论部分，属于认识层面，而“时省时悔，时解时补”则是信仰实践部分，也就是中国哲学所谓的“功夫论”。这样，“义人”的最高标准就是“圣徒”，[②] 天主教的封圣制度就是以此为依据的。客观上讲，朱宗元对天主教“义人”的理解是准确的，不过从上面的引文中可以看出，他对于“义人”的解释完全是儒家话语特征。儒家和天主教分别有悠久的圣贤崇拜和圣徒崇拜传统，作为文化典范和教义的传承者和践履者，儒家圣贤和天主教圣徒拥有“家族的类似性”，这种圣贤和圣徒崇拜的传统在各自社会分别具有一定的社会功能。“圣人者，道之极也。故学者，固学为圣人也，非特学为无方之民也。”[③] 按照儒家经典《尚书·舜典》的说法，“圣人”的功能是“敬敷五教”，“圣人”就是敬受天命并且教化世人，而朱宗元在谈到儒家的“敬敷五教”时说：

何谓敷教？天主赋畀时，命人以种种之善。俾克全其性，则率性而行，自然合道，原不须教。人有不尽性者，天主乃命圣人施教以训之耳，如上古之诸祖圣、大圣梅瑟

① （清）朱宗元：《答客问》，收于［韩］郑安德编，楼宇烈顾问：《明末清初耶稣会思想文献汇编》（第五卷第二十二册），北京：北京大学宗教研究所 2004 年版。

② 基督教早期有很多的殉教圣徒，他们实践效法“耶稣基督”，后来的天主教封圣活动成为一种制度，体现出罗马教廷权力和信仰的结合。在中世纪的圣徒崇拜中，“奇迹”被认为是被崇为圣徒的一项必要条件。参见黄进兴：《“圣贤”与“圣徒”，儒教从祀制与基督教封圣制的比较》，收于氏著《圣贤与圣徒》，北京：北京大学出版社 2005 年版，第 144 – 205 页。

③ （清）王先谦撰，沈啸寰、王星贤点校：《荀子集解》（下），北京：中华书局 1988 年版，第 347 页。

暨先知诸圣皆是也。①

朱宗元直接把天主教的先知梅瑟等同于儒家“敬敷五教”的“圣人”了，而使得作为儒家君子的理想人的“圣人”和天主教的“成圣”有异曲同工之妙。这样，儒家的天命、君子、圣人序列与天主教的天主旨意、义人、圣徒序列就合而为一了。但是，儒家天主教徒将儒家的君子、圣人等同于天主教的义人、圣徒，比附意味很明显，它们二者背后不同的文化传统并没有得到很好的比较分析。

第四节　“合儒”“补儒”“超儒”：儒学新论域及对儒学功能和定位的新理解

一、天主教“合儒”“补儒”给儒学带来的新论域

（一）魂魄观的改造、自由意志论与天堂地狱说的引入及生死观的变异

以利玛窦为首的传教士来华遭遇传教挫折后，遂改弦易辙，制定“补儒易佛”的传教策略，具体说来就是附和儒学，排斥佛道思想。利玛窦后又详细制定了“合儒、补儒、超儒”的传教路线，此路线正好和天主教与儒学在明末清初语境中的互动互释过程若合符节。“合儒”的具体含义就是认为天主教和儒学“原同”，只是后来儒学在发展过程中发生了变异，掩盖了其原初含义。传教士进一步

① （清）朱宗元：《拯世略说》，收于［韩］郑安德编，楼宇烈顾问：《明末清初耶稣会思想文献汇编》（第五卷第三十四册），北京：北京大学宗教研究所2004年版。

把儒学分为“古儒”“近儒”，“合儒”就是“合古儒”，也就是以天道论为特征的“先秦儒学”，“斥近儒”就是“拒斥宋明儒学”。由此才有传教士和儒家天主教徒在明末清初所进行的“以耶释儒”和“以儒释耶”的双向诠释活动。传教士的重心在后者，其目的是在“学术传教”的方法下实现中国的天主教化，而儒家天主教徒的重心在前者，他们的目的是在批判儒学、服务信仰的前提下借助天主教思想重构儒学。很显然，这种“合儒”的方针在这两个群体里有了不同的侧重点。儒家天主教徒的“合儒”大业是以整个明末清初甚至清初的“中西会通”的思想为背景的。下面将论述明末清初儒家天主教徒“天主教化儒学”在“合儒”的指导路线下的具体理论建构方法——以同述异。

儒家天主教徒在“合儒”的过程中，首先看到“天儒原同”：

> 天学非是泰西创也，中国帝王圣贤无不尊天、畏天、事天。……余生泰西九万里来，心切伤之，爰据中国经书所载敬天之学，与吾泰西之教有同符者，一一拈出，颜曰合儒，梓以问世，俾使人之见之者，知东海西海、心理皆同。①

李之藻在为利玛窦的《天主实义》所作的序中也说：

> 昔吾夫子语修身也，先事亲而推及乎知天。至孟氏存养事天之论，而义乃綦备。盖即知即事，事天事亲同一事，而天其事之大原也。……尝读其书，往往不类近儒，而与上古《素问》《周髀》《考工》《漆园》诸编默相勘印，顾粹然不诡于正。正其检身事心，严翼匪懈，则世所谓皋比而儒者，未之或先……信哉！东海西海，心同理

① （清）张星曜：《天儒同异考·弁言》，收于徐宗泽：《明清间耶稣会士译著提要》，上海：上海古籍出版社2006年版，第98页。

同。不同者，特言语文字之际……以为闻所未闻，诚谓其戴皇天，而钦崇要义。或亦有习闻，而未之用力者，于是省焉，而存心养性之学，当不无裨益。①

朱宗元也说：

一领天教，而后知我《六经》《四书》中，句句皆有着落，句句皆有权柄，浅儒咸未得其解。②

然后“以同述异”，也就是“求同”，即用天主教的一些概念比附儒学，“当发明天教之是，并勿轻拟儒书之非”。朱宗元说：

百家之说纷然，而儒道独尊于世者，百家争其流而儒者见其原也。是故有畏天命之说焉，有顾提命之说焉……其论道也，则曰“大原出于天”；其论德也，首论“天命之谓性”，卒以天载之无声无臭为至。……曰“获罪于天无所祷”，则明知事物权衡宰自上帝，百神不得分其职矣；曰“下学上达”“知我其天”，则明知朝夕存想、与主默契之为暗修矣。③

“以同述异 ”的耶儒融合之法通过引证儒家经典来说明耶儒之同，表面上是以中证西，实质上是以西释中。儒家天主教徒在诠释时本身已经前提性地预置了天主教立场，这使得运用具有“其原”的儒家思想时，暗置为天主教教义。比如上引文朱宗元不留痕迹地

① （明）李之藻：《〈天主实义〉重刻序》，收于朱维铮主编：《利玛窦中文著译集》，上海：复旦大学出版社 2001 年版，第 99 页。

② （清）朱宗元：《天主圣教豁疑论》，收于（明）徐光启等撰，吴相湘主编：《天主教东传文献续编》（第三册），台北：台湾学生书局 1986 年版。

③ （清）朱宗元：《拯世略说》，收于［韩］郑安德编，楼宇烈顾问：《明末清初耶稣会思想文献汇编》（第五卷第三十四册），北京：北京大学宗教研究所 2004 年版。

把儒家之“天”和天主教之“主”等同，将儒家的“下学上达”“知我其天”与天主教的“朝夕存想、与主默契”暗合。

但是儒学思想和天主教教理毕竟是两种不同性质、不同论域的思想体系，是为了更好地实现耶儒融合，取天主教之长补儒学之短，这是明末清初有开明活通眼光的儒家天主教徒群体的选择。如果传教士用“合儒”“补儒”之辞可以说是一种策略，因为他们的眼光放在“超儒”上，那么儒家天主教徒“合儒”“补儒”则是真诚地重构儒学之善举。①

此外，他们也谦虚地看到天学在某些方面长于儒学之处，除了形而下层面的技器部分，在道论方面亦然。比如上引朱宗元文说儒学在知天、事天方面虽有言及却不详备。再有就是有些方面的理论根本就是阙如，这样儒学就不仅仅是不完善，而且是不足了。这些天主教带来的新异思想成为对明末清初疲敝的儒学的一种有益补充，主要体现在自由意志、罪、宽恕与悔改、古希腊德性伦理等方面。

中国儒家传统的宗法礼制强调人的服从，尽管实践理性发达，也有关于道德责任的讨论，但是并不承认人的自由意志下的行为选择，因而关于责任伦理的论述缺乏前提与动因。天主教的“自由意志论”强调信仰行为的自我选择，唯有自由意志下的自我选择，才是真正理解和接受天主的爱。天主教也用自由意志理论来说明恶的起源和神正论的问题。天主教教理就认为，亚当和夏娃被逐出伊甸园既是始祖自由选择的结果，也是全知、全善、全能天主的计划，这样可以有效减轻自由意志论和神正论之间的矛盾。

和自由意志论相对应的就是道德和行为责任问题，既然出乎自我选择，那么承担选择的后果是合乎逻辑的。西方文化中的自由意志和责任伦理思想的普及很大意义上和基督宗教相关。中国文化中的责任伦理的讨论要么诉诸神秘的“天”之罚赏，要么就是先验

① （清）张星曜：《天儒同异考·弁言》，收于徐宗泽：《明清间耶稣会士译著提要》，上海：上海古籍出版社2006年版，第98页。

论，比如孟子和王阳明的良知说。很显然，这会削弱责任承担的理论说服力。明末清初道德颓丧，儒家天主教徒敏锐地意识到儒家传统的不足，劝人行善与禁人作恶是明末清初儒家天主教徒道德教化的双举。韩霖在《铎书》中诠解"圣谕六言"之"毋作非为"时，就引入天主教的自由意志理论，来为"恶"的行为选择和责任承担提供理论基础。利玛窦在《天主实义》中引述托马斯神学，认为人有自由意志是因为人有灵魂，灵魂不同于草木的"生魂"以及动物的"觉魂"，[①] 灵魂是一种能够理性论辩选择的能力，是天主独独赋畀人类的。所以，引入天主教的自由意志论，就涉及对中国传统魂魄观的改造以接受天主教的灵魂论。这种灵魂观的改造也涉及中国传统生死观的变异。

天主教灵魂观包含在人论中，主要有"三分法"和"二分法"两种。前者是早期教父克莱门特、奥利金等人的观点，认为人是由身体、魂、灵构成的，其中灵与天主相连，司理性思维；魂则处于灵与身体之间。后者是奥古斯丁的观点，由托马斯所继承，认为人是由身体和灵魂两种对立部分组成的，而灵魂是单一实体，不可分割，是天主赋予人的本质，具有理性论辩和判断能力。来华耶稣会士的灵魂观就是托马斯在《神学大全》中的正统神学观点。

中国传统的魂魄观认为人是由魂与魄组成的，但是与天主教托马斯主义灵魂与身体二元论不同，中国传统的魂魄观不认为灵魂和肉体是绝对二元对立的两个部分。魂与魄的观念在春秋末年就已出现，用以说明人死后的状态，和"鬼神"相当。汉代以降，魂魄观与阴阳五行观念相杂，使得儒家的人论更为复杂。《春秋左传》里，子产到晋国时，景叔问他："伯有犹能为鬼乎？"子产曰：

> 能。人生始化曰魄，既生魄，阳曰魂。用物精多，则魂魄强。是以有精爽至于神明。匹夫匹妇强死，其魂魄犹

---

① ［意］利玛窦：《天主实义》，收于朱维铮主编：《利玛窦中文著译集》，上海：复旦大学出版社 2001 年版，第 23－33 页。

能冯依于人，以为淫厉。①

孔颖达疏郑玄注“耳目之聪明为魄”曰：

魄，体也。若无耳目形体，不得为聪明。故云“耳目之聪明为魄”。②

也就是说，“魄”是司职人体耳目手足等感官、运动能力的，人天生具有这种“魄”；而“魂”则是司职思维能力的。魂与魄其实两种能力都兼具，只是程度有别，孔颖达疏郑玄注曰：

魄识少而魂识多。③

利玛窦深知中国传统魂魄观同耶稣会士的单一实体的、与身体二元对立的灵魂观的差异，他在《天主实义》中“补儒”“合儒”，用托马斯灵魂观对中国传统魂魄观进行解释学解读：

人有魂魄，两者全而生焉。死则其魄化散归土，而魂常在不灭。……夫谓人死者，非魂死之谓，惟谓人魄耳，人形耳。④

利玛窦用“魂”单指人的灵魂，而用“魄”单指人形，这样儒家传统的两层结构的魂魄观被改造为单一实体不可分割、永恒不灭

---

① （晋）杜预注：《春秋左传正义·昭公七年》，收于（清）阮元校刻：《十三经注疏》（第四册），清嘉庆刊本，北京：中华书局2003年版，第4454页。

② （汉）郑玄注：《礼记正义·丧大记》，收于（清）阮元校刻：《十三经注疏》（第三册），清嘉庆刊本，北京：中华书局2003年版，第3410页。

③ （汉）郑玄注：《礼记正义·丧大记》，收于（清）阮元校刻：《十三经注疏》（第三册），清嘉庆刊本，北京：中华书局2003年版，第3412页。

④ ［意］利玛窦：《天主实义》，收于朱维铮主编：《利玛窦中文著译集》，上海：复旦大学出版社2001年版，第24页。

的灵魂观，人之不朽正是基于此。不同于动植物的生魂和觉魂，人的灵魂不随身体的毁灭而消失。

利玛窦带来的“灵魂观”对明末清初的儒士产生了重大影响，黄宗羲和戴震等人就对天主教灵魂观极为推崇，并以此对中国传统魂魄观加以重新构建。① 而诸多友教人士比如叶向高以及后来的焦循等人就通过天主教灵魂论对孟子的“心性论”加以改造，为中国文化中的“人禽之辨”增加了知识论的维度。明末清初的儒家天主教徒几乎完整地接受了耶稣会士的灵魂观，因为灵魂不朽观念直接涉及天主教救赎问题。

他们对天主教灵魂观的理解和接受是基于孟子的“人禽之辨”，不过孟子所谓的“人之所以异于禽兽者几希”的说法是把人和禽兽的区别说成非本质的，而在天主教看来，人的灵魂和动植物的觉魂、生魂有着本质区别，② 那么人和动植物的区别也就是本质性的。由儒家天主教徒徐光启笔录，耶稣会士毕方济口授的《灵言蠡勺》就是一部完整介绍天主教灵魂观的著作，毕方济站在天主教的立场上，极力驳斥佛道的灵魂观，把人与动物严格区别开来，在《辟释氏诸妄》中他说道：

> 盖人之魂，与四生六道之魂，灵蠢原殊。孟子所谓犬之性不犹牛之性，牛之性不犹人之性者也。③

徐光启认为这种区别的根本原因在于灵魂是天主赋畀人的独一

---

① 参见贾庆军：《黄宗羲的魂魄说和地狱观——兼论其一元世界观》，《船山学刊》2009 年第 1 期，第 78－81 页。另见（清）戴震：《孟子字义疏证》，上海：中华书局 1961 年版。李天纲认为戴震的思想包括灵魂观均受到利玛窦《天主实义》的影响，见氏著《〈天主实义〉与〈孟子字义疏证〉》，收于氏著《跨文化的诠释：经学与神学的相遇》，北京：新星出版社 2007 年版，第 145 页。

② 孟子所谓的人、禽之别是在事实多少的程度上，明末清初儒士“万物一体”的观念与之相合；而天主教则认为人独具理性，和动植物等生命有着本质的区别。

③ （明）徐光启：《辟释氏诸妄》，收于（明）徐光启著，朱维铮、李天纲主编：《徐光启全集》（第三册），上海：上海古籍出版社 2011 年版。

无二的“真性”，杨廷筠也有如此论述：

> 如草木依类而生，依期而长，止有生魂而不知趋避，是无觉魂也。禽兽既有草木之生长，而又能趋避，是有觉魂，然不能论义理，是无灵魂也。人魂兼有三能，能辨理之是非，别人事之可否，禽兽有是乎？今言草木不同于禽兽，人皆信之。独谓禽兽不同于人性，无有信者，则轮回之说，溺其见，而又一体之论，成其讹也。①

杨廷筠以“生魂”“觉魂”“灵魂”区别植物、动物和人，并且认为有灵魂的人“兼有三能，能辨理之是非，别人事之可否”，此论和利玛窦在《天主实义》中所言几无差别，然后他又抨击佛教轮回之说以及儒家传统“万物一体”之论，而且认为只有有灵魂的人方能“见其当然，又推测其所以然”，最后他又依据天主教灵魂、身体二分以及灵魂单一实体论，否定了中国传统的魂魄交感论：

> 何谓判然二物？形血气，神虚灵；形嗜欲，神义理；形滞浊，神升清；形一往，神万变。此不可得为同者也。②

相较于其他友教人士如叶向高等人以及大儒黄宗羲、戴震等人以孟子“人禽之辨”来批判性地理解天主教的灵魂论，杨廷筠则几乎是照单全收，这已经不是在儒家本体论、伦理性等概念的基础上“合儒”，而是直接“补儒”了。究其原因，实在是天主教的灵魂观在天主教信仰方面具有基础地位。前文说到儒家天主教徒引入天主教的自由意志论，而自由意志的前提是人具有独立完整的理性论辩能力，但儒家学说在这个问题上基本上是语焉不详的，因为理性论

---

①（明）杨廷筠：《代疑篇》（卷上），收于（明）徐光启、李之藻、杨廷筠著，李天纲编注：《明末天主教三柱石文笺注》，香港：道风书社2007年版。

②（明）杨廷筠：《代疑篇》（卷上），收于（明）徐光启、李之藻、杨廷筠著，李天纲编注：《明末天主教三柱石文笺注》，香港：道风书社2007年版。

辩能力在中国文化传统中几乎是缺失的。由天主教灵魂论引入儒学，自由意志在儒学话语结构中就水到渠成了。韩霖就在《铎书》中通过对“毋作非为”的阐释来解释恶的来源以及责任伦理的问题，中国文化传统中始终不能在理论上得到圆满解决的责任伦理的前提问题因此得以厘清。韩霖认为，人作为天主的受造物，直接被全善的天主赋畀善性：

> 天生万民，即将敬天爱人两念铭刻人心，是性中有善。①

但是天主善性的赋畀与中国文化传统中的先验“性善论”一样，仍然不能说清道德责任的来源，所以天主就给人以自由意志，使人可以选择为善，也可以选择为恶，“与以自由之权，可以为善，亦可以为恶。然后善有功，恶有罪，而祸福随焉”②。正是由于有了自由意志，选择为恶因而承担责任和后果也就很自然了。

韩霖进一步用利玛窦人性中“三司”的理论说明自由意志的可能性和必要性：

> 性中有三司，曰司记，司明，司爱。司明尚真实，司爱尚美善，为万行本源。司爱有二心焉：向理者近于天神者也，向欲者近于禽兽者也。观人于一时一事，举两相拂戾之心可见。然向理之心，有权有力，如大君端拱堂皇，为臣工主，随时随事，得以自由。故曰：“志之所至，气必至焉。”奋发有为，未有不能自主者，此毋作非为之大

① （明）韩霖著，孙尚扬、肖清和等校注：《〈铎书〉校注》，北京：华夏出版社2008年版，第143页。

② （明）韩霖著，孙尚扬、肖清和等校注：《〈铎书〉校注》，北京：华夏出版社2008年版，第143页。

把柄也。①

儒家天主教徒接受天主教灵魂观和其生死观念的变革同步，当然，一个浸润于儒家文化传统的士人，这也就意味着注重“生”。孔子说“事死如事生”“慎终追远”是在礼制和实用主义的意义上讲的。对于彼岸世界的“存而不论”不仅仅是儒家的智慧，也是一个缺乏灵魂不灭观念传统的民族的无奈之举。② 经过千年佛教熏染的中国人，来世观念应该在明末清初已经并不陌生，但是如何坦然对待死亡，如何对待生命的意义和价值，是作为一种宗教信仰的天主教所能提供的。明末清初儒家天主教徒正是经历了从儒家生死观向天主教生死观的变异，在灵魂观确立后，引入天主教的天堂地狱说，从而为死后的灵魂寻找安息地，也是自然之举。

（二）古希腊德性伦理

这里所谓的古希腊德性伦理主要是指亚里士多德伦理学。亚里士多德的德性伦理精神和儒家的道德理性在修身实践上是互通的。经过中世纪经院哲学改造的亚里士多德的伦理思想成为天主教伦理学正统思想的思想基础。亚里士多德伦理学主要包含在《尼各马可伦理学》和《政治学》中。亚里士多德是西方德性伦理学的创始人和集大成者，亚里士多德主义是西方德性传统的中心。③ 中国首次接触亚里士多德思想是李之藻和耶稣会士傅泛际合译的《名理探》，也就是亚里士多德的《逻辑学》。对中国思想产生影响的另一个方面的亚里士多德思想就是其德性伦理学，这主要是由明末清初的儒家天主教徒在接受和理解天主教伦理思想的过程中实现的。明末清

① （明）韩霖著，孙尚扬、肖清和等校注：《〈铎书〉校注》，北京：华夏出版社 2008 年版，第 144 页。

② 余英时：《中国古代死后世界观的演变》，收于氏著《中国思想传统及其现代变迁》，桂林：广西师范大学出版社 2004 年版，第 7－24 页。

③ ［美］A. 麦金泰尔著，龚群、戴扬毅等译：《德性之后》，北京：中国社会科学出版社 1995 年版，第 12 页。

初儒家天主教徒“天主教化儒学”对古希腊德性伦理的接纳主要是对亚里士多德德性伦理学中以“智”为首的德目表的接纳。

中国儒家伦理学本有自身的德目表，在《论语》中，孔子就提出很多德目，比如恭、宽、信、敏、惠，知、仁、勇以及“君子九德”等，《孟子》则有仁、义、礼、智、信，《中庸》中则有“五达道”，即君惠臣忠、父慈子孝、夫义妇顺、兄友弟恭、朋友有信，历代儒家伦理学提供的德目表，有不同的角度，可谓丰富。韩霖在《铎书》中接受了经由传教士润色的亚里士多德的德目表。《铎书》中写道：

> 灵德，智也，其支有二，一使人知以知，一使人知以行。习德者，使人习之而不肖者改为贤，无正邪善恶之相容也。其支有三：一廉，一毅，一义。故谈德者，定宗德四品焉：……人之神，非得智、廉、毅、义四德之资不能成也。①

韩霖所谓的德四品“智、廉、毅、义”就是“智慧、节制、勇敢、公正”四枢德。在柏拉图和亚里士多德的伦理学中都出现过这四枢德，希伯来的《旧约圣经》中也曾出现过。天主教伦理学家阿波罗首先把这四种德性定为四枢德，也就是最关键、最重要的四种德行，是整个伦理生活的最高准则，托马斯则进一步把四枢德作为天主教伦理学的总纲和最高德性总目。“智、廉、毅、义”四枢德在儒家伦理学传统中其实也并不算太陌生，大致可以相当于孔子说的“仁、知、勇”和孟子说的“义”，韩霖接纳天主教伦理学中的四枢德的真正意义在于四枢德中的德目之关系，韩霖说：

> 德之适中合节，俱赖智之明炤引之，故在四品中为宗

---

① （明）韩霖著，孙尚扬、肖清和等校注：《〈铎书〉校注》，北京：华夏出版社2008年版，第126页。

之宗焉。①

亚里士多德在《尼各马可伦理学》中将智德列为四德之首，这在很大意义上体现出西方文化中分析思维和知识论的主体地位。但是在中国文化传统中，一般并不太重视智德，孔子在《论语》中关于“仁、知、勇”三德的说理基本上是偏向“仁”德而以“知”德居次。② 孔子所谓的“知”也就是伦理知识意义上的“智”。熟稔儒家伦理学的韩霖将亚里士多德的四枢德的德目关系加以接纳，“智”在“四品中为宗之宗”，这在一定意义上体现出儒家天主教徒在了解了包括天主教教义和教理以及科学在内的西方文化后，有意识地转向知识论和分析思维的兴趣。前文谈到，儒家天主教徒在以天主教的灵魂观改造中国传统的魂魄观时，就很注意为魂魄观建立知识论维度，后来教外的方以智、黄宗羲、王夫之、戴震、梅文鼎等明清大儒都受到西学知识论传统的影响，③ 智识主义兴起，④ 这并不是偶然的。

（三）罪、宽恕与悔改

中国传统儒学中的“罪”，和天主教文化中的“罪”的内涵完全不同。《说文解字》中有：“辠，犯法也，从辛从自，言辠人蹙眉苦辛之忧，秦以辠似皇字，改为罪。”从许慎的解释看，“罪”指的是违反法律的行为，因此会受到法律的惩罚。“罪”的含义在中国

---

① （明）韩霖著，孙尚扬、肖清和等校注：《〈铎书〉校注》，北京：华夏出版社2008年版，第130页。

② 《论语·雍也》中的“知者乐水，仁者乐山；知者动，仁者静；知者乐，仁者寿”。《论语·子罕》中的“知者不惑，仁者不忧，勇者不惧”。见（魏）何晏注：《论语注疏》，收于（清）阮元校刻：《十三经注疏》（第五册），清嘉庆刊本，北京：中华书局2003年版，第5381、5407页。

③ 李天纲：《〈天主实义〉与〈孟子字义疏证〉》，收于氏著《跨文化的诠释：经学与神学的相遇》，北京：新星出版社2007年版，第145页。另见徐海松：《清初士人与西学》，北京：东方出版社2008年版，第256－365页。

④ 余英时：《论戴震与章学诚》，北京：生活·读书·新知三联书店2000年版，第18页。

文化传统中一以贯之，没有变化，指的是“违法”之意，这是毫无疑问的。但是在天主教文化传统中，对于“罪”的理解则不是中国文化意义上的“违法”。德国宗教学家卡尔·白舍客在《基督宗教伦理学》中区分了两种罪：一种是中国文化传统和天主教意义上共有的所谓的“罪咎”，英文对应是“crime”；另一种是天主教意义上的“罪”，英文是“sin”，表示和天主的隔绝，违背了天主的神谕和意志，这是从天主和人的关系的角度来理解的。① 这种意义上的“罪”又可以分为原罪和本罪两种类型。原罪就是亚当和夏娃违背神的要求在伊甸园所犯下的“罪”，本罪就是在负有原罪的基础上后来与天主之间的隔绝与疏离。《圣经》中有大量的语句来描绘这种罪，实际上就是指人对天主、光明、真理、道路的弃绝。《申命记》说，不听从天主的话，不谨守天主的诫命都是“罪”；《若望福音》说，没有法律之前罪已经来到这个世界上；《玛窦福音》说，若只是对妇女注视和贪恋其实就是犯了奸淫……这些所谓的“本罪”并不是违反了法律，只是在天主教天主与人的关系的意义上而言的。那种“crime”意义上的罪在十诫中也有，比如不可偷盗、不可杀人等，既违背了法律，当然也违背了全善的天主的教导。所以天主教意义上的罪主要是指一种天主与人的不和谐的状态。

儒家传统本身存有很微弱的“罪感意识”，约莫相当于所谓的“幽暗意识”。② 天主教进入中国，原罪的说法还是令中国人难以理解、难以接受，所以在清代以前，即使是儒家天主教徒对原罪的观念也论述极少，杨廷筠“几乎遗漏了原罪问题，在他的作品中，只有四处地方约略提过”③。一直到朱宗元、张星曜等横跨明、清两代的儒家天主教徒才有关于原罪的比较完整的了解和论述。而原罪之

---

① 当代著名神学家麦奎利认为不应把“罪”理解为“纯粹的具体行为……而是整体人类社会巨大的方向性错误和颠倒，这样就可以认识到罪的可怕性质”。麦奎利是上升到人类和神的关系的角度来谈“罪”。参见［英］麦奎利著，何光沪译：《基督教神学原理》，香港：汉语基督教文化研究所 1998 年版，第 343 页。

② 张灏：《幽暗意识与民主传统》，台北：联经出版事业公司 1989 年版，第 27 页。

③ ［比］钟鸣旦著，圣神研究中心译：《杨廷筠：明末天主教儒者》，北京：社会科学文献出版社 2002 年版，第 170 页。

后的本罪在明末清初就有比较多的文献记载。比如韩霖的《铎书》和杨廷筠以及李九功、李九标兄弟的作品。仔细分析，天主教意义上的“罪”倒是和中国文化中的“过”表面上有点类似，[①] “过”的程度要比“罪”的程度低得多。儒家天主教徒引入天主教文化中“罪”的观念，为中国文化中伦理性的“罪”和“过”提供了解释的神性依据，也为中国文化的伦理道德理论提供了形而上的解释。但是这种“罪”的观念的引入，却可能是和中国传统的“性善论”相抵触的。利玛窦在《天主实义》中为了迎合儒士，对自然之善与道德之善作了区别，在道德后天而来的善性基础上创造出一种奇特的天主教性善论。[②] 而明末清初早期儒家天主教徒则几乎固守着中国传统的性善论，明末清初晚期的儒家天主教徒比如张星曜则对天主教原罪说展开充分理解，并循利玛窦的方法，把天主教的原罪说的性恶论和中国儒家传统性善论相调和，像利玛窦一样对自然之善和道德之善作了区别，产生一种亦儒亦耶、非儒非耶的性善论，但其中已经包含对天主教原罪说的融摄。

有了“罪”就得有解决的方法。罪咎意义上的“罪”当然是通过严厉的法律惩罚来实现的，但是原罪和本罪意义上的“罪”，在天主教传统中相应的改正的方法也不完全是惩罚。在《旧约》中，惩罚的色彩非常浓重，在《新约》中改正的办法则是“悔改”。“悔改”真正体现了天主教文化中“罪”的本质，也就是说通过人的“悔改”与认“罪”来重新调整人与天主之间不和谐的关系。这种“悔改”当然是发自对神的敬畏与爱戴，以及对于灵性生命的持守与热爱，“悔改”为中国文化中“迁过改善”的改正之法增加了一种神圣的意味，从结果看，也比基于恐惧、以功利性为目的的

---

① 明末清初儒家天主教徒的中文著作多以“罪过”来翻译“sin”，这在很大程度上表明他们理解天主教“罪性”的伦理化的态度，因为“过”在中国文化中更多是德行缺失所致。参见韩思艺：《“罪过”：在明清之际耶儒对话中谈“sin”的翻译与诠释》，《基督教文化学刊》2009 年春季号，第 47－68 页。

② 孙尚扬：《伦理的对谈》，收于许志伟、赵敦华主编：《冲突与互补：基督教哲学在中国》，北京：社会科学文献出版社 2000 年版，第 362 页。

“迁过改善”更加深沉，更加具有自律性和内在彻底性。

和“罪”“悔改”相应的还有“宽恕”的概念。“宽恕”当然是和“爱”联系在一起的，是“爱”的延伸，也是“爱”的体现。当然，这一点《旧约》与《新约》也有很大不同，后者更能体现天主教圣爱的本质。但是中国文化传统中却比较缺乏“宽恕”意识，有的是“以德报德，以直报怨”的血气与算计。天主教“宽恕”意识的引入，对中国文化是一种有限补充。儒家天主教徒在儒家文化环境中接纳天主教的“罪”“悔改”以及“宽恕”意识，身体力行，亲力亲为，不啻是对中国文化、儒家传统和现实社会的异样新奇而有益的补充。

二、天主教“超儒”与儒家天主教徒对儒学功能和定位的新理解

“超儒”的提法最早来自耶稣会士，这是他们的最终目的，在明末清初早期，儒家天主教徒大多只提“合儒”“补儒”，很少或者不提“超儒”，这是他们和耶稣会士理论目标不同之所在，前文已经述及。不过，儒学和天主教毕竟是两种本质不同的思想体系，尽管在伦理层面它们也可以实现有效的对话，但是当儒士接受天主教后，接受的不仅仅是天主教伦理学的部分，天主教教义相应地也必须接受。事实上，在明末清初，这个问题的意识不是太强烈，或者说坚持儒家本位性仍旧是儒家天主教徒习惯性的做法。在明末清初晚期，伴随着对这个问题的更深入的理解，也加上天主教更加完整地进入中国，以及明末清初几十年天主教传教的积淀，“超儒”就成为一个接受了天主教进行了传统转化的儒家天主教徒自觉或不自觉的选择。所以在清初，张星曜就明确提出了这个问题，他的皇皇巨著《天儒同异考》就以“合儒”“补儒”“超儒”为篇章结构，“超儒”成为儒学和天主教关系的一种可能。

但是，儒家天主教徒意义上的“超儒”和耶稣会士的“超儒”仍旧不能说是一种完全相同的东西，就像二者“合儒”“补儒”的

心态、方法、程度、结果也有所差异。传教士对天主教的历史发展以及天主救赎模式的理解有“性教”“书教”“宠教”三个阶段：天主将天主拯救之道刻画赋畀于人性之中，成为人的内在准则，是为“性教”；后天主隐匿，将天主之道也就是十诫教条刻于西奈山的石板上由摩西传世训导，是为“书教”；等到世界堕落、末日来临，“书教”不足以匡正世界时，由耶稣化成肉身亲自教化世人，是为“宠教”。按照耶稣会士“合古儒”的方案，中国历史和教化充其量只到性教水平，书教都没有完全达到，① 更遑论宠教了。清初的儒家天主教徒也接受了性教、书教、宠教的天主教历史阐释模式，但是他们认为儒学达到了书教层次，宠教则还没有，所以天主教的超性之学是比儒学更高的层次，朱宗元说：

> 故在西汉之前，天主原未降生，宇内之人，因性本善，守我孔子敬天爱人之说，其道已足。西汉而后降生之主，阐发至义，更立新典，必悉遵其言说，乃为完备，圣经所谓新教是也。盖儒者知宰制乾坤之主，而不知降世代救之天主；知皇矣荡荡之真宰，而不知三位体一之妙性；知燔柴升中之牲享，而不知面体酒血之大祭；知悔过迁善之心功，而不知领洗告解之定礼。此则天学所备，佐吾儒之不及，为他日上升之阶梯也。凡吾师法孔孟者，毋汩此独大原之性天也哉。②

但是明末清初的儒家天主教徒没有也不可能完全将天主教置于儒学之上，“儒书多未显融，独天学详之”是他们潜在的默契，他们以“合儒”“补儒”的方法进行耶儒融合的工作时是如此，当他

---

① 传教士基本上是把儒学定位在“性教”的层次，而儒家天主教徒则认为在“书教”的层次。参见刘耘华：《诠释的圆环——明末清初传教士对儒家经典的解释及其本土回应》，北京：北京大学出版社 2005 年版，第 112 – 114 页。

② （清）朱宗元：《答客问》，收于［韩］郑安德编，楼宇烈顾问：《明末清初耶稣会思想文献汇编》（第三卷第三十二册），北京：北京大学宗教研究所 2004 年版，第 53 页。

们真的意识到宠教之超性之学、超性之教高于儒学、儒教时，“天儒原同”“天儒一统”是他们比较能够心安理得的做法。

经过儒家天主教徒“合儒”“补儒”“超儒”后的儒学，已经被“天主教化”，已经肯定不是他们所“斥”的“近儒”，也就是以心性之形而上学为特征的宋明道学（这里的道学取冯友兰义，既包括理学也包括心学），也不是他们要“合”的“古儒”，即有“天道信仰”特征的原始儒学，也不是这原始儒学的另一面——“实存性道德描述”的儒学，当然也不会是两汉之经学、魏晋之玄学。或许它仍旧处于天主教视野下的较低层次，也就是性教的层次，但是它已经是“超儒”了，是“天主教化儒学”了。它也已经走下“道统”的神坛，退下官方意识形态的高位，回归思想的本性，成为明末清初思想重建的新的言路，也是通过区别于传统儒家内省式的道德和行为的自我束治，成为一神论式的“畏天”，从而成为实现道德救治的有力利器。

第六章　“天主教化儒学”的思想史分析

第一节　正统发现异端：思想层面的反教运动的原因、过程及实质

如同儒家天主教徒在明末清初中国社会中的弱势地位一样，他们所构建的“天主教化儒学”也从来没能成为明末清初思想界的主流。但是，儒家天主教徒的思想和实践仍然在明末清初引发了思想界的震动。围绕天主教来华这一事件，实际上共有五方参与了这场思想博弈，分别为传教士、入教儒士、友教儒士、反教儒士以及反教佛教徒，前三者大致可算作一阵营，后二者可算另一阵营。后一阵营的出现在中国这个有着“华夷之别”的正统意识和道统持守的国度是很自然的事，佛教甫入华土也有过长达百年的论争和融合的过程。但是反教儒士和反教佛教徒的理论出发点不太一样。反教儒士主要是从维护儒家道统的角度，而佛教徒主要是在传教士和入教人士“排佛”“易佛”的主张下进行的一种自我辩教。

明末清初反教儒士的构成主要有二：其一是以沈漼为代表的“南京教案”中的儒家官僚群体，其二是以徐昌治、黄贞为代表的民间儒士（清初反教运动还有以杨光先为代表的“历狱案”，其发生于明亡之后，思想层面的论争也较弱，并不在本书考察范围内）。以沈漼为代表的儒家官僚群体主要是从政治层面的正统、正体的角度反教，在涉及对天主教教义的反驳时也是攻击天主教以左道坏乱学脉正统，以绝对真理的捍卫者的立场否弃一切异己。沈漼说：

惟天地开辟以来，而中国之教，自伏羲以迄周孔，传心有要，阐道有宗，天人之理，发泄尽矣，无容以异说参之。①

事实上，沈漼式的完全从政治层面上进行的武力反教，由于入教儒家官僚以及友教人士的大力佑护，并没有持续多久。明末清初真正有影响的思想层面的反教运动是由民间儒士和佛教人士发动的。前者有两个代表人物——徐昌治和黄贞。他们共同编撰了一本影响颇大的反教著作集——《破邪集》。该书主要包括三方面的内容：一是“南京教案”的文献，二是黄贞等人广邀反教儒士所写的反教文章，三是收录了部分佛教徒的辩教著作。黄贞反教的初衷颇能代表当时士人的一般想法。在《请颜壮其先生辟天主教书》中，他罗列了天主教的五大罪状：反对万物一体说，对圣人不敬，对中国民间信仰的神灵不敬，灵魂不朽而无轮回，蛊惑中国士人为其作文张目。而许大受则罗列天主教在义理和实践中的十大“刺谬”，包括诳世、诬天、反伦、废祀等，其他反教人士如陈候光等人的说辞也大抵如此。不同于“儒家天主教徒”在融合耶儒思想时看到的耶儒之“同”，反教人士看到的完全是耶儒之“异”，而且是不可共置、不可调和的“异”，这是入教儒士和反教儒士对待天主教不同态度的根本原因和耶儒冲突的总根源。更有甚者，反教儒士不但反对天学中带有意识形态性质的“超性”部分，就连完全是知识性的纯粹“因性”学说也被视为奇淫技巧而被非理性地一概反对，他们认为传教士的“附儒”“合儒”“补儒”只是试探性的手段，其最终目的是“超儒”。客观上讲，反教儒士的此论调对传教士而言是比较准确的，但是对于那些以融合耶儒为职志的儒家天主教徒而言却完全不正确。当代美国汉学家孟德卫在其所著《1500—1800：中西方的伟大相遇》中细数反教人士的理论出发点有七：①华夏中心

① （明）沈漼：《参远夷疏》，收于夏瑰琦编：《圣朝破邪集》（卷一），香港：建道神学院1996年版。

主义以及华夷之别；②鬼神不可知论；③新儒家的本体论；④败坏中国伦理；⑤危害大明体制；⑥破坏中国风水；⑦某些歪术大坏人心。[①] 实际上，从思想层面上讲只有前三点是最根本的，而佛教徒出于捍卫佛教正统地位的目的，也用方以智评价天学的说法，指责天主教“长于质测而拙于通几”。

反教人士的这些论调在明末清初的思想环境下也是不足为怪的。中国历史和文化中根深蒂固的华夏中心主义其来有自，到明末清初已经形成一整套的儒家思想道统论，成为抽象的、绝对的、唯一的理论体系，而对儒家思想事实上的在历史发展过程中对道家、佛家等外部思想的融摄则闭目不见。这使得儒家传统的华夷观、道器论、名分观等思想观念形成了一整套夏/夷、道/器、大/小、正/邪、尊/卑等僵化的、封闭的、二元对立的等级思想秩序。在这一前提下，所谓“发明已无余蕴”“三教绝不容四”“三教并兴，治世、治身、治心之事，不容减，亦不容增者也”[②] 的论调便是可以理解的。

反教儒士和反教佛教徒倒也不是徒然喊口号，他们也有论著问世，尽管其中带有很大的情绪成分以及先入为主的偏见。黄贞主编的《破邪集》以及钟始声主编的《辟邪集》是集大成者。其中的文章可分为两类，其中一类是反教儒士从正统理学的角度重新诠释传教士诠释过的一些儒学基本概念和命题，比如“天”“心”“性”“太极”“理”等这样的本体性概念以及“仁爱”“忠孝”等这样的伦理性概念，还包括“万物一体”“精气为魂”“气化流行”等一些儒家基本命题。当然，佛教徒则是从佛家教义的角度加以批驳。虽然佛教徒和他们论辩的对手——天主教传教士一样，都是“附和儒家”，不过很显然，佛教徒在这一点上肯定比初来乍到的传教士更驾轻就熟。佛教徒除了一些对佛教教义的论辩和维护外，论域上

① ［美］孟德卫著，江文君、姚霏等译：《1500—1800：中西方的伟大相遇》，北京：新星出版社2007年版，第32－42页。

② （明）颜茂猷：《圣朝破邪集·序》，收于夏瑰琦编：《圣朝破邪集》（卷一），香港：建道神学院1996年版。

佛教徒感兴趣的基本限制在“天”“万物一体”这些本体性的概念和命题上，也有“来世”“灵魂”“神人关系”这些宗教性的话题。说到反教儒士和反教佛教徒的关系，事实上，二者在明末清初“三教合一”的思想氛围中，在排斥天主教这一点上，几乎是思想同盟。不过较之于反教儒士，佛教徒同传教士和入教儒士的论证，思想论辩的成分更大一些。①

明末清初反教运动的目标比较少直接指向儒家天主教徒，更多的情况是反教人士在谈及他们驳斥的对象时，往往指以“邪教”目之的天主教以及那些以利玛窦为代表的传教士著作。不过也有直接对“儒家天主教徒”的一些观点进行批驳，但是基本而言，那种论调和方法与对待传教士是一致的。② 反教人士对天主教的驳斥实际上暗含了对于儒家天主教徒以及他们创造的“天主教化儒学”的否定，并且都是从正统理学的角度，甚至简直可以说就是思想的直接攻击。从思想史的角度看，这样的做派并无益于中国思想史的发展。不过，简单以迂阔、愚昧来认定明末清初反教儒士，或许合理但不太合情，除了某些官僚出于政治目的反教，明末清初的反教儒士大都怀有强烈的忧患意识和卫道精神，比如《破邪集》的编撰者黄贞就自序道：“七年以来，一腔热血，两画愁眉，此身不管落火落汤，此集岂徒一字一血，谈之唇焦未罄，录之笔秃难完。”③ 孙尚扬为此评论道：

> 明末一部分士大夫对天主教的排斥不能简单地以仇外心理来解释。对人生的不同体验和哲学思辨，对宇宙、世界和人事进行哲学思考时采用的不同的思维路向，都是士

---

① 陈永革：《以儒辨天与以佛辨天：晚明佛教丛林对天主教义的论难》，《宗教学研究》2001 年第 4 期，第 52 – 59 页。

② 刘耘华：《诠释的圆环——明末清初传教士对儒家经典的解释及其本土回应》，北京：北京大学出版社 2005 年版，第 360 页。

③ （明）黄贞：《破邪集自叙》，收于夏瑰琦编：《圣朝破邪集》（卷一），香港：建道神学院 1996 年版。

大夫们反对天主教的重要原因。当然，完全以理性主义来概括明末反西学的士大夫的态度之本质，并不全然符合历史事实，因为造成他们全面反西学的更重要的原因是他们担心儒学道统有可能被心存“补儒”“超儒”之志的传教士以天学取代之。全面排外的士大夫认为消除这种隐患的唯一方式便是闭关排外。这种非此即彼的形而上学思维方式与李之藻“以夷制夷”及徐光启试图通过开放性的和平交流，最终达到“会通以求超胜”的远见卓识相比，其间高下卓然可见。①

第二节 “天主教化儒学”的思想实质与思想属性

大体而言，明末清初的儒家天主教徒在耶儒融合的基础上创造了一种叫“儒学一神论”的思想体系。“儒学一神论”可以说是明末清初儒家天主教徒“天主教化儒学”的思想实质，对儒家“天”的观念作了天主教式的解释。“天”的观念在中国思想史上居于枢机地位，对于“天”的不同角度的解读，产生了不同性质的思想，从先秦、两汉、魏晋到宋明，“天”的观念的解释史几乎就是一部中国思想史。如果说宋明理学以“理”来释“天”在解释学上是合理的，那么中国本土儒家天主教徒重新回到古儒，重新梳理儒学历史，创造出一种天主教和儒学相结合的神哲学体系在解释学上也便没问题。不可否认的是，这种神哲学体系是在中国文化逻辑中展开的，他们的思想创造，实际上也是否定了秦汉以来特别是宋明以来对于中国学统的解释，他们“斥近儒”“合古儒”，宣称是传承了古儒的儒家“学统”体系。

① 孙尚扬、[比] 钟鸣旦：《1840 年前的中国基督教》，北京：学苑出版社 2004 年版，第 306 – 307 页。

"儒学一神论"的提法，从当代荷兰汉学家许理和在 *In the Beginning*：*17th-Century Chinese Reactions to Christian Creationism* 一文中提出后开始被广泛引用，英文是"Confucian Monotheism"①。许理和在这篇文章里强调中国早期天主教的核心主题时说，创造意义上的天主教之神很少单独作为主题，更多是关于单一、至高神的说法。在后来的 *Confucian and Christian Religiosity in Late Ming China* 一文中，他说，宇宙最高力和原理向儒家"天"的人格化构成中国皈依者的信仰特征。在这篇文章中，许理和谈到传教士和中国儒家天主教徒在对待天主教教义时的不同取舍，传教士的一些弘教著作对于天主教教义的本质部分比如道行肉身、受难、复活等都有描绘，甚至包括耶稣的人格。但是中国信徒的著述往往会忽略这些难以理解的东西。在 *Christian Social Action in Late Times*：*Wang Zheng and his "Humanitarian Society"* 一文中他以王徵为例再次说明了中国本土儒家天主教徒对待天主教教义的基于自身理解和需要的不同取舍。实际上，二十世纪上半期来华的英国传教士理雅各曾经使用过此概念，也是通过复活中国古老的"天道"信仰，加以人格神化，来指称一种有神论的儒家思想体系。② 但是许理和最早用此词来区别来华传教士和儒家天主教徒对天主教教义理解的不同。在《天主实义》中，利玛窦谈及基督论部分，但是主要还是宣讲天主一神论，包括天主赋性论、创世论、天堂地狱赏罚论。但是中国明末清初早期的儒家天主教徒不太能理解和接受基督论的部分，所以在他们的

---

① "Confucian Monotheism"一词在英文语境中可以译为"儒学一神教"，也可以译为"儒学一神论"，侧重点有所不同。"教"在汉语系统里的意义非常广泛，有宗教教义、组织含义，也有教化所倚重的思想体系。许理和用此词来与天主教相对应，作为中国天主教徒的信仰表征的理论体系，前者更合适；若是作为中国天主教徒的一种思想体系的神哲学体系来理解，后者更合适，考虑到本书把"天主教化儒学"放在中国思想史的脉络里来理解儒家天主教徒的思想，更是如此。国内也有学者将之翻译为"儒家一神论"，但是儒家更侧重于生存论意义上的，如生存论意义上"Confucian Christian"中的"Confucian"就翻译为"儒家"而不是"儒学"。故本书将"Confucian Monotheism"译为"儒学一神论"，是在学理意义上，这样更和神哲学思想体系意义上的"天主教化儒学"相一致。

② 王辉：《理雅各的儒教一神论》，《世界宗教研究》2007 年第 2 期，第 134 - 143 页。

作品里对基督论的部分谈得很少，而把中国古代经典里的人格性的、创造性的、主宰性的“上帝”复活，和天主教的“天主”等同起来，然后对于儒家思想传统的一系列主要概念，比如说“天”“仁爱”“孝”“信”等作了天主教化的解读，构建了一个中国儒家和天主教教理相融合的神哲学体系。在前期，这种诠释主要是出于个体信仰和救心救世的需要；在后期的“礼仪之争”时期，儒家天主教徒开始大规模地重新解读经典，主要是为了通过经典解读来解决自身的身份认同和文化认同问题。①

中国儒家天主教徒为何要这么做？为什么在追随自己的传教士老师时却和他们的老师在理解上有所不同？除了考虑到天主教中关于耶稣基督论的部分可能严重抵触中国人的常识和文化传统，这样并不利于传教大业的开展之外（中国人并不具有非常严格的宗教观念，前述关于“译名之争”中儒家天主教徒的实用态度就很能说明问题），另一个很重要的原因恐怕就是明末清初儒家天主教徒对待天主教时仍然是那种“累朝以来，包容荒纳”“褒表搜扬，不遗远外”的文化中心主义态度。从本书第五章的分析就可以看出，儒家天主教徒在构建自己的“天主教化儒学”体系时，在论域上往往选择儒学传统中和天主教非常相关的命题、概念，在方法上则竭力以同述异、因异求同，对于那些不能躲避的就含混带过，对于二者矛盾冲突的方面则避而不谈或者曲意糅合，而对于传统儒学中所不具备的部分也是选择性接受，以丰富和补充儒学。许理和提出“儒学一神论”的说法，其本意并不是要去说明本土儒家天主教徒的理论构造，而是为了说明明末清初传教士并没有非常明显地回避基督论部分，也并没有在采取文化适应的传教路线时过多地“迁就”中国人的文化习惯。但是“儒学一神论”的提法却从另一个意义上表明，儒家天主教徒是带着解决问题的意向和主体意识去理解并接受天主教的，可以说，他们的“天主教化儒学”体系的理论动机是要

---

① ［比］钟鸣旦著，李天纲译：《晚明基督徒的经学研究》，收于李国章、赵昌平主编：《中华文史论丛》（第 64 辑），上海：上海古籍出版社 2000 年版，第 25－51 页。

为疲敝的明末清初思想界构建新的“学统”。

“儒学一神论”的主体是儒学的还是一神论的？这个问题和儒家天主教徒的存在主体是儒家式的还是天主教式的是一个问题的两个方面。《汉书·艺文志》说：“儒家者流，盖出于司徒之官。助人君、顺阴阳、明教化者也。游文于六经之中，留意于仁义之际。祖述尧、舜，宪章文、武，宗师仲尼，以重其言，于道最为高。”这里的“儒家者流”，按语曰：“儒者，主于诵法先王，以适实用，不必言心言性而后谓之道也。”①在春秋战国礼崩乐坏、“道术为天下裂”的思想环境中，孔子创立了儒学学派，这是“君子儒”的真正开始。孔子将“儒”提升为“儒家”，儒家是具有儒学背景且实践儒学精神的学派，并且经过孔子及其弟子的身体力行，形成了一套以“仁”及其践履为核心的儒家理论体系和存在方式，体现了一种独特的道德之上、积极入世、中庸和谐的儒家精神。

儒学经历了历代的演化，虽然在理论上有不少删改和加持，但是原始儒家济世尊礼、修身俟命的精神却保留了下来。张载一句“为天地立心，为生民立命，为往圣继绝学，为万世开太平”最能体现儒家的使命感和理想人格追求。到明末，儒家的存在方式经过历史积淀已经大致成型。明末清初的儒家天主教徒多为士大夫，他们从小浸润于儒家的纲常伦理和礼仪之下，但是当他们接触到一种新的宗教并认信之后，这种新的信仰与他们固有的伦理传统和生活方式之间产生了巨大的冲突，黄一农因此将徘徊在“天”“儒”间“首鼠两端”的明末清初第一代儒家天主教徒称为“两头蛇”。“儒家”这一称谓不仅仅是理论追求还包括行为，这也是中国文化所谓的“知行合一”。明末清初的儒家天主教徒仍然具备儒家的基本精

① 关于这个问题的研究，章太炎、胡适、郭沫若、冯友兰的见解影响最大。章氏沿着刘歆的论断，认为诸子皆出于王官，并提出“儒”达名、类名、私名的洞见，体现了“儒”从广到狭的历史演变过程。但是康有为论证刘歆的说法多从秦汉文献，所依据的《周礼》系伪造。胡适认为“儒”在殷商已形成。“儒”最早是提供丧葬服务的术士，以后逐步演变为助人君、顺阴阳、明教化的古代经典的传承者。反对者如郭沫若在《驳说儒》中称胡适的研究成果不可信，冯友兰则认为“儒”起源于贵族政治崩坏之后，所谓“官失其守之时”。

神，本书第二章谈到宗教皈依类型时断定明末清初儒家天主教徒实际上属于宗教皈依中最弱化的“传统转化型”，那种完全从一种世界观、礼仪体系、象征世界和生活方式转向另一种的宗教皈依，并不适合明末清初儒家天主教徒，他们仍然保持着儒家的生活方式和行为方式，理由如下：首先，他们在入教后仍然保持传统士大夫“入世”的社会情怀和忧患意识；① 其次，他们入教后仍然大致按照儒家伦理修身、生活；再次，他们入教后的天主教信徒生活是不稳定、随机且很难善终的，像叶向高、瞿式耜等友教人士对天主教信仰的两难不是孤立现象；最后，同时做儒士和天主教徒，在现实生活中是很艰难的，当二者发生冲突时，他们基本上都最终选择回归儒家，像吴历、罗文藻那样的入教儒士最终完全脱离儒家身份成为“教士”并且“晋铎”是极为少见的。明末清初第一代儒家天主教徒的后裔大多回归中国传统思想和生活方式也很能说明问题。不过，清初较明末天主教的认信程度要高，在张星曜、李九功与李九标兄弟以及严谟、朱宗元等人身上表现出的天主教信仰追求非常强烈，② 可能和一个多世纪的神学积累浸润有关，他们身上的“阳天阴儒”的色彩要淡一些，但是儒家本位型仍然没有改变。

从“天主教化儒学”本身的性质看，它的思想属性也仍然停留在儒学范畴。首先，从对待西学或天学的总体态度看，徐光启在《辩学章疏》中所谓的“欲求超胜，必须会通，会通之前，需先翻

① 除了通过对明末清初儒家天主教徒“天主教化儒学”的思想辨析来确定其儒家本位性，也可以通过儒家天主教徒同时作为“儒士”的身份和意识的社会实践活动的儒家化特征来确证，具体表现就是他们社会实践活动的世俗化、功利化、形式化，比如杨廷筠和王徵所建立的“仁会”仍然是典型的儒家化社团。而杨廷筠以绝食这种极端形式使母亲（一说父亲）脱离佛教而改信天主教，不符合天主教信仰中的“自由意志”理论，注重信仰的形式而非实质。从中可以看出杨廷筠信仰中的形式化特征。李天纲对明末清初儒家天主教徒的慈善活动有详细描述，参见李天纲：《早期天主教和明清多元社会文化》，收于氏著《跨文化的诠释：经学与神学的相遇》，北京：新星出版社 2007 年版，第 354 页。

② 在张星曜的基督徒诗歌里可以感受到那种虔诚的信仰，但是徘徊在儒家和天主教之间的紧张感反而更为强烈。参见张海浩：《中国信徒张星曜（1625—1696）的基督教诗歌》，收于李天纲主编：《道风：基督教文化评论·明清时期的汉语神学》，香港：道风书社 2007 年版，第 79 – 110 页。

译”的会通路线以及“补益王化，左右儒术，救正佛法”的说法可以说是整个明末清初入教儒士对待天主教的总体态度。至少在明末清初，“合儒”“补儒”是他们所认可的，至于“超儒”，更多是传教士念兹在兹的目标。① 徐光启的路线后来被奉教儒士所认可，他有意识地把天主教纳入中国传统思想的范围内以耶释儒、以儒释耶，因异求同、以同述异，在中国传统文化框架下阐发儒家思想新的统绪。儒家天主教徒这种“曲线救国”的路线甚至导致清初蔚为壮观的“西学中源”论，② 传统的力量可见一斑。若说中国儒家知识分子以儒家为主干去同化天学，这是完全可以理解的。③其次，从“天主教化儒学”的语言结构看，则基本上是在中国文化的框架内去以耶释儒、以儒释耶。儒家天主教徒断定“耶儒原同”，然后去“合儒”，却是仍然运用中国的汉语言的语词和理解习惯去“本土化”天主教教义和教理，这一点从本书第五章的阐释中可以看到，奉教儒士以天主教教义和教理去阐释一些儒家基本命题和思想时，基本上保持着汉语的认知习惯。汉学家谢和耐问道：“希腊哲学或中世纪经院哲学的发展，是否可根据诸如汉语那样的中国语言来理解呢?”④ 以至于后来的一位基督教传教士哀叹道：“汉语是如此不完善和如此臃肿的工具，以至于很难用它来传播神学真诠。”⑤ 汉语言在语言结构、文法等方面和西方语言如此不同，考虑到洪堡和尼采等人所论证的语言、思想、思维方式之间的一致性，以至于可以推定，儒家天主教徒用传统汉语想要建构起一套天主教教理哪怕是

① 关于儒家天主教徒如何对待“超儒”，请参阅本书第五章第四节。

② 陈卫平：《第一页与胚胎：明清之际的中西文化比较》，上海：上海人民出版社 1992 年版，第 126 – 132 页。也有儒家天主教徒的“中学西来”论，比如清初儒家天主教徒李祖白的《天学传概》。

③ 陈卫平：《第一页与胚胎：明清之际的中西文化比较》，上海：上海人民出版社 1992 年版，第 127 页。

④ ［法］谢和耐著，耿昇译：《中国与基督教——中西文化的首次撞击》（增补本），上海：上海古籍出版社 2003 年版，第 218 页。

⑤ ［美］卫三畏：《中国总论》，见于［法］谢和耐著，耿昇译：《中国与基督教——中西文化的首次撞击》（增补本），上海：上海古籍出版社 2003 年版，第 218 页。

本土化的天主教教理，在明末清初不算太长的时间内，都是不可能的，也是不现实的。①

“儒学一神论”中的“儒学”和“一神论”两种文化传统相互作用因而构成一种新的思想体系，并且保持着儒学的思想属性。按照人类学家张光直的观点，中国文化传统以及信仰体系缺乏犹太教、天主教、伊斯兰教式的高级宗教形态的“一神论”②，这种论断包含两部分含义：一是中国文化和社会是多神论甚至是泛神论传统，实用理性决定了中国人在信仰问题上“追寻一己之福”③“逢神必拜”，那种绝对神圣的信仰对于中国人而言是很陌生的；二是中国文化中的“神”和天主教等“一神论”理解的具有绝对超越性质意义上的“神”的含义大不相同。中国文化中的“神”和“鬼”一样只是既死生命的两种存在方式之一。④ 明代的《正字通·示部》释“神”为：“神，阳魂为神，阴魂为鬼；气之伸者为神，气之屈者为鬼。”《道德经》中“天、地、神、人”的四方结构也很能说明问题。“儒学一神论”是把儒学中被模糊了的上古天道信仰“一神论”化，把天主教中的唯一神“Deus”等同于中国古典中的“天”或“上帝”，也就是张星曜所谓的“儒教已备而犹有未尽晰者，非得天主教以益之不可”，他希望借助于天主教解决明末清初

① 与之形成对比的是，之所以能发生“佛教在中国”到“中国佛教”的转化，也是和漫长而深刻的印度梵语对汉语言的改造分不开的。事实上，佛教进入中国后很长时间的大规模的翻译都没能开始，而是首先借助于道家词汇然后是儒家词汇在中国“隐姓埋名”。要注意的是，除了一些教义讲答教材，天主教教典在明末清初的中国始终未能翻译，倒是天学中不受语言性质制约的科技部分则翻译众多，比如《几何原本》《寰有诠》等，这不是偶然的。参见梁晓虹：《佛教词语的构造与汉语词汇的发展》，北京：北京语言学院出版社 1994 年版。汉语言性质与天主教教理在明末清初之不协调请参阅［法］谢和耐著，耿昇译：《中国与基督教——中西文化的首次撞击》（增补本），上海：上海古籍出版社 2003 年版，第 217－226 页。

② K. C. Chang, *Art, Myth, and Ritual, The Path to Political Authority in Ancient China*, Cambridge: Harvard University Press, 1983.

③ 蒲慕州：《追寻一己之福——中国古代的信仰世界》（修订版），上海：上海古籍出版社 2007 年版，第 3 页。

④ 陈来：《古代宗教与伦理：儒家思想的根源》，北京：生活·读书·新知三联书店 2009 年版，第 106 页。

社会价值失序、信仰混乱的问题。在整个明末清初儒学宗教化背景下把儒学天主教化也就是“一神化”，并且认为这只不过是恢复原始儒学本已有之的天道信仰，“天主教化儒学”的生存论基础就在于此，从本质上讲，“天主教化儒学”是儒学的宗教化。

不过，需要指出的是，虽然中国文化缺乏张光直所谓的严格的犹太教、基督宗教的“一神论”传统，但并不是说中国宗教传统一定是低级的，也并不是说中国文化中完全没有“一神”追求。张光直的结论是根据先秦的文献和考古所得出的结论，这一结论对于先秦以后的儒学并不太适合。在明末清初，儒家天主教徒实际上对“一神论”的传统并不算太陌生。因为宋明以后的儒家追求天人合一、理气统一，儒家这种“一元论”“本体论”里面已经包含了“一神论”或者“一神教”的因素，比如，他们反对“淫祀”，主张“天地唯一”“理一分殊”。莱布尼茨在《论中国人的自然神学——致雷蒙德的信》中就说，中国人的儒学中所信奉的“天”“道”“理”是一种“自然宗教”（或“自然神学”）①，而伏尔泰更是直接说中国宗教是一种西方宗教才配有的“理性宗教”。十七世纪欧洲的“中国观”认为，中国文化是唯一可以和西方文化相媲美的，即使是宗教层面也达到相当高级的程度，而他们的论断是以宋明儒学为依据的。在以前的论述里可知，明末清初儒家天主教徒并不像传教士一样对宋明理学采取完全拒斥的态度，他们是有选择地接受，毕竟他们从小就浸染于其中。因而明末清初儒家天主教徒理解并接受“一神论”的传统是有思想铺垫的，他们接受天主教中的“一神论”，是和先秦以后尤其是宋明理学形而上的“一元论”的思维方式相关的。他们基于宋明、借鉴天学、宣称复活古儒中业已存在的“一神”信仰，逻辑上也是说得通的。

有人认为“儒学一神论”中儒家天主教徒已经改变了自身所秉执的儒家此世的价值传统，因而儒家天主教徒已经背离了儒家传

---

① ［加］秦家懿编译：《德国哲学家论中国》，台北：联经出版事业公司 1999 年版，第 67 页。

统，应该把儒家天主教徒的神哲学思想抽绎出儒家思想传统来理解。① 事实上，这是对于儒家思想尤其是经过宋明受佛教影响后的儒学的不理解。中国儒家传统从来就不是仅仅限于“此世”价值的，也不是无神论的，准确讲应该是非神论的，② 是“天道（具有神圣）—人道”互动的神人体系。明末清初的中国，已经受佛教浸染了一千来年，那种来世、灵魂、报应的观念早已深入人心，即使纯粹的儒家士大夫也是不排斥的。判断是否儒家的标准从根本上讲不是关注点在此世还是来世的问题，而是此世状态的问题，也就是说，一个具有儒家此世性的儒者来世怎样都不重要，关键是在此世是否“尽人事”，宋儒孜孜以求的“天人合一”不也是一种非此世状态吗？儒家天主教徒转向天主教之前也不是纯粹的原始儒家了，他们大多都亦儒亦佛，但是仍然自称儒家，现在由耶代佛，仍然保持儒家，是可以做到的。有人认为天主教和佛教不同，③ 但是儒家天主教徒所接触的天主教是纯粹意义上的天主教吗？不是的。这里的天主教本身就是“儒家式”的天主教，“天主教化儒学”的结构、叙述方式也基本上仍旧是“儒家式”的，而内容则是经过天主教改造后的儒家思想。天主教的那种天堂地狱说、三位一体说、道成肉身论、救赎论等最具特色的理论从来就不是儒家天主教徒思想的中心，他们理论的中心仍旧是在儒家的框架内思考安身立命的问题，只不过以复活中国古儒的名义为注重此世的儒家安置了来世，这种安置一点儿也不影响此世的担当。所以那种认为天主教来华方改变了中国人的此世世界观的说法是不成立的。连利玛窦也深信中国人的那种“志尽于有生，语绝于无验”的自然理性极不容易接受启示

---

① 张晓林：《天主实义与中国学统——文化互动与诠释》，上海：学林出版社 2005 年版，第 339 页。

② 无神论的提法与唯物主义联系在一起，并不适合用来判断儒学。显然，包括儒家在内的中国文化既不是无神论的，也不是有神论的，而是非神论的。儒家思想也是半哲学、半宗教的。参见李泽厚：《论语今读》，合肥：安徽文艺出版社 1998 年版，第 5 页。

③ 张晓林认为，“儒家学者同时信仰佛教，和儒家学者同时信仰基督教，这似乎是不同的两回事”。见氏著《杨廷筠与儒家道统》，《华东师范大学学报》（哲学社会科学版）2003 年第 2 期，第 9 – 16 页。

真理中的超理性、超自然的神学教义，所以明末清初的儒者成为“天主教徒”，也不可能是那种完全宗教皈依的以来世为绝对价值追求的天主教徒。中国本土儒家天主教徒的神哲学体系只是复活了秦汉以后被隐没了的人格神性，实际上，这种人格神性在先秦典籍里“古已有之”。

魏晋玄学一系、宋明理学一系都可以算作儒学思想的新路向，为何回归古儒，用天主教昭明古代信仰就不是一种新的言路了呢？如何可以说秦汉以前的人格神信仰的路向就是完全被抛弃了呢？[①]对于思想而言，是不能完全从进化的角度来判比的。应该说，明末清初的儒家天主教徒的神哲学体系是一种接续古儒的新学统体系。他们对于那个时代的学统思想不满，在天主教来华时，借助于天主教教义创造性地回归古儒，在“补儒”的前提下，寻求儒家思想的新的出路，也可以为自身的天主教信仰做出合理性的解释和证明，使得耶儒实现某种程度的融合和统一。他们甚至认为天主教才是真儒，宋明理学掺杂进太多佛、道思想而背离古儒。所以说，应该放宽儒家和儒学的观念，历史的诠释本来就是开放的，儒家天主教徒仍然坚持在儒学框架内融合耶儒，即便是明末清初传教晚期，“超儒”的提法开始从传教士延伸至奉教儒士，但那种绝对的“超儒”从来就没有发生，实质上仍然是在儒学的语境下对儒学思想进化的一种尝试。后来的反教运动，实际上也都是站在理学正统的立场上的非议，是在用一种儒学立场反对另一种儒学立场。这充分说明了明末清初儒家天主教徒的“天主教化儒学”或者说神哲学体系的儒家本位性。[②] 如果考虑到历史上中外文化交流过程中中国士人根深蒂固的中国文化本位意识，以及对比佛家入华后儒释融合所产生的

① 张晓林：《天主实义与中国学统——文化互动与诠释》，上海：学林出版社2005年版，第339页。

② “神哲学”的含义是指关于神的存在的哲学思辨，在明末清初语境中，和“天主教化儒学”“儒学一神论”的含义基本相当，都是指一种神论的儒学。“神哲学”的提法被广泛使用，已经成为一个专门的基督宗教神学概念。参见王晓朝、李天纲、孙尚扬：《明末清初基督教神哲学思想》，收于许志伟、赵敦华主编：《冲突与互补：基督教哲学在中国》，北京：社会科学文献出版社2000年版，第310－359页。

那些所谓的“佛教徒儒士”①，儒家天主教徒的“天主教化儒学”的儒家本位性是很明显的。

第三节　作为一种新学统的“天主教化儒学”

明末清初儒家天主教徒的“天主教化儒学”，可以认为是一种新的学统②的构建。学统往往是和道统相关联的。“道统”的说法来源于韩愈之《原道》：

> 夫所谓先王之教者，何也？……尧以是传之舜，舜以是传之禹，禹以是传之汤，汤以是传之文、武、周公，文、武、周公传之孔子，孔子传之孟轲，轲之死，不得其传焉。③

韩愈在唐代佛教盛行、儒门冷落的思想背景下宣扬儒家“先王之教”，意在与佛教的“法统”相抗。到了北宋，程颐、程颢受学于周敦颐，却认为自己所学上接孟子：

> 先生为学，自十五六时，闻汝南周茂叔论道，遂厌科举之业，慨然有求道之志。未知其要，泛滥于诸家……谓

---

① 李承贵：《儒士佛教观研究的学术价值》，《哲学动态》2007 年第 1 期，第 35 – 39 页。

② “学统”一词出自清代学者熊赐履《学统》一书，他区分了正统、翼统、附统、杂统、异统等不同的思想传统，但是很显然，熊赐履是从理学道统的角度来立论的。本书所谓“学统”，是从学派和知识体系意义上言，若撇开正统意识不谈，同熊氏立论大致相同。从这个意义上讲，“道统”“学统”共同与政治意识形态外化的政体统绪即所谓的“政统”相对应。参见氏著，徐公喜、郭翠丽点校：《学统》，南京：凤凰出版社 2011 年版。

③ （唐）韩愈：《原道》，收于马其昶校注：《韩昌黎文集校注》，上海：上海古籍出版社 1986 年版，第 12 页。

孟子没而圣学不传，以兴起斯文为己任。①

后有朱熹，“道统”一词始出，所谓“盖自上古圣神继天立极，而道统之传有自来矣”②。宋儒“道统论”在《宋史·道学一》中描述得最为完整：

孔子没，曾子独得其传，传之子思，以及孟子，孟子没而无传。两汉而下，儒者之论大道，察焉而弗精，语焉而弗祥……千有余载，至宋中叶，周敦颐出于舂陵，乃得圣贤不传之学。……张载作《西铭》，又极言理一分殊之旨。然后道之大原出于天者，灼然而无疑焉。仁宗明道初年，程颢及弟颐实生，及长，受业周氏，已乃扩大其所闻，表章《大学》《中庸》两篇，与《语》《孟》并行。……迄宋南渡，新安朱熹得程氏正传，其学加亲切焉。③

可以说所谓“道统”，就是自孔子以降中国文化所特有的“道之统绪”，体现了对儒家“道”之认知与践履的传承，包含着深沉的、独特的价值。但是，道统意识体现出强烈的、排他性的正统意识，这种正统意识具有很大的主观性，是延续儒学慧命以争正统的表现。钱穆说传统道统观是“截断众流的，甚为孤立的”④，正是此意。思想史上道统的弘扬与衰蔽和两种情况相关：一是儒、释、道三家争鸣对于中华正统的争夺；二是在儒学内部对于原典的历史性诠释所造成的原典与义理阐释之间的张力。在唐代道统意义发轫

① （宋）程颢、程颐：《明道先生形状》，收于氏著《二程集》（二），台北：汉京文化事业有限公司 1983 年版，第 76 页。

② （宋）朱熹：《中庸章句集注·中庸章句序》，北京：中华书局 1989 年版，第 14 页。

③ （元）脱脱等撰：《宋史·道学一》（列传第一百八十六），北京：中华书局 1976 年版，第 12710 页。

④ 钱穆：《中国学术通义》，北京：生活·读书·新知三联书店 2002 年版，第 94 页。

时，更多是出于前者，宋及宋以后更多是后者。儒家之道统论，到明代业已完备，明太祖袭承程朱，理学道统论确立了儒学的正统性并且维护了儒学的纯洁性。明末清初之前虽不乏对道统论持异音者，然终不成气候，其中理学与心学对道统之“道”各执一词。但是到了明末清初，程朱道统论已经变得相当僵化和凝固，遂引发思想界的异动。

学统可以说是道统在思想层面的表现，道统和学统是“教”与“学”的关系，“道统”体现出“道”之理念，学统更多地表现为知识系统。学统可以和道统相合也可以相异，也就是说，相较于道统的主观性、神秘性和排他性，学统虽然也强调师承、原则、方法，但是知识性、文化承续是其主要特征，这样可能会存在不同的学统，但是道统则是隐秘的、唯一的。道统的衰落也会引起它所衍附的学统的嬗变。和西方古希腊以来的主智主义的学统传统相比，中国的学统传统虽然在先秦时代伴随着私学的兴起而出现，但是由于“政统”的强势地位，以及和“政统”合流的正统的“学统”的挤压，独立的学统在中国文化传统中至少是不明显的。至明末清初思想大变，“学脉之瞀乱，于斯为极。不惟诎紫阳，几祧孔孟”①。因此，打破道统，重建儒学学统就成为那个时代的基本思想特征和要求。道统及其所衍附的学统由一致走向分化，这种分化要一直到清中叶考据学大盛才稍歇，这里要打破的“道统”就是由韩愈肇发、二程赓续、朱熹完成的“理学道统”。明末清初儒家天主教徒构建“天主教化儒学”，并不一定是有意识地去主观断定自己的“道统”，却可能在“打破道统，重建学统”的时代思想氛围中有意识地去建构一种新的学统。钟鸣旦用狄百瑞关于宋明理学的三种界定或三种存在方式，来为杨廷筠的思想定位。狄百瑞对于宋明理学的三种界定，也可以说是对明末清初学统的总结：第一，官方程朱理学道统，以程朱学说对古典作品的注释为主；第二，非官方但是

① （清）陆世仪著，张伯行编：《陆桴亭思辨录辑要》，北京：中华书局 1995 年版，第 123 页。

认同程朱教诲与实践，却批评国家道统，以明初的吴与弼与明末清初的东林学派为主；第三，王学道统，包括王阳明及其后学，不认同程朱学说为正宗教义也不承认国家道统。钟鸣旦认为还包括第四种，那就是儒家天主教徒的神哲学体系。① 这类道统的主要特点是：第一，精神修养与宗教向度；第二，实学性的伦理道德；第三，科学兴趣。这三个方面的不同分别对应着本书在第三章第二节依据不同信仰动机而对儒家天主教徒所作的分类。虽然三者各有侧重，但整体上都是由于天主教来华而导致儒学天主教化后的儒家思想重构的一部分。

钟鸣旦所梳理的明末清初“道统”体系，实际上是从“学统”意义上谈的。因为新儒家的道统论自韩愈开始，有特定的历史和思想指向。按照钟鸣旦的说法，道统的谱系到明末清初已经大坏，这并不是说唐宋以来的道统论就不存在了，而是说在明末清初这种道统论受到了很大的挑战，表现在“学统”方面就是重建儒学，表现在“道统”方面就是对“道”这一概念的重新诠释和理解，这造成了思想正统意识的混乱。在“打破道统，重建学统”的思想氛围下，儒家天主教徒“天主教化儒学”的构建也就是一种新的学统的产生。

儒家的道统论可以说有三个面向：一是广义的判教；二是要在现实的政治权威之外标立一超越的尺度，此是相对于“政统”（或“治统”）而言道统；三是就儒家学术思想自身而言，道统亦区别于“学统”而有其特定的含义。② 从中国儒学道统史的角度来看，明末清初儒家天主教徒“天主教化儒学”体系在一定程度上同时具有儒家道统论三个层面的含义，但主要是第三个方面。儒家的道统功能的三个方面即认同意识、正统意识以及弘道意识，在明末清初儒家天主教徒“天主教化儒学”思想体系中都在一定程度上有所具备。

和宋以前“以统言道”的历史性道统观相比，明末清初儒家天

---

① ［比］钟鸣旦著，圣神研究中心译：《杨廷筠：明末天主教儒者》，北京：中国社会科学出版社 2000 年版，第 265 – 266 页。

② 郑家栋：《断裂中的传统》，北京：中国社会科学出版社 2001 年版，第 186 页。

主教徒“天主教化儒学”思想体系更具有宋代“以道言统”的哲学性道统观特质。也就是说，儒家天主教徒用天主教教理重新解释了儒家传统中的“道”，并以此为中心构建了新的“学统”的知识体系，笔者在上面的论述中已经谈到，这种“学统”的知识体系与传统儒学既有区别又有联系。“以统言道”强调思想历史的一致性，“以道言统”则强调对儒家“道统”的哲学性理解和逻辑上的一致，①明末清初儒家天主教徒“天主教化儒学”的思想体系偏重于后者。

钟鸣旦所谓的第四种道统体系就是儒家天主教徒的神哲学体系，它的表现就是明末清初“天主教化儒学”的构建。这一类道统的特点是对神的信仰，用天主教理论重新阐释儒家思想，其中的宗教虔诚与精神修养、实学化的伦理道德以及科学兴趣，和儒家固有的“道之统绪”中的“生生不息的宇宙论、民胞物与的仁爱情操、礼乐教化的社会道德、天人合一的修养功夫以及天下为公的大同理想”之学有所区隔，却是“貌离神合”。钟鸣旦对于儒家天主教徒思想的理解比较准确，但是定位就很成问题。张晓林提出的耶儒背离论认为，“天主教化儒学”已经逸出儒学史的范围，它是天主教本位的神哲学思想，应该在中国思想史上单列一章来表之。② 与之不同，钟氏认为“儒学一神论”是接续“新儒家道统论”，仍在宋明儒学道统内来安置“天主教化儒学”。③ 如上所分析，这两种理解对“天主教化儒学”的定位都是不合适的，因为“天主教化儒学”坚持儒学本位，不是天主教本位，也根本不是“天主教整体上是否可能以及如何依附于、融合于中国儒家思想”的问题，因为明末清

---

① 郑家栋：《当代新儒家的道统论》，收于陈明主编：《原道》（第1辑），北京：中国社会科学出版社1994年版，第159－191页。

② 张晓林：《杨廷筠与儒家道统》，《华东师范大学学报》（哲学社会科学版）2003年第3期，第9－16页。

③ 张晓林：《天主实义与中国学统——文化互动与诠释》，上海：学林出版社2005年版，第339页。

初儒家天主教徒所接触的根本就不是“整体上的天主教”①，而是在客观条件不足的情况下，有意识或无意识地经过选择的天主教；也不是其所言“儒家一神论中的有神、一神观念早已在儒家思想的演进中被抛弃”。② 思想史的发展过程不是你死我活的抛弃，不是黑格尔批判的“死人的王国”，而是内在性的继承。“天主教化儒学”本身就“斥近儒”，这“近儒”不仅仅是指程朱理学，还有包括心学在内的所有明末清初学统，因而它不是“新儒家道统”，而是“合古儒”、以耶释儒的儒学新学统。

由此，在学统的意义上讲，我们可以把明末清初儒家天主教徒“天主教化儒学”看作儒学在明末清初时期新的变种和发展，代表了明末清初儒学困境中重建儒学的理学和心学之外的第三种发展道路，应该放在儒学发展史和儒学形态演化史的视野下予以考察。明末清初，儒学形态转化是思想界的基本主题，其间经世之学的兴起可以说是儒学道德经世形态对宋明以来儒学形而上学形态的背离，就像宋明理学是对汉代经学以及政治儒学所做的那样，也都是对先秦原始儒学“实存道德描述形态”的历史性发展。③ 明末清初儒家天主教徒的“天主教化儒学”，是撇开“近儒”而上接原始儒学也就是“古儒”的一种儒学新形态。

这种儒学新形态或者说儒学的新学统有三个重要的特征。其一就是显而易见的耶儒互补。其二就是强烈的宗教性。“天主教化儒学”的宗教性绝不是说它成了一种宗教，而只是思想层面表现出对“至高存在者的响应”，这个“至高存在者”是被天主教教义和教理显性化了的古儒之“上帝”，宗教性第一次成为儒学直接的而非隐藏的含义。应该说，这是对于一向以“内圣外王”式的成人成德的

---

① 张晓林：《天主实义与中国学统——文化互动与诠释》，上海：学林出版社 2005 年版，第 344 页。

② 张晓林：《天主实义与中国学统——文化互动与诠释》，上海：学林出版社 2005 年版，第 345 页。

③ 程志华：《困境与转型——黄宗羲哲学文本的一种解读》，北京：人民出版社 2005 年版，第 318 页。

现世诉求以及“天人合一”式的终极关怀为导向的儒学追求的一种思想深化。但是“天主教化儒学”不会是一种宗教理论本身，它不是宗教，却有“一神论”的神学。① 客观上讲，称之为一种“宗教人文主义”倒是比较中肯的。

说到中国传统宗教，人们习惯于想到佛、道二教，但是这二者其实是后来的事，其实，中国最早还有牟钟鉴所称的“宗法性宗教”②。这种宗教和《诗经》《尚书》中的“帝”“天”信仰一起构成中国早期的宗教信仰体系。在殷周之际，正如王国维所言，发生了中国文化的巨大变革，实际上是一场人文主义运动，从“天命不僭”到“天命靡常”，周公提出“皇天无亲，惟德是辅”的“以德配天”的思想。但是人文主义运动并没有改变中国文化的宗教属性，“天”仍然是人格神。这样，周初以后的中国思想就是宗教和人文主义的奇特的混合体，也就是“人文主义宗教”。从马王堆帛书《要》篇得知，孔子看到《周易》的三个层面的思想指向，就是属于宗教层面的“赞和数”，以及属于人文主义层面的“德”。人文主义在西周后期、春秋之际才有了实质性的进展，“性”与“天道”问题开始被提出，也就是说，人性论以及“义理之天”出现了，这样以儒学为代表的人文主义才与宗教相比逐步占据主体地位，中国文化属性开始嬗变为“宗教人文主义”③，这一点在《论语》里也有表现，尽管《论语》里关于“天”的属性，正如冯友兰所言，依

---

① 不是宗教却有神学，这也是几乎同时代的莱布尼茨对儒学的判断。不过莱布尼茨在《论中国人的自然神学——致雷蒙德的信》中把儒学当作“理性神学”，基于被传教士所否定的宋明理学，并不是天主教意义上的“天启神学”。参见氏著《论中国人的自然神学——致雷蒙德的信》，收于［加］秦家懿编译：《德国哲学家论中国》，台北：联经出版事业公司 1999 年版，第 67、74 页。

② 牟钟鉴、张践：《中国宗教通史》（上册）（修订本），北京：社会科学文献出版社 2003 年版，第 78 页。

③ 陈来分析了原先宗教的“礼”由宗教性向宗教性、人文性两种属性的转变。他说：“从西周后期的理解来看，‘礼’最重要的特征不是宗教性，而是‘圣’与‘俗’结合、‘神圣性’与‘人文性’结合的体系，是包容某种宗教性、带有某种神圣性的人文文化体系。”见氏著：《古代宗教与伦理——儒家思想的根源》，北京：生活·读书·新知三联书店 2009 年版，第 293 页。

然是多重的。所以《论语》的时代，“宗教人文主义”的特征比较明显，但是孔子之后的儒家思想越来越趋近于人文主义。这样，从宗教与人文主义的关系看，就可以很清晰地看到中国思想的一个谱系：原始宗教—人文主义宗教—宗教人文主义—人文主义（包括以后的宋明理学）。

明末清初儒家天主教徒的“天主教化儒学”，所要回归的正是“古儒”的“宗教人文主义”，也就是说，越过宋明儒学的形而上儒学以及人文主义的儒学，回到《论语》和《论语》以前的“宗教人文主义”形态，而不同于传教士们的“儒化天主教”要回归的“宗教人文主义”兴起之前的纯粹宗教形态。在这个意义上讲，明末清初儒家天主教徒的“天主教化儒学”保有儒学的宗教性，是一种“宗教人文主义”。① 只是这种“宗教人文主义”和传统儒学本身所具有的“宗教人文主义”相比，因为天主教思想的加入，使得宗教性更重一些。这样，天主教意义上的“一神论”和儒学的结合所产生的儒学的宗教性也就是“宗教人文主义”，构成了“天主教化儒学”的一种基本特征。宗教性本身就蕴含在儒学中，但是儒学思想氛围中“一神论”意义上的宗教性却是新颖的。

其三就是它的“实学性”。这是在明末清初大兴经世之学的思想环境下的一种儒学诉求，因为明末清初理学僵硬、心学空疏，儒家天主教徒除了要响应“至高存在者”，还有就是把天主教当作一种具有实心、可以实行、有实功的实学。明末清初的道德困境正是徐光启所谓“帝王之赏罚，圣贤之是非，能及人之外行，不能及人

① 有趣的是，耶稣会的思想也极具宗教人文主义特征，裴化行称耶稣会士为基督教人文主义者。明末清初儒家天主教徒与耶稣会士在这一点上是相合的。参见刘耘华：《诠释的圆环——明末清初传教士对儒家经典的解释及其本土回应》，北京：北京大学出版社2005年版，第29－32页。法国社会学家涂尔干也持此论，参见［法］涂尔干著，李康译：《教育思想的演进》，上海：上海人民出版社2001年版，第346页。裴化行以“文艺复兴”和“人文主义”视角来看待欧洲和明中叶以后的中国社会思潮，为以“宗教人文主义”角度来理解耶稣会士的思想和明末清初儒家天主教徒“天主教化儒学”提供了契机。参见［法］裴化行著，管震湖译：《利玛窦神父传》（上册），北京：商务印书馆1993年版，第133－152页。

之中情”，因而“空有愿治之心，恨无必治之术”，天主教却是“实学”“实行”之学。杨廷筠说道：

> 西贤之行皆实行也，其学皆实学也。……以敬天地之主为宗，即小心昭事之旨也；以爱人如己为事，即成己成物之功也；以十诫为约束，即敬主爱人之条件也；以省愆悔罪为善生善死，即改过迁善降祥降殃之明训也。近之，愚不肖可以与能；极之，贤智圣人有所不能尽。时有课，日有稽，月有省，岁有简察，循序渐积，皆有实功。一步蹉跌，即为玷缺，如是乃为实学耳。①

明末清初实学的含义除了“利用厚生”的技艺之学，再有就是能够实现有效道德践履、解决人生终极问题的宗教—伦理方面的需要，这正合朱熹所谓的“放之则弥六合，卷之则退藏于密，其味无穷，皆实学也”之论。在明末清初经世之学思潮背景下来理解儒家天主教徒的“天主教化儒学”的学统构建，是符合当时的思想环境的，也符合前面第三章谈到的儒家天主教徒对儒学的批判以及改造的目标。另外，“天主教化儒学”所带有的“一神论”式宗教信仰的思想特性，可以改变儒学所畏之“天”之“谩云无证”所导致的“善恶无报”的难题，这正是用明确的“天主”训导来对王阳明所描绘的明末清初以来“波退风靡，为日已久”以至于“何异于病革临绝”的道德颓丧所进行的有力矫治。在这个意义上，儒家天主教徒依然是把宗教和伦理混同，认为在本质上是一个问题。明末清初儒家天主教徒习惯于伦理化天主教，也是中国传统宗教伦理化的思维惯式。儒家天主教徒希望通过引入天主教来解决社会问题，也希望融合耶儒学理来为儒学重开言路。所以，从实学的角度理解“天主教化儒学”是可以的，就像它本身具有的宗教性一样，并不妨碍

① （明）杨廷筠：《代疑续篇》，收于（明）徐光启、李之藻、杨廷筠著，李天纲编注：《明末天主教三柱石文笺注》，香港：道风书社 2007 年版。

“天主教化儒学”的儒学本性。从这个意义上讲，明末清初儒家天主教徒“天主教化儒学”并没有逸出儒学思想史的范畴。“天主教化儒学”的这两个基本特征恰恰是前述明末清初思想界的基本走向。可见“天主教化儒学”是符合时代思想要求的。

明末清初儒家天主教徒“天主教化儒学”的出现，也是由于新材料、新问题的出现，导致对于原典的新的义理阐释。针对此种现象，陈寅恪说道：

> 一时代之学术，必有其新材料与新问题。取用此新材料，以研求问题，则为此时代学术之新潮流。治学之士，得预于此潮流者，谓之预流（借用佛教初果之名）。其未得预者，谓之未入流。此古今学术之通义，非彼闭门造车之徒，所能同喻者也。①

“天主教化儒学”建构的前提，就是有了思想发展的新材料和新问题。新材料就是天主教教义和教理，一如以前佛教曾对儒学所做的那样；新问题则是明末清初儒学学风和文风的凋敝以及思想转向。明末清初儒家天主教徒取用此新材料，研求此新问题，为儒学的发展重开言路。先知先觉的明末清初儒家天主教徒，正是陈寅恪所谓的特定时代的“预流”之士。从这个意义上讲，“天主教化儒学”不能简单地当作天主教在中国的本土化的理论形态，客观上讲，传教士的“儒学化天主教”理论倒是可以作如是观。“天主教化儒学”和“儒学化天主教”是两种不同性质、不同言路的思想形态，在明末清初的语境中，恰恰代表了两种文化互相适应、互相再造的两个方向的建构。他们的主体和主旨都是不同的，但是二者可以看作是天儒之间互补融合的两个步骤、两个阶段，是西学在明末清初的中国两个方面的“文化渗入”以及“文化根植化”的成果。从这个意义上讲，二者又是统一的。来华传教士和本土儒家天主教

① 陈寅恪：《金明馆丛稿二编》，上海：上海古籍出版社1980年版，第236页。

徒实际上都参与了这两个步骤和阶段的工作。但是很显然，他们出于自身不同的文化、思想动机和立场，又各有侧重。儒学化天主教仍以天主教为思想本位，而儒家天主教徒则以儒学为思想本位。二者共同完成了明末清初中西文化交流过程中学理层面的耶儒对话以及耶儒融合的思想大业。朱维铮曾经问西学在学派林立的明末清初“何以不能称学派”①，他这里所讲的西学就包括本书所讲的“天主教化儒学”和“儒学化天主教”两种思想体系，一种新学派产生所具备的“异”与“新”，“天主教化儒学”都具备。从学统的角度来看待明末清初儒家天主教徒的“天主教化儒学”，更能够认识到其本质与价值。

第四节 “天主教化儒学”的矛盾、局限及其思想史意义

当代中国学术思想史的研究在追寻现代中国学术思想的源头时，已经有越来越多的人主张越过晚清而上溯至明末清初。明末清初思想和学术的多向度，可以说是中国学术“现代性”的开端，这样我们就可以把明末清初儒家天主教徒“天主教化儒学”的构建，放在“中国思想和学术近代转型”这一宏观框架下来考察其思想史意义。关于“传统学术转型”，张寿安写道：

> “中国近代知识转型”（Constructing Modern Knowledge in China，1600—1949）是一个庞大且具重要意义的课题。欲探讨这个近代史上中、西学术援引、裂变与互渗的复杂过程，至少得从两大面向展开：一是探讨中国传统学术自身的统系及变化，一是寻绎近代科学式知识在中国的建构

① 朱维铮：《走出中世纪》（修订本），上海：复旦大学出版社2007年版，第105页。

> 过程，而前者尤其重要。无后者，固不足以知中国学术知识体系的近代性发展；无前者，则不仅无以知吾国传统学术体系及特质，更将因学术所据而不知如何展开中西比对。甚且将因科学知识体系之不断移植而丧失反省与重整中国文化之能力，遑论再次复兴与重启对话。“传统学术转型与近代知识建构”是双向拉扯的多元力道，其间含括的议题非常丰富，得靠各种知识专才分头进行、共同切磋，或可窥其全貌。然无论从任何角度切入，“传统学术如何变化”永远是论述对话中不可或缺的一方。①

十六七世纪之交的明末清初的思想和学术更新正好位于张寿安所谓的“中国近代知识转型”（1600—1949）这一论域的时间段内，其所重的“中国传统学术自身的统系及变化，以及寻绎近代科学式知识在中国的建构过程”，在明末清初儒家天主教徒的“天主教化儒学”中都有呈现，都体现出和传统中国学术不同的方法和路向，这样就可以把明末清初儒家天主教徒“天主教化儒学”的思想探索涵摄于“中国近代知识转型”这一问题的框架内。没有人怀疑中国思想和学术的近代转型是由西方文化所激发的，那么明末清初恰恰是最早在学理层面开始中西思想对话的。从中国思想发展史的角度看，明末清初儒家天主教徒的“天主教化儒学”构成一种新的思想统绪，构成“中国思想和学术近代转型”的最早努力。“天主教化儒学”思想中体现出的知识论、超越性维度，以及从西学所借鉴而来的逻辑分析认知的方法，几乎可以说是近代中西学术结合的最早探索。明末清初思想开放，各种思潮大开大合又各有所重，天主教此时来华，儒家天主

① 张寿安：《打破道统，重建学统——清代学术思想史的一个新观察》，《中国文化》2010年第2期，第4－33页。葛兆光也说把十六世纪以后到十九世纪晚期看成是思想史的一个新的时代，见氏著《中国思想史——七世纪至十九世纪中国的知识、思想与信仰》，上海：复旦大学出版社2000年版，第448页。十六七世纪之交被当作中国思想和学术新的开端，一方面是由于西学，一方面是中国知识分子对西学的积极回应，这当然包括明末清初儒家天主教徒的“天主教化儒学”。

教徒因缘际会，秉执“欲求超胜，必先会通”的思想动机，于是以耶儒融合为特征的“天主教化儒学”得以产生。

明末清初的儒学环境应该说比较适合天主教和儒学的对话、融合，心学的批判性和开放性使得天主教在明末清初没有遭受太多体制性和思想性的阻碍，在对儒学的批判性反省的基础上，儒家天主教徒扬弃心学接受天学，他们也同时接受了传教士“亲古儒，斥近儒”的思路，运用跨文化的解释学方法，将天主教教理和儒家思想融洽于一炉，以儒释耶，以耶释儒，以耶补儒，以耶超儒。“天主教化儒学”对儒家的一些基本命题和概念进行了重新的阐释，并把天主教教理中的一些理论补充进儒学，“天主教化儒学”得以成为被汉学家许理和称为“儒学一神论”的思想体系。从本质上讲，这种思想体系上接先秦儒学，力图开辟一种有别于明末清初正统理学和王门心学的新学统。

从思想史的角度看，明末清初儒家天主教徒的思想实践不能和天主教在华传教活动的沉浮绑在一起。思想实践和传教活动虽然交织在一起，但本质上是不同的两种活动。思想的探索无所谓失败，甚至也无所谓成功，天主教来华应该说是佛教来华之后又一次中华思想传统更新的契机，尽管明末清初耶儒融合的努力在深度上、广度上、时间上都无法和儒释融合相比，但是天主教化儒学的思想努力仍然具有重要的思想史意义，为现代境遇中的耶儒互动会通建立了相当有价值的理论参照。

然而，即使撇开在华传教问题不谈，明末清初儒家天主教徒的思想实践和近代之间似乎依然有一个巨大的断层，也就是说“天主教化儒学”在清“中国礼仪之争”以后的思想世界中似乎消失了。明末清初“天主教化儒学”处于儒学重建的思想氛围中，西学以“天主教化儒学”这一管道和中国思想界的关联，成为儒学思想重建的一方资源，这一方思想资源以显性的“天主教化儒学”的形式进入中国思想界，在“中国礼仪之争”以后，中国思想界则依然受惠于已转为隐性的“天主教化儒学”的思想和方法，清代学术中的西学背景很好地说明了这一点。① 从这个意义上讲，明末清初儒家天主教徒“天主教化儒学”无疑是内在于明清以来直到近代的中国思想史的。而明清以来中国思想史对“天主教化儒学”这一明末清初独特的思想创造的回避、沉默与忽略，是因为明末清初儒家天主教徒“天主教化儒学”这一思想溪流已经融入中国思想史的这片大海，显性和隐性的形式已经不重要了。事实上，二十世纪的时候，这一思想统绪的再次彰显，也说明了它一直潜伏着，一直氤氲着，未曾断绝。

二十世纪天主教再次来华，耶儒再次相合，沿着三百多年前先知先贤的思路，马相伯、陈绪论、张重民、徐宗泽等儒家天主教徒面临着比明末清初入教儒士更大的时代压力，由于中西交流已经达到相当的程度，他们对于“天学”的理解远远要比明末清初深得多、广得多，但是“补儒”“合儒”走耶儒融合的思想道路则与明末清初儒家天主教徒一脉相承。

如果说二十世纪前半期儒家天主教徒及“天主教化儒学”主要以中国大陆为主体，那么这一思想传统在二十世纪中后期则主要体现在中国台湾、港澳及海外，尤其是直至如今已经蔚为壮观的台湾“新士林学派”②。“新士林学派”代表了那种“外在超越”式的中国哲学的新路径，其理性神学、有神论人文主义、理性与信仰的契合等观点无不体现了现代耶儒融合的新境界。其基本意蕴可以回溯至明末清初儒家天主教徒的“天主教化儒学”。我们会发现，明末清初所开启的中西第一次真正意义上的文化、思想对话与再造所呈现的思想价值，以及其对西方知识、分析思维的借鉴和尝试，使得“回到明末清初”成为探索“中国近代思想和学术转型”这一问题领域的研究的共识。今天，不管我们是否承认，明末清初的“天主

---

① 徐海松：《清初士人与西学》，北京：东方出版社 2000 年版，第 167 - 314 页。

② 新士林学派（New Scholastic Philosophy）是经院哲学在二十世纪中国文化语境中的新变种，以台湾辅仁大学为主阵地，重现当代中国学林。其冠以“新”正在于其耶儒融合的特质，其中耶儒本体论的融通、生命的外在超越路向代表了当代中国哲学的一种新出路，于斌、吴经熊、罗光、沈青松、邬昆如、李震等是其重要代表人物。

教化儒学”已经成为中国思想传统的一部分，尽管在几乎所有的思想史和哲学史著作中，“天主教化儒学”依然“被”缺席：

> ……这并不意味着中国文化完全不能接受这样一种新的思想体系，即使是作为一种以宗教信仰为其特征的思想体系。儒家一神论（本书译为“儒学一神论”，作者注）在明末思想史上的出现，以及它对后来中国思想史的日益被认识到的影响，就是一个明证。换言之，无论儒家道统乃至中国向来的学统是否接受它，重要的是，儒家一神论及其影响已经成为一个既定的事实。我们甚至可以说，在今天的研究视野里，它本身已经构成了明末以来中国学统的一部分，或一个分支。它已经属于中国学统，是这个学统中区别于传统儒释道的一个独立的分支。如果不承认这个既定事实，则明末清初乃至近现代的中国思想史的整体面貌，就很难描画清楚。①

可以说，明末清初“天主教化儒学”或说“儒学一神论”所开启的中西文化融合以及中国思想重新诠释之路，为中国文化开启了新的理论向度和价值尺度：其一，借鉴于基督宗教哲学的知性理性的理论向度，是对中国传统的实践理性的有效补充；其二，一种新的宗教价值向度，和中国传统的佛道二家所理解的宗教追求有所不同。上述两点由于历史政治变故的影响，其价值没能得到有效彰显，但作了历史性的思想铺垫。

不过，明末清初儒家天主教徒“天主教化儒学”的建构不能说是完美的。对于一种思想的评价如果不是主观的，则往往是困难的。思想史的研究可能需要某种“理想类型”对之进行相应的归类

---

① 张晓林：《杨廷筠与儒家道统》，《华东师范大学学报》（哲学社会科学版）2003年第3期，第9－16页。

和分析，[①] 这样可以实现有比较的理解。但是对于明末清初儒家天主教徒所建构的“天主教化儒学”而言，那种“理想类型”却很难找到，部分原因是：它是最初的思想探索，尽管“佛化儒学”在一定程度上可资借鉴。一种新的儒学形态的产生必有其新结构、新方法，明末清初儒家天主教徒的“天主教化儒学”过多追随西方传教士的方法和路线，“天主教化儒学”的构建在论域的选择、方法的使用、诠释的界限等诸多方面存在着主观性、实用性、不完整性的特征，作为儒学的一种新形态，略显粗糙。“天主教化儒学”思想中也蕴含着内在的矛盾。这种矛盾表现在儒家天主教徒在建构“天主教化儒学”时，无法摆脱儒学和天主教教理的双向影响。儒学作为一种伦理型的思想体系，尽管存在超越性的维度，[②] 但是毕竟和天主教作为一种完整的宗教具有本质的不同。明末清初儒家天主教徒在进行耶儒融合工作时，因异求同，以同述异，不可避免地在其中有人为糅合以达到目的的现象。“合儒”“补儒”，“亲古儒，斥近儒”，这些都是“天主教化儒学”的思想路线和策略；而以异求同，以同述异，则是其思想构建的方法。但是耶儒是“求同”，是方法性的“合”，并非传教士一开始就宣称的“耶儒原同”，其中包含思想融合过程中的以目的性统摄意义改造的可能性。比如在明末清初儒家大主教徒思想建构中影响最大的杨廷筠的“天主教化儒

---

① 可参阅张志林、陈少明：《反本质主义与知识问题——维特根斯坦后期哲学扩展研究》，广州：广东人民出版社 1995 年版，第 96 - 108 页。

② 关于儒学是不是宗教的问题，最早也是由明末清初的传教士提出的。在《天主实义》中，耶稣会士利玛窦反对把儒学理解为一种宗教，而本土儒家天主教徒则追随传教士的理解。但是他们都否认中国传统儒学的宗教性维度。对儒学的宗教性理解是一个现代说法，但是在明末清初的耶儒对话中，已经被十分清楚地提出。不过明末清初耶儒对话对“儒学是/非宗教”问题的理解是严重分化的，比如莱布尼茨等欧洲思想家就认为儒学是一种真正的神学，也是一种真正的宗教。可参见贾未舟：《儒学与宗教对话：以“儒家基督徒”为视角》，《江汉论坛》2009 年第 5 期，第 56 - 61 页；以及贾未舟：《明末清初耶儒对话中的儒学—儒教问题》，收于张造群主编：《儒家文化与社会发展》，广州：广东人民出版社 2010 年版，第 236 - 245 页。关于明末清初耶儒对话中“儒学是/非宗教”问题的综合研究，可参见韩星：《儒教是教非教之争的历史起源及启示》，《宗教学研究》2002 年第 2 期，第 62 - 68 页。

学”思想就有很明显的斧凿的痕迹。一方面其根深蒂固的儒家本性要为儒学辩护，一方面也要不断维护天主教的纯洁性而批判儒学。[①]韩霖在《铎书》中也是对一些耶儒冲突的地方竭力进行掩饰，甚至开篇“孝敬父母”章就宣布朱元璋也和天主教徒没什么两样，[②]也把中国圣贤列为天教中人。[③]另一方面，留给儒家天主教徒“天主教化儒学”构建的时间也不长，明末清初早期尚可以从容思考，可以怀抱着一种高贵的文化理想主义[④]，中期则出于强烈的救心、救世的目的，现实主义居重，思想性退后。后期在清初，天主教和儒学也相对有一个比较短暂的融合，惜乎被“中国礼仪之争”的到来打断了；中期所体现的“天主教化儒学”由于形势所逼而造成的一些短板，早期和后期在一定程度上都有。最后，儒家天主教徒在明末清初积弱思变、天崩地解的思想和社会环境中，那种力挽狂澜的忧患意识所导致的对于天主教的“同情性理解”，使得在建构“天主教化儒学”时很容易丧失理性立场，这也就是西方哲学史上所谓的“理性和信仰”的关系问题。理性与信仰的界限不明在解释学上就可能产生意义理解和经典诠释中的“过度诠释”。过度诠释问题在明末清初儒家天主教徒“天主教化儒学”的建构中事实上是存在的，比如在对于“灵魂”“圣爱”“天”等概念的诠释上，目的论色彩就很明显。因为过度诠释往往产生于“诠释方法”与“策略工具”之间的模糊性，所以很难做出明确的判断。汉语言本身的表意性也可能增加判断“天主教化儒学”存在“过度诠释”倾向的困难。[⑤]这样，对于明末清初儒家天主教徒“天主教化儒学”而言，

---

① 贾庆军：《论杨廷筠思想之矛盾性》，《北方论丛》2009 年第 2 期，第 74－77 页。

② （明）韩霖著，孙尚扬、肖清和等校注：《〈铎书〉校注》，北京：华夏出版社 2008 年版，第 57 页。

③ （明）韩霖、段衮：《辩教论》，收于［韩］郑安德编、楼宇烈顾问：《明末清初耶稣会思想文献汇编》（第五卷第三十五册），北京：北京大学宗教研究所 2004 年版。

④ 李天纲：《天儒同异：明末清初中西文化学说述评》，《复旦大学学报》（哲学社会科学版）1997 年第 3 期，第 29－34 页。

⑤ 万燚、欧阳俊杰：《论“过度诠释”的标准及语言观》，《中华文化论坛》2008 年第 8 期，第 181－182 页。

“价值中立”是一个避不开的问题。所以我们看待明末清初儒家天主教徒建构的“天主教化儒学’，应当持有一种历史主义的态度，也就是说，要看到它在明末清初这个特殊时代的特殊的思想价值，以及这种思想所具有的思想史意义，那种儒学正统意识以及历史客观主义的态度是不可取的。

客观上讲，十九、二十世纪基督宗教（包括天主教和新教）再次来华后，中国士人发现西方文化是不可躲避的，那么走中西文化思想融合之路就是不二选择。尽管明末清初儒家天主教徒“天主教化儒学”在儒学形态、结构、内容甚至方法上都是不尽完美的，但是其开创之功，为中国文化和思想史的存续以及新的言路的开辟提供了新的契机，丰富了中国文化史和思想史的内容。今天，这个契机仍在被珍惜和批判性地接续，从某种意义上来说，也算是对三百多年前那些孤明先发的儒家天主教徒的心灵“遥契”。

结　语

一种新思想的产生必有其得以产生的社会环境和思想土壤。一方面，天主教来华，是由欧洲航海大发现以及欧洲宗教改革所导致的天主教海外扩张的动机所驱动的；另一方面，明末清初中国思想也处于大破大立的时代，“天主教化儒学”因缘际会而得以产生。这种“天主教化儒学”，实质上是一种由天主教来华所引发的新道统思想。

不同的思想文化的碰撞和交流有两种模式：一是文化渗入，二是文化根植或者说本土化。前者一般是指传统文化融入现代文化之中，而现代文化常常在本质上被认为是西方文化，是被动适应西方文化。从本质上讲，这是一种文化侵略。后者则是本土文化起着主导作用，并使外来文化的元素具有一种新的表现形式。很显然，在明末清初耶儒对话的语境中，后一种文化交流的模式更适合表达对话性质的耶儒思想交流的实质。因而，明末清初儒家天主教徒的“天主教化儒学”思想，就是一种文化根植化。很显然，这种文化根植化或者本土化的过程，强调传统文化的主动参与和主体地位，以及其在思想文化交流中的新的“思想创造”。

儒家天主教徒在明末清初的出现，是一种社会现象，也是一种文化现象，代表了两种文化理解性接触的结果。尽管儒家天主教徒在明末清初并不是一个庞大的群体，本书所涉及的这些入教儒士，客观上讲，在当时也并不能算作一流的思想家，但是他们却代表了自佛教入华以来中华文化又一次和外来文化相融合以产生一种新型文化和思想的可能，事实上，这种可能变成了历史现实。儒家天主教徒在“天”“儒”的挣扎中结下了思想的果实，并且在一定程度上对中国文化和思想的进程产生了影响。

本书认为，明末清初的中西文化交流具有“对话”性质。因此，一种比较纯粹的思想层面的天主教和儒学的文本诠释和意义理解的发生，就成为“天主教化儒学”的思想建构的前提。“天主教化儒学”是在明末清初特定的思想环境下所产生的一种儒学新形态，当我们这么说的时候，已经承认其儒学本位性，也就是说，它不是汉语神学，而是汉语神哲学，称之为“儒学一神论”是一种很恰当的表达。

在解释学意义上，“天主教化儒学”内在性地包含了跨文化解释学这一解释学的变种。一方面，一般的解释学都只是“历时性”的，而跨文化解释学则既是“历时性”的，又是“历地性”的。另一方面，一般解释学并不涉及生存论问题，比较强调文本分析，尽管现代解释学承认理解问题并不能摆脱理解者的“合法偏见”。但是，跨文化解释学中包含的理解性个体的生存境遇问题，或者说，跨文化解释学不仅要面对一般解释学中关于理解和诠释的诸多理论制约，还要努力去厘清理论建构中的个体存在的“理性”和“情感”的边界。

在上述意义上，明末清初儒家天主教徒“天主教化儒学”努力实现“以耶释儒”，以异求同，以同述异，也就是用天主教教义和教理对中国传统儒家思想进行解释学性的诠释和理解。这一点正好和来华的天主教传教士“以儒释耶”的思想路径形成对照。儒家天主教徒遵循传教士“亲古儒，斥近儒”的思想方针，通过对儒学传统中一些最具代表性的命题、概念的天主教式的解释，创造性地复活了“古儒”中的有神论儒学，也就是“宗教人文主义”，这是“合儒”“补儒”的阶段。进一步，儒家天主教徒又为儒学补充了一些天主教和古希腊伦理思想，而这些思想在儒学传统中又是语焉不详甚至根本就是缺乏的。“天主教化儒学”作为一次儒学思想再造的努力，使得那种基于正统思想的“批判”——或许称之为“攻击”更准确——显示出非理性的特征。

明末清初思想处于“打破道统，重建学统”的时代氛围中，儒家天主教徒的“天主教化儒学”的建构是一种基于耶儒融合而重建学统的努力，评价明末清初儒家天主教徒的思想实践时应该注意以下几点：

其一，思想领域的历史主义的立场。历史主义的立场反对用绝对、一般、抽象的立场的观点来对待一切，反对以今律古，强调特定历史现象和思想现象的时代性，注重个体性、独特性分析。明末清初儒家天主教徒“天主教化儒学”是儒学在明末清初时期由于天主教来华而产生的一种特殊的理论形态，在看到其不足的同时，也要看到其独特的思想价值。

其二，“天主教化儒学”的思想价值和天主教在华事业的成败不能混为一谈，因为思想无所谓成败。事实上，近现代基督宗教和儒学深层次的思想对话，比如说“新士林学派”，它的思想源头正是明末清初的“天主教化儒学”。

其三，“天主教化儒学”事实上也对清代的儒学转型产生了一定程度的影响，当然，这是以承认清学受西学影响为前提的。在这个意义上讲，明末清初儒家天主教徒“天主教化儒学”是近现代中国学术转型的真正先驱。

其四，不可否认，明末清初儒家天主教徒“天主教化儒学”和中国思想史上的“佛教徒儒学”相比，在社会影响的深度、广度上都存在差距。

其五，“天主教化儒学”给中国思想带来了新的资源和新的思维方式。比如说，初步地有别于中国传统道德理性的知性思维，对古希腊德性伦理的借鉴等，以及有别于中国传统佛、道的一神论的宗教价值，构成明末清初的一种新学统。

文献综述

四百多年前，由于天主教来华所引发的中西文化交流，是中西第一次完全意义上的对话。① 关于这段历史的研究，半个世纪以来经历了两次很重要的范式转换，第一次是从传教学和西方中心论的范式转到汉学和中国中心论②，第二次是从汉学向中国思想史范式的转换。前一个转换已经完成，而后一个转换正在发生。传教学和西方中心论的范式的特点是把明末的中西文化交流放在基督宗教传教史的视野，其西方中心论的角度是必然的，研究视角主要是历史学和文化史的。汉学和中国中心论的范式克服了传教学和欧洲中心论的局限，能够在中西文化交流的视野下去理解天主教和中国文化之间的互动，尤其能够关注中国文化在面对西方文化时的主动的反应与应变，关注对象也从西方传教士转向中国人，研究方法也从纯粹的历史学和文化史转向哲学分析。中国思想史的范式则强调把明末清初的中西文化交流纳入中国思想史的范畴和属性，关注中国文化由于西方文化的影响而发生的改变，以及中国本土儒家天主教徒在此过程中的生命和思想创造。中国思想史范式不仅仅是中国中心论的，而且关注的是中国儒家天主教徒的汉语文本，随着尘封在海外图书馆里大量的明末清初儒家天主教徒的汉语文献得以重新以各

---

① 张西平有一段话能很好地说明明末中西文化对话的思想史意义：“在一定意义上讲，今日东西方的思想对话又重新回到公元1500—1800年这个起点上。”荷兰汉学家许理和也曾说：“16—18世纪中西文化交流史是一段令人陶醉的时期：这是中国和文艺复兴之后的欧洲知识界的第一次接触和对话。”见张西平主编：《大时代航海丛书·总序》，北京：东方出版社2001年版，第1页。

② ［比］钟鸣旦：《基督教在华传播史研究的新趋势》，收于［比］钟鸣旦、孙尚扬：《1840年前的中国基督教》，北京：学苑出版社2001年版，第3页。

种方式回归国内,[①] 通过对汉语文本进行文本分析，可以揭示中国儒家天主教徒是如何通过文本实践来达到耶儒融合以及身份认同，进而实现儒学思想重构的。[②]

本书所提出的“天主教化儒学”这一命题，其相关提法最早出现在赵晖所著《耶儒柱石——李之藻、杨廷筠传》中，该书称之为“中国本位化天主教儒学”，赵先生并不是在思想派别的意义上使用此概念的，他只是用以指称明末清初耶儒对话中具有突出地位的杨廷筠的思想。像以诸如此类提法来指称个体思想的文献也有，但是，作为一个整体，专门用“天主教化儒学”来描述和说明明末清初儒家天主教徒耶儒融合的思想，并以此作为中国思想史上新的言路和统绪的著作则没有。另外，关于此问题的研究有一个突出现象，即研究者主体有从国外汉学家以及港台向大陆转移的趋势。对于华语地区而言，海外图书馆里明末清初汉语文献的解冻和面世也是最近几年的事情，这些因素使得无论是海外还是国内，从思想史和哲学的角度对明末清初耶儒对话的研究都是不系统的、零散的，从广度和深度上而言都仍旧是远远不足的。基于以上原因，本书的文献综述只是对此问题的研究史、相关的个体儒家天主教徒的“天主教化儒学”的研究状况，以及专题的研究状况做出评述。

一、海外汉学家的开创性研究

坐拥文献资料使用之便，明末清初儒家天主教徒的汉语文献研究是从汉学家及教育学术机构开始的，其中既有像鲁汶大学、利氏学社、辅仁大学等这样的教内研究机构，也有旧金山大学中西文化比较研究所这样的教外机构。各国汉学家对此问题的理解最早是以

① 黄时鉴:《明末清初天主教入华史的研究——范式的转变与汉文文献的利用》，收于荣新江、李孝聪主编:《中外关系史：新史料与新问题》，北京：科学出版社 2004 年版，第 9－14 页。

② 李炽昌主编:《文本实践与身份辨识：中国基督徒知识分子的中文著述 1583—1949》，上海：上海古籍出版社 2005 年版，第 5 页。

谢和耐的《中国与基督教：中西文化的首次撞击》为标志的。谢和耐对明末清初中西文化交流的研究首次把视角放在“中国士大夫的反应”这一问题上，他从语言学和思想比较的层面来分析。但是此书的结论却认为，明末清初的奉教士大夫所接受的并不是真正的基督教，而是一个科学、宗教、伦理的“大杂烩”，士大夫和传教士的相互理解和接受只是一种“基于误读的契合”，谢和耐对儒家和天主教的一些理论问题比如说对天与上帝的理解，基本上是认定他们之间并没有发生真正意义上的“诠释和理解”。除谢和耐之外，汉学家基本上比较少整体地从思想史和哲学角度对这一问题进行把握。钟鸣旦在几乎是同时间所撰写的博士论文《杨廷筠：明末天主教儒者》中创造性地从思想史的角度分析杨廷筠以耶儒会通为方法所实现的“天主教化儒学”的建构，他从宇宙论、历史观、人生观、仁爱观等多个方面谈到杨廷筠如何融合耶儒创建“天儒合一”的新的思想形态。不过，钟鸣旦认为，杨廷筠融合耶儒的新的思想形态并没有超出“新儒家道统”的范围，杨廷筠依旧是在新儒家道统的范围内以儒家为本位来理解和接受天主教思想的。钟鸣旦的这本著作堪称整个儒家天主教徒“天主教化儒学”研究的开创和典范。钟鸣旦的论文《文化相遇的方法论》提出文化渗入和文化根植化两种文化本土化思路。杜鼎克则在《明末清初的天主教与儒学》一文中以“儒学一神论”的提法来区别传教士儒家化的天主教思想和儒家天主教徒“天主教化儒学”思想。他认为“儒学一神论”可以用来指称奉教士大夫在接受天主教后的耶儒融合思想。同时他认为，天主教化的儒学，最基本的特征是最高的宇宙力和原理的人格化，以及由抽象的、非人格化的“天”向人格化天主的转型。

二、港台地区的研究

港台地区关于明末清初“天主教化儒学”的研究以李凌瀚二十一世纪初的博士论文《韩霖〈铎书〉与中西证道：明末天主教徒参与的地方教化活动》为比较大的突破，该文从文本校勘、文本结构、文类传统、内容和影响等方面对《铎书》进行了详细分析，力图扭转学界对明末清初耶儒对话的研究重历史、轻文本的倾向。只是此文的研究主要是以文献学和宗教学见长，哲学和思想史分析不足。台湾对明末清初耶儒对话的研究以黄一农为代表，他在2004年出版的《两头蛇：明末清初的第一代天主教徒》一书中收录了其发表的多篇相关论文，其中《儒家化的天主教徒：以王徵为例》分析了王徵在《畏天爱人极论》中“畏、爱二情”和天主教、儒学的关系；《〈铎书〉：裹上官方色彩的天主教乡约》一文从伦理学的角度谈到天主教教义对韩霖的儒家伦理观念的影响；而《明末清初“帝天说”所引发的论争》一文则谈到天主教来华对儒家传统“帝天说”所造成的冲击，其中也有论述到儒家天主教徒如何将天主教和儒家的“天主”“天帝”拟同化的理解。方豪的《李之藻研究》谈到李之藻对天主教的实学化理解，对儒学的实学化改造有比较详细的解析。

三、大陆地区后来居上的研究

大陆关于“天主教化儒学”的研究，最早的应该是陈卫平《第一页与胚胎：明清之际的中西文化比较》，此文以中西文化和思想比较为目的，其中有一节谈到王学和实学对西学流播的影响，认为明末清初王学和实学的儒学环境有利于天主教的传播。第四章与第五章分别梳理了明清之际传教士的“天儒同异”之辩以及中国本土正统士大夫的回应，但是没有系统地谈到儒家天主教徒的思想。其后所发表的《明清之际西方传教士的天主教儒学化》以及《论明清之际西学传播的思想张力》两篇文章则分别对天主教儒学化以及王学风行与西学传播之间的张力作了阐述。其后来与李春勇合作出版的《徐光启评传》虽然是传记体形式，但是对徐光启“会通以求超胜”“补儒易佛”的思想作了系统阐述。孙尚扬于二十世纪九十年代出版的《基督教与明末儒学》，主要谈天主教与儒学在明末清初的相遇，该书下篇专辟一章谈到士大夫与传教士的结交、对天主教的理解和接受，其中重点谈到徐光启、杨廷筠在儒家伦理方面和天主教的比较和融合，还有关于王徵圣爱观的论述，认为王徵对儒家仁爱的天主教化改造已经比较接近于天主教圣爱的水平。孙尚扬另一本著作《1840 年前的中国基督教》（与钟鸣旦合著）虽然是一本以历史学为主要特色的著作，但是里面有一章“皈依者的类型及其对天学的理解”，从拟同与接受：天学的圣学化和实学化、差异的彰显与意义的阐释、圣爱主体的凸显三个方面，分析了儒家天主教徒主要是徐光启、杨廷筠、李之藻和王徵等人在融合耶儒方面的思想尝试。王晓朝、孙尚扬、李天纲联袂写作的《明末清初基督教神哲学思想》这一长篇论文，则分别从文化的互动和转型、信念的冲突与互补、伦理的对谈三个方面，全景式地论述了中西文化在明末清初相遇、互动的方法论以及理论创新，不过其“明末清初基督教神哲学”的提法似乎更多地是在基督宗教的视野内谈耶儒对话。刘耘华的专著《诠释的圆环——明末清初传教士对儒家经典的解释及其本土回应》一书详论了传教士对儒家经典的解读，第六章“本土回应之一：入教儒士”从入教儒士对传教士儒家经典诠释的再诠释的角度论述了一些儒家基本概念在天主教和儒学之间的不同理解和相互转化，包括本体性的一些范畴如太极、理、性、心，以及伦理性概念如仁、爱、孝、敬。该书还对儒家天主教徒接受天主教后的身份和文化认同所导致的“新人”意识作了心理学、社会学分析，对于儒学的功能和性质的理解的改变也有涉及。

李天纲《跨文化的诠释：经学与神学的相遇》的序言中把明末清初天儒相遇所产生的耶儒思想层面的互动称为“神经学”，他更多地是从经学诠释的角度来理解耶儒思想的互释。大陆关于“天主教化儒学”的研究近几年来出现了一批很有分量的文章，主要包括：林乐昌《明末儒家基督徒的天观重构及其意义》，以“何者为天”“天之所命我者何”两个问题为中心，以王徵为例，阐述了儒家天主教徒重构天观的思想历程。肖清和《理解与诠释之间：〈铎书〉考辨》则重点考证了《铎书》是一本天主教化的以乡约形式体现的儒家文本，对其中耶儒之间的诠释和理解问题作了具体的文本分析，其中关于《锋书》是天主教属性还是儒家属性的论辩令人印象深刻。其在另一篇文章《清初儒家基督徒刘凝思想简论》中也分析了刘凝如何在《觉斯录》中融合耶儒伦理，并指出了明末清初和清初一些不同的思想主题。徐思源在《从〈铎书〉看耶儒对话的真正题域和天主教带来的新主题》中谈到耶儒对话的新论域问题，包括“畏”“爱”二情的天主教化，原罪、悔改等主题。张晓林在《杨廷筠与儒家道统》一文中不接受钟鸣旦关于杨廷筠思想仍旧是新儒家道统延续的观点，认为杨廷筠已经偏离了原来的儒家道统，是一种新的儒家式神哲学思想道统。在另一篇对汉学家许理和的思想进行研究的文章《儒学一神论及其定位问题》中，张晓林从基督教神哲学角度再次阐述了这个问题。田海华《明末天主教对中国传统道德观念的文化渗入：以反对纳妾为例》谈到天主教“毋行邪淫”戒律与纳妾制之间的文化冲突。贾庆军在《论杨廷筠思想之矛盾性》一文中分析了杨廷筠在天儒之间进行思想穿梭所导致的思想模糊性，他认为从本质上讲杨廷筠仍旧是儒家本位的。孙尚扬在《反思与建构：儒者基督徒韩霖融会中西的伦理思想》以及《上帝与中国皇帝的相遇——〈铎书〉中的儒耶互动与伦理建构》中，对《铎书》的内容做了分析，并且从耶儒互动的角度来论证韩霖是如何对两种文化传统做双向解读的，这种解读又为中国哲学伦理学带来了在自由意志、德目等方面的新问题论域。而其《略论明末士大夫天主教徒对其信仰的本土化诠释》是一篇论述儒家天主教徒“天主教化儒学”的文章，但是由于论域过大，只是对天主观的中国化有比较详细的论及。王定安《以同述异与因异求同：浅析明末清初心学与“西学”之关联》一文则阐述了以徐光启为代表的儒家天主教徒如何扬弃心学而接受天学。其另一篇文章《天主教灵魂观与明清儒士：从“人禽之别”到“人禽之辨”》一文认为，奉教士大夫在天主教“人论”的影响下对孟子的“心性说”加以重省，给传统的魂魄观的道德论述增加了知识论的维度。陈俊民在《“理学”“天学”之间：论晚明士大夫与传教士“会通中西”之哲学深意》一文中宏观展示了明末清初士大夫如何在传教士的影响下易佛补儒、会通理学和天学。而沈定平洋洋三大本的《明清之际中西文化交流史——明代：调适与会通》《明清之际中西文化交流史——明季：趋同与辨异》（上、下）则在历史叙述的同时有大量关于儒家天主教徒思想的分析，尤其是关于徐光启、王徵的会通耶儒思想方面的，同时也有关于儒家天主教徒“帝天说”的分析。许苏民则是从儒学和基督教哲学比较的角度发表了《明清之际哲人与基督教的“第一哲学”对话》《明清之际儒学与基督教的人性论对话》《明清之际儒学与基督教的人生哲学对话》《明清之际伦理学三问题的耶儒对话》，这四篇文章对话主体的中方主要是王夫之、黄宗羲等大家，但也有相当篇幅谈到儒家天主教徒比如说杨廷筠、王徵等人与天主教以中西会通为方法的对话。许苏民认为，在灵魂观、人生观、人性论、第一哲学等方面儒家天主教徒都对明末清初中西哲学对话有很大的贡献。罗群的《传播学视角中的艾儒略与〈口铎日抄〉研究》一书中包含儒家天主教徒与艾儒略关于儒家一些基本问题的探讨，包括纳妾、守贞等问题的冲突。韩思艺《从罪过之辩到克罪改过之道——以〈七克 〉与〈人谱 〉为中心》虽然不是直接谈论“天主教化儒学”，但是其中关于“罪”“过”的讨论在两种文化的对比中，凸显出其对于儒家思想的影响。

四、一些专题的研究

跨文化解释学方面，李天纲在《跨文化的诠释：经学与神学的相遇》一书中，提到了跨文化诠释学作为另一种意义上的经典研究，较之于一般的经典研究的不同方面。古伟瀛《文化交流的一个面向：明末中国天主教徒的经典诠释》以及钟鸣旦《晚明基督徒的经学研究》等文，也谈到了中国本土天主教徒在两种传统下的经典研究。张晓林在《天主实义与中国学统——文化互动与诠释》一书中，把利玛窦的《天主实义》当作解释学的范本，他认为《天主实义》本身就是跨文化解释学的结果，但是和中国本土的儒家天主教徒的文本写作的解释学处境又有不同，唯其并不是在跨文化解释学的明确角度而是在解释学的名义下开展《天主实义》的研究。专门研究跨文化解释学理论而比较有成就的当推李炽昌教授，他在《跨文本阅读策略：明末清初中国基督徒著作研究》《重述过去——〈诗篇〉78篇与〈诗经〉的跨文本阅读》《论福音与文化中的跨文本解释学》《中国女娲创世神话与〈创世纪〉1～11章的叙事》《从中国宗教与圣经传统的角度看融合主义》等文中，比较系统地建构起跨文化解释学的基本理论，比如说两种传统与前见、解释学处境以及双向融合的方法以及根植化。其《跨文本阅读策略：明末清初中国基督徒著作研究》一文更是比较整体地从跨文化阅读的角度阐述了明末清初儒家天主教徒的文献著作，其中谈到后期的严谟、丘晟、夏大常以及朱宗元的文本实践，他认为跨文化阅读的特征一是经典和注疏的分离，二是这种阅读和解释同时包含着文化渗入和文化根植两个过程。但是上述诸君的研究并无专门的跨文化解释学理论的研究，一般是借助于文本诠释的特例来谈，也没有从生存论的角度来谈跨文化解释学。思竹《走向跨文化解释学》则以解读潘尼卡的文化哲学的方式来谈跨文化解释学的构建，她认为跨文化解释学是和一般的解释学不同的一种全新的解释学，后者是历时解释学，前者则同时是历地解释学。关于跨文化解释学的生成动力，该文认为一是生命自我理解的内在驱动动力，二是把跨文化解释学理解为一种历地解释学，它的方法则是“对话的对话”。

近几年也有了一些关于明末清初个体儒家天主教徒思想研究的硕士学位论文，王丽婧《韩霖〈铎书〉思想研究》，是对于《铎书》的全景式思想解析，文章认为韩霖的《铎书》本质上仍旧是儒家思想属性的。崔娟《晚明士人的文化适应和信仰抉择——以王徵为例》则以王徵为例来解释明末清初儒士接受天主教的思想动机及其结果。刘英男《“自我”与“他者”之鉴——儒家基督徒张赓思想论析》从自我—他者的心理学角度分析了张赓接受天主教及其理论创造。对朱宗元的研究近年来有两篇硕士学位论文，分别是胡金平《论朱宗元对原罪的解释》和闻黎琴《朱宗元思想研究》。前者通过对朱宗元的五种解释原罪的方式以及原罪解释的语源学分析，比较系统地阐述了朱宗元的原罪论；后者则从人生观、生死观、社会文化观的角度系统地阐述了朱宗元以耶儒融合为特征的思想。刘晨瑜在《天主教思想在山西的传播与接受——以韩霖〈铎书〉为例》中谈到天主教带给儒学的新观念，包括罪与悔改。而张小懿《析中国首批儒家基督徒的“融合”与“调和”——以李九标、李九功兄弟为例》则对李九功、李九标兄弟在灵魂观、孝观、仁爱观等方面的天主教化儒学思想做了深入分析，并对其融合耶儒思想的方法比如中庸之道、执两用中等进行了分析。

关于儒家天主教徒本位思想的理解和定位这个问题，学界目前并没有整体谈到。刘耘华在《诠释的圆环——明末清初传教士对儒家经典的解释及其本土回应》一书中认为，儒家天主教徒在明末清初所进行的儒学和天主教的对话，时间愈往后，和儒家本位思想相比，天主教色彩就愈加浓重，这和动荡的社会形势所导致的对天主教的实学性需要相关，随着对天主教的了解愈加完善，后期的朱宗元、张星曜等人的思想本位有向天主教位移的趋势。赵晖在《耶儒柱石：李之藻、杨廷筠传》中则认为，早期的儒家天主教徒如徐光启、杨廷筠、李之藻、韩霖、王徵等人的儒学本位型是毋庸置疑的。李炽昌教授在《跨文本阅读策略：明末清初中国基督徒著作研究》中则认为，中国明末清初儒家天主教徒的耶儒融合思想不同于传统的儒家思想。

关于明末清初儒家天主教徒耶儒融合文献文论方式的研究，学界的成果不多，何俊《明末清初基督宗教文本的言说风格与身份意识——以〈辟略说条驳〉为个案》一文是一篇少见也颇有见地的文章。该文在文论历史学的框架内来理解明末清初儒家天主教徒延续宋以来流行使用的语录、问答、条驳、日抄、学案、笔记等，这些都有别于汉唐以来的注疏和散文体，认为明末清初的上述自由论说的文论方式是汉唐以来的注疏和散文体向清学经史考证的文论的过渡。明末清初儒家天主教徒的文论文体使用和明末清初的自由学风有关，同时也和两种文化相遇时这种自由论说的文体更有利于文化间的深入理解有关。该文还从张星曜、洪济的《辟略说条驳》的文本内容和言说方式中考证出这种文体蕴含的儒家天主教徒的强烈的身份意识。

综上所述，对明末清初儒家天主教徒汉语文献思想中的“天主教化儒学”思想的研究呈现出以下特点：①把明末清初儒家天主教徒汉语文献思想中的“天主教化儒学”思想作为一个整体的论述尚付诸阙如。②对于儒家天主教徒汉语文献思想中的“天主教化儒学”思想比较多的是直接论述其中的某一个问题，并且往往是在个体化研究的过程中体现出来。③个体化研究中对早期的徐光启、杨廷筠、李之藻、王徵、韩霖等人的研究相对略显充分，但是对于后期的张星曜、朱宗元等人的研究则略显不足，对于那些不太知名的儒家天主教徒的研究则基本空白。④思想史、哲学的分析没有实现与社会史的有效结合。⑤专题研究的文献比较零散，没有系统性和连续性。⑥该问题的研究中心有从海外向大陆地区转移的趋势。⑦目前该问题的研究比较多的是对儒家天主教徒比较正式的文本著作的研究，而对于明末清初比较流行的语录、问答、条驳、格言、日抄、学案、笔记、评点、序目等儒家天主教徒的非正式的文献文体与思想的研究则不足。实际上，这些体裁的文献大量存在。另外，对于儒家天主教徒的天主教诗歌的研究也不足，而习惯于诗歌创作的中国儒士有不少此类文献。⑧从整体上讲，哲学层面上对于明末清初儒家天主教徒汉语文献思想中的“天主教化儒学”思想的研究不成气候，重历史、轻文本，重考证、轻思想，重描述、轻分析的研究现状并未得到根本改变。⑨把“天主教化儒学”的建构作为明末清初儒学重建以及新的学统建构的尝试，从一种新学统的产生的角度来理解，学界尚付诸阙如。

参考文献

［1］（魏）何晏注：《论语注疏》，（清）阮元校刻：《十三经注疏》（第五册），清嘉庆刊本，北京：中华书局2003年版。

［2］（汉）赵岐注：《孟子注疏》，（清）阮元校刻：《十三经注疏》（第五册），清嘉庆刊本，北京：中华书局2003年版。

［3］（汉）郑玄注：《礼记正义》，（清）阮元校刻：《十三经注疏》（第三册），清嘉庆刊本，北京：中华书局2003年版。

［4］（晋）杜预注：《春秋左传正义》，（清）阮元校刻：《十三经注疏》（第四册），清嘉庆刊本，北京：中华书局2003年版。

［5］（唐）孔颖达撰：《尚书正义》，（清）阮元校刻：《十三经注疏》（第一册），清嘉庆刊本，北京：中华书局2003年版。

［6］（清）王先谦撰，沈啸寰、王星贤点校：《荀子集解》，北京：中华书局1988年版。

［7］（宋）朱熹：《四书章句集注》，北京：中华书局1983年版。

［8］（清）黄宗羲著，沈善洪主编，夏瑰琦、洪波点校：《黄宗羲全集》，杭州：浙江古籍出版社1992年版。

［9］（明）张廷玉等撰：《明史》，北京：中华书局1974年版。

［10］（清）查继佐撰：《罪惟录》，杭州：浙江古籍出版社1986年版。

［11］（清）永瑢等撰：《四库全书总目提要》，北京：中华书局1965年版。

［12］（明）王阳明著，吴光、钱明、董平、姚延福编校：《王阳明全集》，上海：上海古籍出版社1992年版。

［13］（明）李贽著，夏剑钦校点：《焚书·续焚书》，长沙：岳麓书社 1990 年版。

［14］（明）焦竑著，李剑雄点校：《澹园集》，北京：中华书局 1999 年版。

［15］（明）袁了凡著，尚荣、徐敏评注：《了凡四训》，北京：中华书局 2008 年版。

［16］（明）吕坤著，王国轩、王秀梅整理：《吕坤全集》，北京：中华书局 2008 年版。

［17］［意］利玛窦等撰，吴相湘主编：《天主教东传文献》，台北：台湾学生书局 1964 年版。

［18］（明）徐光启等撰，吴相湘主编：《天主教东传文献续编》，台北：台湾学生书局 1966 年版。

［19］［意］艾儒略等撰，吴相湘主编：《天主教东传文献三编》，台北：台湾学生书局 1984 年版。

［20］［法］伯希和编，［日］高田时雄校订补编，郭可译：《梵蒂冈图书馆所藏汉籍目录》，北京：中华书局 2006 年版。

［21］（明）徐光启著，朱维铮、李天纲主编：《徐光启全集》，上海：上海古籍出版社 2011 年版。

［22］（明）徐光启、李之藻、杨廷筠著，李天纲编注：《明末天主教三柱石文笺注》，香港：道风书社 2007 年版。

［23］夏瑰琦编：《圣朝破邪集》，香港：建道神学院 1996 年版。

［24］［意］利玛窦、［比］金尼阁著，何高济、王遵仲、李申译：《利玛窦中国札记》，桂林：广西师范大学出版社 2001 年版。

［25］［韩］郑安德：《明末清初天主教和佛教的护教辩论》，台湾：佛光山文教基金会 2001 年版。

［26］［比］钟鸣旦、［荷］杜鼎克编：《耶稣会罗马档案馆明清天主教文献》，台北：利氏学社 2002 年版。

［27］［德］李文潮译：《龙华民及其〈论中国宗教的几个问题〉》，《汉语基督教学术论评》2006 年创刊号。

[28] [意] 利玛窦著，朱维铮主编：《利玛窦中文著译集》，上海：复旦大学出版社 2001 年版。

[29]（明）李之藻辑：《天学初函》（影印本），台北：台湾学生书局 1964 年版。

[30] [比] 钟鸣旦、[荷] 杜鼎克、黄一农、祝平一等编：《徐家汇藏书楼明清天主教文献》，台北：方济出版社 1996 年版。

[31] [德] 杜赫德编，耿昇译：《耶稣会士中国书简集》，郑州：大象出版社 2001 年版。

[32]（明）韩霖著，孙尚扬、肖清和等校注：《〈铎书〉校注》，北京：华夏出版社 2008 年版。

[33]（明）王徵著，李之勤点校：《王徵遗著》，西安：陕西人民出版社 2004 年版。

[34] 周駬方编：《明末清初天主教史文献丛编》，北京：北京图书馆出版社 2001 年版。

[35] [韩] 郑安德编，楼宇烈顾问：《明末清初耶稣会思想文献汇编》，北京：北京大学宗教研究所 2004 年版。

[36]（明）刘侗、（明）于奕正：《帝京景物略》，上海：上海古籍出版社 2000 年版。

[37] [英] 沃尔夫著，周昌忠译：《十六、十七世纪科学技术和哲学史》，北京：商务印书馆 1985 年版。

[38] [美] 艾尔曼著，赵刚译：《从理学到朴学》，南京：江苏人民出版社 1998 年版。

[39] [法] 吉尔松著，沈清松译：《中世纪哲学精神》，台北：台湾商务印书馆 2000 年版。

[40] [比] 钟鸣旦著，圣神研究中心译：《杨廷筠：明末天主教儒者》，北京：社会科学文献出版社 2002 年版。

[41] [美] 杨庆堃著，范丽珠等译：《中国社会中的宗教》，上海：上海人民出版社 2007 年版。

[42] [加] 秦家懿、[瑞士] 孔汉思著，吴华译：《中国宗教与基督教》，北京：生活·读书·新知三联书店 1990 年版。

［43］［比］钟鸣旦著，何丽霞译：《可亲的天主》，台北：光启出版社 1998 年版。

［44］［美］史华兹著，程刚译：《古代中国的思想世界》，南京：江苏人民出版社 2004 年版。

［45］［美］史景迁著，陈恒、梅义征等译：《利玛窦的记忆之宫：当东方遇到西方》，上海：上海远东出版社 2005 年版。

［46］［意］柯毅霖著，王志成、思竹、汪建达译：《晚明基督论》，成都：四川人民出版社 1999 年版。

［47］孙尚扬、［比］钟鸣旦：《1840 年前的中国基督教》，北京：学苑出版社 2004 年版。

［48］［法］沙百里著，耿昇等译：《中国基督徒史》，北京：中国社会科学出版社 1998 年版。

［49］［德］哈特曼著，谷裕译：《耶稣会简史》，北京：宗教文化出版社 2003 年版。

［50］［美］邓恩著，余三乐、石蓉译：《从利玛窦到汤若望》，上海：上海古籍出版社 2003 年版。

［51］［法］谢和耐著，耿昇译：《中国与基督教——中西文化的首次撞击》（增补本），上海：上海古籍出版社 2003 年版。

［52］［美］柯文著，林同奇译：《在中国发现历史——中国中心观在美国的兴起》，北京：中华书局 2002 年版。

［53］［美］白诗朗著，彭国翔译：《普天之下：儒耶对话中的典范转化》，石家庄：河北人民出版社 2006 年版。

［54］［美］包筠雅著，杜正贞、张林译，赵世瑜校：《功过格：明清社会的道德秩序》，杭州：浙江人民出版社 1999 年版。

［55］［英］崔瑞德、［美］牟复礼编，杨品泉等译：《剑桥中国明代史》（下卷），北京：中国社会科学出版社 2006 年版。

［56］［德］卡尔·白舍客著，静也、常宏译：《基督宗教伦理学》，上海：上海三联书店 2002 年版。

［57］方豪：《中国天主教史人物传》，北京：中华书局 1988 年版。

［58］方豪：《方豪六十自定稿》，台北：台湾学生书局 1969 年版。

［59］李炽昌主编：《文本实践与身份辨识：中国基督徒知识分子的中文著述 1583—1949》，上海：上海古籍出版社 2005 年版。

［60］黄一农：《两头蛇：明末清初第一代天主教徒》，上海：上海古籍出版社 2006 年版。

［61］傅有德主编：《跨宗教对话：中国与西方》，北京：中国社会科学出版社 2004 年版。

［62］何世明：《基督教与儒学对谈》，北京：宗教文化出版社 1999 年版。

［63］黄进兴：《圣贤与圣徒》，北京：北京大学出版社 2005 年版。

［64］李杜：《中西哲学思想中的天道与上帝》，台北：联经出版事业公司 1978 年版。

［65］蒲慕州：《追寻一己之福——中国古代的信仰世界》，上海：上海古籍出版社 2007 年版。

［66］王汎森：《晚明清初思想十论》，上海：复旦大学出版社 2004 年版。

［67］余英时：《中国近世宗教伦理与商人精神》，台北：联经出版事业股份有限公司 2004 年版。

［68］余英时：《现代儒学论》，上海：上海人民出版社 1998 年版。

［69］朱鸿林：《中国近世儒学实质的思辨与习学》，北京：北京大学出版社 2005 年版。

［70］游子安：《善与人同——明清以来的慈善与教化》，北京：中华书局 2005 年版。

［71］郑淑莲：《从清初宗教政策论天主教在华政教关系（1644—1722）》，台北：必中出版社 1995 年版。

［72］龚鹏程：《晚明思潮》（增订版），北京：商务印书馆 2005 年版。

［73］李奭学：《中国晚明与欧洲文学——明末耶稣会古典型证道故事考诠》（修订版），北京：生活·读书·新知三联书店 2011 年版。

［74］徐宗泽：《明清间耶稣会士译著提要》，上海：上海书店出版社 2006 年版。

［75］宋伯胤编著：《明泾阳王徵先生年谱》（增订本），西安：陕西师范大学出版社 2004 年版。

［76］孙尚扬：《基督教与明末儒学》，北京：东方出版社 1994 年版。

［77］孙尚扬、刘宗坤：《基督教哲学在中国》，北京：首都师范大学出版社 2002 年版。

［78］李天纲：《中国礼仪之争：历史·文献和意义》，上海：上海古籍出版社 1998 年版。

［79］李天纲：《跨文化的诠释：经学与神学的相遇》，北京：新星出版社 2007 年版。

［80］何俊：《西学与晚明思想的裂变》，上海：上海人民出版社 1998 年版。

［81］朱维铮：《走出中世纪》（增订本），上海：复旦大学出版社 2007 年版。

［82］刘耘华：《诠释的圆环——明末清初传教士对儒家经典的解释及其本土回应》，北京：北京大学出版社 2005 年版。

［83］张先清主编：《史料与视野——中文文献与中国基督教史研究》，上海：上海人民出版社 2007 年版。

［84］罗明嘉、［芬］黄保罗主编：《基督宗教与中国文化——关于中国处境神学的中国—北欧会议论文集》，北京：中国社会科学出版社 2004 年版。

［85］卓新平主编：《相遇与对话：明末清初中西文化交流国际学术研讨会文集》，北京：宗教文化出版社 2003 年版。

［86］张西平、卓新平主编：《本色之探——20 世纪中国基督教文化学术论集》，北京：中国广播电视出版社 1999 年版。

［87］张晓林：《天主实义与中国学统——文化互动与诠释》，上海：学林出版社2005年版。

［88］张西平：《传教士与汉学研究》，郑州：大象出版社2005年版。

［89］陈垣：《陈垣学术论文集》（第一集），北京：中华书局1980年版。

［90］陈卫平：《第一页与胚胎：明清之际的中西文化比较》，上海：上海人民出版社1992年版。

［91］刘海滨：《焦竑与晚明会通思潮》，上海：华东师范大学出版社2010年版。

［92］谢国桢：《明末清初的学风》，上海：上海书店出版社2004年版。

［93］侯外庐：《中国思想通史》（第四卷下册），北京：人民出版社1957年版。

［94］梁启超：《中国近三百年学术史》，天津：天津古籍出版社2003年版。

［95］顾卫民：《中国天主教编年史》，上海：上海书店出版社2003年版。

［96］王国良：《明清时期儒家核心价值的转变》，合肥：安徽大学出版社2002年版。

［97］嵇文甫：《晚明思想史论》，北京：东方出版社1996年版。

［98］张学智：《明代哲学史》，北京：北京大学出版社2000年版。

［99］孟森：《明代史讲义》，南京：江苏文艺出版社2008年版。

［100］葛兆光：《中国思想史》（第二册），上海：复旦大学出版社2004年版。

［101］李清良：《中国阐释学》，长沙：湖南师范大学出版社2001年版。

［102］周光良：《中国古典解释学导论》，北京：中华书局2002年版。

［103］杨慧林：《圣言·人言——神学诠释学》，上海：上海译文出版社2002年版。

［104］陈少明：《经典世界中的人·事·物》，上海：上海三联书店2008年版。

［105］陈立胜：《王阳明“万物一体”论：从“身—体”的立场看》，上海：华东师范大学出版社2008年版。

［106］秦燕春：《清末民初的晚明想象》，北京：北京大学出版社2008年版。

［107］许志伟、赵敦化主编：《冲突与互补：基督教哲学在中国》，北京：社会科学文献出版社2000年版。

［108］顾卫民：《中国与罗马教廷关系史略》，北京：东方出版社2000年版。

［109］萧萐父、许苏民：《明清启蒙学术流变》，沈阳：辽宁教育出版社1995年版。

［110］赵晖：《耶儒柱石——李之藻、杨廷筠传》，杭州：浙江人民出版社2007年版。

［111］陈卫平、李春勇：《徐光启评传》，南京：南京大学出版社2006年版。

［112］翁绍军：《汉语景教文典诠释》，北京：生活·读书·新知三联书店1996年版。

［113］沈定平：《明清之际中西文化交流史——明季：趋同与辨异》，北京：商务印书馆2012年版。

［114］邹振环：《晚明汉文西学经典：编译、诠释、流传与影响》，上海：复旦大学出版社2011年版。

［115］罗群：《传播学视角中的艾儒略与〈口铎日抄〉研究》，上海：上海古籍出版社2012年版。

［116］韩思艺：《从罪过之辩到克罪改过之道——以〈七克〉与〈人谱〉为中心》，北京：中国社会科学出版社2012年版。

［117］［比］钟鸣旦著，刘贤译：《文化相遇的方法论：以17世纪中欧文化相遇为例》，吴梓明主编：《基督教与中国社会文化》，香港：香港中文大学崇基学院2008年版。

［118］［新加坡］龚道运：《儒学和天主教在明清的接触和会通》，《世界宗教研究》1996年第1期。

［119］古伟瀛：《文化交流的一个面向：明末中国天主教徒的经典诠释》，洪汉鼎主编：《中国诠释学》（第1辑），济南：山东人民出版社2003年版。

［120］黄俊杰：《东亚儒学史研究的新视野：儒家诠释传统研究刍议》，洪汉鼎主编：《中国诠释学》（第1辑），济南：山东人民出版社2001年版。

［121］黄俊杰：《论东亚经典诠释传统中的两种张力》，刘小枫、陈少明主编：《经典与解释的张力》，上海：上海三联书店2003年版。

［122］傅伟勋：《创造的诠释学及其应用——中国诠释学方法论建构试论之一》，《从创造的诠释学到大乘佛学》，台北：东大图书股份有限公司1990年版。

［123］邢福增：《“儒者基督徒”范子美（1866—1936）》，刘小枫主编：《基督教文化评论11》贵阳：贵州人民出版社2000年版。

［124］罗光：《圣经的“爱”与儒家的“仁”》，刘小枫主编：《基督教文化评论9》，贵阳：贵州人民出版社1999年版。

［125］吴震：《晚明时代儒家伦理的宗教化趋向——以颜茂猷〈迪吉录〉为例》，《国学学刊》2009年第1期。

［126］王汎森：《明末清初儒学的宗教化——以许三礼的告天之学为例》，《晚明思想十论》，上海：复旦大学出版社2004年版。

［127］孙尚扬：《略论明末士大夫天主教徒对其信仰的本土化诠释》，《北京行政学院学报》2006年第4期。

［128］孙尚扬：《封闭的基督徒与单方受益的耶儒对话——以黄保罗的研究为例》，《哲学研究》2010年第4期。

［129］李天纲：《明清之际的汉语神学》，李天纲主编：《道风：基督教文化评论》，香港：道风书社 2007 年版。

［130］张海洁：《中国信徒张星曜（1625—1696）的基督教诗歌》，李天纲主编：《道风：基督教文化评论》，香港：道风书社 2007 年版。

［131］王定安：《因异求同："心"学在明末清初中西文化交流中的作用》，李天纲主编：《道风：基督教文化评论》，香港：道风书社 2007 年版。

［132］王定安：《天主教灵魂观与明清儒士：从"人禽之别"到"人禽之辨"》，《现代物业》2012 年第 11 卷第 4 期。

［133］朱雁冰：《耶稣会与明清中西文化交流》，刘小枫主编：《基督教文化评论 7》，贵阳：贵州人民出版社 1998 年版。

［134］周振鹤：《圣谕、圣谕光训及其相关的文化现象》，《中国文化论丛》（第 2 辑），上海：上海古籍出版社 2001 年版。

［135］牟宗三：《儒教、耶教与中西文化》，《生命的学问》，桂林：广西师范大学出版社 2005 年版。

［136］肖清和：《理解与诠释之间——〈铎书〉考辨》，中国人民大学基督教文化研究所主编：《基督教文化学刊》（第 13 辑），北京：中国人民大学出版社 2006 年版。

［137］徐思源：《从〈铎书〉看耶儒对话的真正题域和天主教带来的新主题》，北京天主教与文化研究所编：《天主教研究论辑》（第 4 辑），北京：宗教文化出版社 2007 年版。

［138］杨慧林：《"伦理化"的汉语基督教与基督教的伦理意义》，《基督教的底色与文化延伸》，哈尔滨：黑龙江人民出版社 2002 年版。

［139］陈俊民：《"理学""天学"之间——论晚明士大夫与传教士"会通中西"之哲学深意（上、下）》，《中国哲学史》2004 年第 1 期。

［140］王晓朝、李天纲、孙尚扬：《明末清初基督教神哲学思想》，许志伟、赵敦华主编：《基督教哲学在中国》，北京：社会科

学文献出版社2000年版。

［141］张晓林：《儒学一神论及其定位问题》，《宗教学研究》2006年第4期。

［142］田海华：《明末天主教对中国传统道德观念的文化渗入——以反对纳妾为例》，《宗教学研究》2007年第4期。

［143］王剑：《论天主教文化与明末清初的儒学环境》，《东北师大学报》（哲学社会科学版）2001年第3期。

［144］［比］钟鸣旦著，李天纲译：《晚明基督徒的经学研究》，李国章、赵昌平主编：《中华文史论丛》（第64辑），上海：上海古籍出版社2001年版。

［145］许苏民：《明清之际儒学与基督教的“第一哲学”对话》，《哲学研究》2011年第1期。

［146］许苏民：《明清之际儒学与基督教的人性论对话》，《学术研究》2010年第8期。

［147］许苏民：《明清之际儒学与基督教的人生哲学对话》，《河北学刊》2011年第31卷第4期。

［148］许苏民：《明清之际伦理学三问题的耶儒对话》，《学术月刊》2011年第43卷第4期。

［149］王丽婧：《韩霖〈铎书〉思想研究》，重庆师范大学硕士学位论文，2012年。

［150］张小懿：《析中国首批儒家基督徒的“融合”与“调和”——以李九标、李九功兄弟为例》，上海师范大学硕士学位论文，2007年。

［151］崔娟：《晚明士人的文化适应和信仰抉择——以王徵为例》，暨南大学硕士学位论文，2011年。

［152］胡金平：《论朱宗元对原罪的解释》，首都师范大学硕士学位论文，2007年。

［153］刘英男：《“自我”与“他者”之鉴——儒家基督徒张赓思想论析》，上海师范大学硕士学位论文，2004年。

［154］李凌瀚：《韩霖〈铎书〉与中西证道：明末天主教徒参

与的地方教化活动》，香港中文大学博士学位论文，2005 年。

［155］肖清和：《“天会”与“吾党”：明末清初天主教徒群体之形成与交往研究》，北京大学博士学位论文，2009 年。

［156］Lewis Rambo, *Understanding Religious Conversion*, New Haven: Yale University Press, 1993.

［157］Marshall Broomhall, *The Bible in China*, London: The China Inland Misson, 1934.

［158］David Mungello, *Curious Land: Jesuit Accommodation and the Origins of Sinology*, Hawaii: University of Hawaii Press, 1985.

［159］Paul A., Rule, *Kung-tzu or Confucius? The Jesuit Interpretation of Confucianism*, *Sydney*, Boston: Allen Unwin, 1986.

［160］D. E. Mungello, *The Forgotten Christians of Hangzhou*, Hawaii: University of Hawaii Press, 1994.

［161］Zrik Zurcher, Confucian and Christian Religiosity in Late Ming China, *Catholic Historical Review*, 1997, Vol. 83.

［162］Nicolas Standaert, New Trends in the Historiography of Christianity in China, *Catholic Historical Review*, 1997, Vol. 83, No. 4.

［163］Marshall Broomhall, *The Bible in China*, London: The China Inland Misson, 1934.

后　记

我一直觉得，学术世界里应该有生命性。这种生命性要么是情感，要么是意志，配以学术世界必须的理性。学术世界，就是知、情、意三位一体。这样的学术，就不会是枯燥的，也不会有可持续的历史价值之虞。

做学问，无非三点——态度、内容、方法。那种纯粹为学问而学问的信念，有三个层次，一是知识目的论，这是希腊自由教育的知识论基础，一是学问的逻辑独特性，这是启蒙时代以来学术自由的根源，再一个就是学问人的职业伦理。在社会商业化、社会分工高度专门化的今天，上述三点都受到了极大的挑战，尤其是第三点。不过学问人的职业伦理绝对不是不要“职业”，当代社会学问已经成为一种职业，但是学问不能成为谋生的工具，这是学问职业化的底线。也就是说，学问可以成为吃饭的保障，但是不能成为致富的掮客。如果这样，为学问而学问的前两个层次就会坍塌。西方学术的繁荣，离不开学问人的操守，也和西方学术的社会机制相关，这一点，如果我们考察文艺复兴时代的佛罗伦萨，对比先秦齐国的稷下，就会认识到，中国学术的幽暗，很大原因是由于“致君尧舜上”的经世意识和国民审美情趣的低下。

说了态度，我们说说内容，至于方法则是登堂以后入室的技巧，此为末节。真正学问的内容，要么是具有历史客观性或者超验的价值，要么是生命的学问。对前者而言，比如考据或者形而上学。生命的学问，既可以是那种“儒门冷落、收拾不住”的往圣绝学的忧患意识，也可以是个体性生存境遇价值的反思和阐扬。往圣绝学的忧患意识以及个体性生存论这两种学问，被称之为生命的学

问，它们二者所关注的问题，是真问题，不是伪问题或者假问题。

这两种生命的学问，一可以称为民族文化的，一可以称为个体存在的。二者有一个共同特点，那就是，此种学问不仅仅是理念层面的，而且包含了内在生命的诉求。或者说，这两种学问不是外在于生命的，是内在于生命的存继的，又或者说，这两种学问的目标就是为了解决生命存继的价值、方向、路径诸问题。揆诸思想史，每一次文化的重大转折和再造时期具有生命的学问的特征，比如说周文疲弊的先秦、文艺复兴、宗教改革、十九世纪中后期的西方文化、北宋儒学、现代新儒学等时期，这些时期毫无疑问是思想上非常具有原创性的，如果追问原因，那就是，时代的精神课题使得参与其中的人士获得了巨大的精神动力以及同城效应。另外一个极具说服力的例子是：现代科学的思维模式以及方法出现在宗教改革时期的西欧，一个隐秘的原因是：那些从事科学研究的科学家的出发点恰恰是出于对上帝存在的面目的探究，这是个神学的问题，这个神学的问题却成为科学研究的巨大精神动力，科学成为一个无关功利的奉献事业，这使得现代科学在西欧奠定成为可能，也使得在中国或者其他地方成为不可能的事情。去看看《天体运行论》，就知道哥白尼要解决的首要问题是“上帝的脉搏”，牛顿也首先是一个神学家。在生命的学问的个体存在关切方面，如果我们去考察，思想史上那些大家都拥有一颗“个体性生存困惑”的心，解决这种困惑的最好途径不是堂吉诃德式的毫无价值的实践，而是诉求理论层面的自我论证。克尔凯郭尔是最经典的个体主义思想家，李贽也是，明末清初的儒家天主教徒群体也是如此，这都不是自由主义可以彻底解释的，但却是“生命的学问”的直接体现。

生命的学问的巨大价值在于，它研究的问题是“真问题”，不是假命题或者说伪命题。“真问题”保障了研究的“原创性”。为什么？因为如果不是原创，就解决不了“时代”和“文化”的困难，也就无法说服一个具有反思精神才导致的个体主义思想家走出生命的困惑。生命的学问也使得前述“为学问而学问”成为可能，也使得功利性学术丧失了存在的基础。

但是，生命的学问最大的问题是如何保持客观研究中的“价值中立”。“温情的敬意”“同情地理解”，既可能是“生命的学问”研究中巨大的催化剂，也可能是学问探究中最可怕的敌人——先入为主。但是如果理智地把握好生命的学问研究中的“价值中立”问题，真问题就会凸显，真问题就会被分析，真问题就会在一定程度上得到解决，而这种学问，才是真正的学问，甚至是唯一的学问。

在我有限、浅薄的学术世界里，对生命的追问与探究可以说一以贯之。我根本就没有什么经天纬地的学术理想，那种所谓的“为天地立心，为生民立命，为往圣继绝学，为万世开太平”的宏大、高远情怀也是和我没有半点关系的，不是不想，而是不敢想，自觉自己能力不够。能力不够的话，就做一点自己能力范围内的事情，那就是去思考自己感兴趣的问题。这些问题一定是和自己的生命相关的问题，让生命中的问题以学术的面目呈现出来，让思想去观照现实，能够更有利于生命、心性的自适。所以我自认为自己是学术世界的“利己主义者”，我只专注于我的生命困惑，那些我目力能及的问题，我既不装深沉，也不为稻粱谋，学术研究对于我而言只是“器”，至于“道”，太过形而上，想都不敢想。

在情和理之间，并不存在两级，只存在互为表里的两个阶段，也是相辅相成的两个方面。如果说二者是不同的，那么这种不同也只是手段，不是目的。对生活是这样，对学术也是这样。在情和理之间自在优游，是一种人生的体验和境界。万物万事之存在的本相向人展示是一个过程，不会是一次性的，也不会是单方面的，情和理都是不可或缺的管道。或许，自小对文学的热爱影响了我，也或许是天赋的个体性太强，以至于在我面对学术的时候，只有那些有生命的学术问题才会让我持久感兴趣，如果我还要做学问的话，如果我还以学术面目示人的话。在师大读大学时我读政治系，但是读了四年文学著作，然后鬼使神差地去考了吉林大学西方哲学研究生。写毕业论文的时候，我选择了海德格尔，不是因为其他哲学家不重要，而是因为海德格尔思想里强烈的生命性——现代人的生存问题，学术名称叫“存在论现象学”，打动了我。直到今天，我都承认，海德格尔是对我影响最大的西方哲学家。二十世纪九十年代中期，国内的海德格尔哲学研究刚刚起步，连一套完整的译本都没有。但是在我磕磕绊绊写完论文后，我发现自己一下子很空虚无聊，我发现自己没有做学术研究的动力了，很简单，我的学术世界里的生命情结，被海德格尔哲学给打开了，生命情结没了，我对学术研究没兴趣了，我不知道是该感谢海德格尔还是痛恨他。于是，我放弃了在吉林大学追随我的硕导轻而易举地读博士的机会，挥挥手告别了待了七年的长春，来到了完全陌生的广州。我的行包里都是海德格尔的书。

但是我感觉我对西方哲学的兴趣在逐渐消失，尽管我必须承认，如果人类还有一种叫做哲学的东西，那就是西方哲学。但是西方哲学是西方的哲学，不是中国的哲学，我是怀疑那种动辄站在人类、人性的高度来谈论哲学本质的。我是坚信，哲学，或者任何一种人文学科都是离不开自己的民族性的，因为人文学科必定是关乎具体存在的人的存在和理解，也无法躲避特定人的爱恨情仇。民族的才是世界的，母语的才是民族的。一个中国人无论如何是无法完全以一个西方人的思维方式来思考问题的，即使思维方式可能，也无法具备一个西方人基于自身母语所拥有的神秘的心理和情感。西方哲学对于中国人而言，只有知识性的意义和价值。中国人可以受它启发，但是不可以按照西方人的思维习惯和情感诉求去发展出一种新的西方哲学。同时，我也深刻认定那种“让西方哲学说汉语”的愿望实际上是一种逻辑悖论。这是另一种意义上的“非我族类，其心必异”。一个中国人的学术使命感只能来自独特的民族的存在性。

国内学术研究的状况，我不想评论，也不深究，反正我在学校里教书的时候我就只是教书，我几乎不涉及所谓的学术世界，因为我对中国的学术世界没有生命的感动。在教书期间，和几个趣味相投的朋友搞了个人文沙龙，但是由于种种原因而搁浅。接下来的几年里，我转而开始以义工的形式从事信仰实践。有一次，我在中大附近的书店偶然看到一本王阳明的书——《传习录》，我一下子被王学吸引住了。其中的一句话“心即理也，此心无私欲之蔽，即是天理，不须外面添一分”，甚合吾意，给我醍醐灌顶之感。读西方哲学硕士的时候，我是看不上中国哲学的，总觉得中国哲学不是哲学。那一天，我在书店的长条凳上一口气把这本书读完，在这之前，我对中国哲学的认识和理解无非是《论语》《道德经》里的那些道德说教。心即理，这或许是宇宙第一的最具生命力的哲学原理。

第二天，我突然感觉自己又有了学术研究的热情，于是决定报考中国哲学专业博士，具体说来是我对王阳明，这个被誉为“千古第二个圣人”的思想研究发生了生命的冲动，尽管中国哲学对我而言不是一片空白，但也是知之甚少。就在我硕士毕业八年艰难地考上中国哲学博士后，有一件事情扭转了我的学术研究的方向，这使得我开始暂时回避对于王阳明的热情。

这件事情就是：在我三十多岁的时候，我终于知道了我未曾谋面的姥爷的实际情况。在这之前，关于我姥爷的问题，大家大都避而不谈。简单说来就是：我的姥爷是方圆百里唯一一名天主教神父，他也是村里唯一的一名中医。他死于二十世纪四十年代末豫北地区鼎故革新的大动荡下的一场教难。那一年，我的母亲三岁。教难发生后，我姥爷家族的其他人则举家逃往山西，而我的姥姥则在祷告和屈辱中度过了余生。在我逐步了解了这场家族的苦难后，已经具有一定的历史意识和学术自觉的我，不由自主地开始把眼光伸向历史和文化的深处，我逐渐意识到，发生在我姥爷身上的苦难，实际上是一场历史的悲剧，是一场文化的悲剧，如果我刻意要淡化这场悲剧的政治性的话。

在我怀着某种已经迟钝的悲愤，回到河南老家调查当年教难的实际情况，并到海内外图书馆查阅二十世纪基督宗教来华所引发的中西文化冲撞的文献资料时，我震惊地发现，如果要真实了解基督宗教和中华文化两种文化的交流史，就必须上溯到四百多年前以利玛窦为代表的耶稣会士来华之时！四百年前那场中西文化交流尽管不可避免地因为政治作祟而以悲剧收场，但是却留下了荡气回肠的历史回响：原来在古老的中华大地上，在明末清初，曾经有过一场真正的文化对话，——注意，我说的是“文化对话”！平等而理性的文化对话！这场持续了近百年的文化对话从利玛窦1583年也就是万历十一年来到肇庆开始，一直到乾隆年间清廷完全禁教为止，为中西方都留下了丰富的文化遗产。其中尤为难能可贵的是，由于最早来华的耶稣会采取学术传教的上层路线，在中国的儒家知识分子中产生了一大批既接受耶稣又不离孔子的天主教化的儒家知识分子，史称“儒家天主教徒”，就像中国历史上由于佛教和伊斯兰教来华所形成的“儒家佛教徒”和“儒家伊斯兰教徒”一样，成为中华历史长河中独特的文化景观，极大地丰富了中华文化传统的内涵和外延。非常遗憾，那些为中华社会和文化勇敢而果毅地探索新的出路的明末清初儒家天主教徒，在世俗和政治中茕茕而立，饱受非议。更为可贵的是，他们对中国文化和天主教教理进行了双向解释，留下了大量的文献，但是由于历史的误会和政治的掩埋，直到今天依然不为人知，那些文字仍然大量沉睡在海内外的图书馆里。可以说，他们是真正的中西方文化融合的先行者！

基于那些本土的儒家天主教徒，基于他们书写的文字，基于中国的视角，去理解他们是如何实现中西方文化的双向解释，去感受他们孤独世界里的爱恨情仇，这些，成了我寻找到的“生命的学问”。又由于我姥爷那段令人悲伤的历史，对于那段四百年前思想史的研究，对我来说具有更为特殊的意义和价值。我因王阳明而结缘中国哲学，又因为祭奠先人而把目光投向四百年前的“耶儒对话”，我因而有了重回学术世界的“生命理由”，因为四百年前那段思想史，在今天之中国，必须承认，其依然具有现实的意义。

这本小书就是我这几年关于上述问题的所谓的研究成果。我要感谢我在中山大学的博士生导师李宗桂教授，在我从西方哲学转入中国哲学并最终受业于他时，先生容忍了我的无知和狂妄。我也要感谢我在吉林大学的硕士生导师邹铁军教授，是他引导我开始读原著、读海德格尔，先生已驾鹤西去，九泉有知，受弟子一拜。我还必须感谢南京大学的许苏民教授以及中山大学的梅谦立教授，我分不清，他们是我的老师，还是我的朋友。最后，请允许我表达对复旦大学的邹诗鹏教授的思念，他是我在东北师范大学读本科时的哲学启蒙老师，把我引上这条路，我不知该感谢他还是埋怨他。

我还要感谢师兄杨海文、师姐曾春莲、师弟彭浩生等同门在我读博士期间对我学业的帮助；感谢我的学生黄琼璇、林山、刘雪惠、贾子琦，以及我的妻子江琴等人为本书的出版而付出的努力。写这本书的同时，爱子昂昂出生，实乃人世的慰藉。

最后，感谢暨南大学出版社的曾鑫华编辑和柳煦编辑。谢谢她们的耐心与专业。

不惑有几、天命在望，才出此小书，忍看同朋著作等身，实在汗颜。水平实在有限，文字粗糙，自负文责。

谨以此书献给我的姥爷、姥姥。他们在天堂里会看到。

贾未舟

2017 年 3 月 26 日于广州